GASLIGHTED BY GOD:
Reconstructing a Disillusioned Faith

가스라이팅하시는 하나님

티파니 브룩스 지음
조만준, 이고은 역

ⓒ 2022 Tiffany Yecke Brooks

Originally published in English as *Gaslighted by God: Reconstructing a Disillusioned Faith* by Wm. B. Eerdmans Publishing Co., Grand Rapids, MI, USA.

All rights reserved.

This Korean translation edition ⓒ 2024 by Publishing House, The Presbyterian Church of Korea, Seoul, Republic of Korea.

This Korean edition is published by arrangement of Wm. B. Eerdmans Publishing Co. through rMaeng2, Seoul, Republic of Korea.

이 한국어판의 저작권은 알맹2를 통하여 Wm. B. Eerdmans Publishing Co.와 독점 계약한 한국장로교출판사에 있습니다. 저작권법에 의하여 한국 내에서 보호를 받는 저작물이므로 무단 전재와 무단 복제를 금합니다.

GASLIGHTED BY GOD:
Reconstructing a Disillusioned Faith

차례

추천사 6

서문 : 이 책은 그런 책이 아니다 8

1. 후유증 : 말씀과 삶을 화해시키다 17
2. 요구 : 너무 많은 것을 요구하시는 하나님 43
3. 무관심 : 내게 관심이 없으신 하나님 65
4. 위축 : 능력이 없어 보이는 하나님 83
5. 분노 : 징계하시는 하나님 99
6. 모호함 : 이해할 수 없는 하나님 121
7. 방치 : 더 이상 곁에 계시지 않는 것 같은 하나님 149
8. 부재 : 우리가 알던 것과 다른 하나님 167
9. 독단 : 결승점을 옮겨 버리는 하나님 181
10. 적대감 : 혼돈의 하나님 201
11. 책임 : 우리가 행동하기를 기다리시는 하나님 219
12. 불안과 학대 : 우리를 조종하시는 하나님 235
13. 비유 : 우리의 서사와 맞아떨어져야만 하는 하나님 259
14. 진실성 : 무한한 얼굴을 가지신 하나님 283

토론을 위한 질문 300

미주 308

추천사

세상에는 이단과 사이비 종교에 빠진 사람들이 참 많이 있습니다. 저들은 마치 마약에 중독된 사람과 같아서 정상적인 사고와 행동을 할 수 없고, 철저히 파멸되어 갑니다. 저들이 그렇게 되는 까닭은 이단과 사이비 종교의 교주들에게 가스라이팅을 당했기 때문입니다.

이단과 사이비 종교의 교주들도 하나님을 이야기하고 성경을 이야기합니다. 그러나 성경과 하나님을 교묘하게 비틀고 왜곡하여 하나님과 성경을 빙자함으로 자신의 종이 되게 합니다. 그러나 저들에게 가스라이팅을 당한 사람들은 자기도 모르는 사이에 세뇌되어 자신들이 하나님께 충성하고 있으며, 누구보다 자신들이 성경을 바르게 이해하고 잘 해석하며 따르고 있다고 확신하게 됩니다.

그런데 이와 같은 부정적인 의미의 가스라이팅은 비단 이단과 사이비 종교에만 있는 것이 아니라는 데 문제의 심각성이 있습니다. 전통적인 교회, 정통적인 기성 교회 안에도 이와 같은 가스라이팅이 있습니다. 기성 교회의 종교 지도자들도 타락하게 되면 마치 이단과 사이비 종교의 교주와 같은 행동들을 하게 되는데, 이것을 구별해 내는 것이 쉽지 않기 때문에 자신도 모르는 사이에 가스라이팅당하여 바르고 건강한 신앙생활과 교회생활에서 벗어나는 경우가 얼마나 많은지 모릅니다.

저는 암을 앓고 있는 환자입니다. 그래서 정기적으로 CT를 찍고 MRI도 찍어 몸의 상태를 점검하곤 합니다. 『가스라이팅하시는 하나님』은 우리도 모르는 사이에 사이비 종교와 타락한 종교 지도자들에 의해 가스라이팅된 것이 무엇인지를 발견하고 찾아낼 수 있는 CT와 MRI와 같은 책입니다.

바르고 건강한 신앙생활에 대하여 욕심이 있는 모든 분들에게 일독을 권합니다.

2024년 5월
에스겔 선교회 대표 **김동호** 목사

서문 ──── 이 책은 그런 책이 아니다

1961년 11월 29일, 플로리다 케네디 우주센터에서 머큐리-아틀라스 5호가 발사되었다. 이는 미국이 영장류의 궤도 비행을 최초로 성공시킨 사건으로, 침팬지 이노스가 홀로 탑승해 있었다.

이노스가 맡은 임무는 간단했다. 이노스는 무중력 상태를 대비해서 1,250시간 이상 훈련받은 대로, 화면 속 명령에 따라 시험 문제를 풀어야 했다. 그 훈련 중 하나는 세 가지 도형 중 모양이 다른 하나를 골라 그 도형에 해당되는 손잡이를 잡아당기는 것이었다. 맞히면 다음 문제로 넘어가고, 틀리면 이노스의 발바닥에 전기 충격이 가해졌다. 이노스는 이번 임무를 위해 오랜 기간 엄청나게 고된 훈련을 받았다.

이 실험의 목적은 우주 비행이 인지력에 끼치는 영향을 평가하는 것이었다. 이노스는 맡은 역할을 훌륭하게 소화했다. 실험자들이 바라던 대로 임무에 성공하여 영장류가 무중력 상태에서도 지적 능력을 최대치로 발현할 수 있음을 증명해 낼 것처럼 보였다.

그런데 궤도를 비행하던 중 무언가 잘못되어 가기 시작했다. 기기가 제대로 작동하지 않았고, 이노스가 어떤 손잡이를 당겨도 발바닥에 전기 충격이 가해졌다. 그 횟수는 33회에 달했다. 이 훈련이 종료되자, 이노스는 맡겨진 다른 임무를 완벽하게 소화해 냈다. 하지만 또다시 훈련이 시작되었고, 조금 전 발생했던 문제가 그대로 반복되었다. 이번에 이노스가 받은 전기 충격 횟수는 41회나 되었다.

이노스는 제대로 작동하지 않는 화면을 보며 훈련받은 대로 손잡이를 잡아당겼고, 끝까지 끈질기게 노력하는 모습을 보여 지구에 있던 사육사와 과학자들을 깜짝 놀라게 했다. 미국 항공 우주국(NASA)은 훗날 이 사건을 이렇게 기록했다. "이런 식으로 장치가 제대로 기능하지 않으면 당연히 행동에도 지장이 생기게 마련이다. 그러나 이번 실험에서는 그렇지 않았다."

원래 이노스의 임무는 지구 궤도를 세 바퀴 도는 것이었다. 하지만 기기 오류와 우주선 과열 문제 때문에 두 바퀴만 돌고 소환되었다. 결정적인 한 방이 그때 터졌다. 이노스의 우주선은 원래의 목적지에서 몇 킬로미터나 떨어진 대서양 버뮤다 지역 남부에 떨어졌다. 이노스는 해수면 위에서 흔들리고, 찌그러지고, 과열된 우주선 본체 안에 매여 꼼짝도 못 하고 있었다. 미 해군이 우주선을 발견하고 구조하는 데는 세 시간 반 이상 소요됐다. 이 마지막 치욕에 이노스는 무너졌다. 일흔 번이 넘도록 발바닥에 전기 충격을 받아 가면서까지 자신의 임무에 충실했던, 순종적이고 참을성 많던 침팬지는 결국 폭발해 버렸다. 미국 항공 우주국의 보고서는 구조대원이 우주선을 열었을 때의 장면을 다음과 같이 묘사하고 있다. "실험 대상은 복부 보호대를 부수고 빠져 나갔으며, 생리 신호 추적 센서도 거의 다 떼어 내고 망가뜨렸다. 게다가 소변 주머니가 가득 찬 상태에서 강제로 소변줄을 빼 버렸다."[1]

당신은 이노스와 비슷한 감정을 느껴 본 적이 있는가? 우리는 훈련받은 대로 실행에 옮기고, 시스템이 제대로 작동하지 않더라도 맡겨진 임무를 충실하게 수행해 나간다. 이것이 우리가 해야 할 일이기 때문이다. 우리는 규칙이 무엇인지, 우리에게 기대되는 바가 무엇인지 잘 안다. 모든 일이 늘 쉽게 풀리지는 않겠지만, 힘든 시기에는 도움의 손길이 다가올 것이라 여긴다.

하지만 뭔가 일이 잘못 풀리기 시작하고, 전기 충격이 끝없이 가해지는데도 구원의 손길은 보이지 않는다. 그런 일을 겪고 나서 사건의 책임자를 마주할 때, 우리는 마음의 평정을 잃고 이 모든 상황이 불공평하다는 사실에 크게 분노한다. 우리가 임무를 성실하게 완수했는데도 무언가 잘못되었고, 결국 그 책임을 우리가 떠안게 되었기 때문이다. 또다시 권력을 쥔 사람들이 저지른 실수가 우리를 다치게 했다. 이건 우리가 예상하고 기대했던 바가 아니었다.

이노스의 이야기가 슬픈 이유는 여러 가지이지만, 그중에서도 우리를 가장 슬프게 하는 건, 이노스가 통제할 수 없는 상황에서 보였던 반응이다. 이노스는 훈련받은 그대로, 지극히 올바른 방식으로 맡은 일에 충실했지만 이노스가 이해할 수도, 통제할 수도 없는 상황은 이노스의 의지와 결단의 한계를 넘어버렸다.

●

오늘날 결혼과 가정치유 대학원 과정에서 볼 수 있는 트렌드 중 하나가 조직신학(systems theology)이다. 조직신학은 사람들이 가정과 사회 제도의 기능과 역기능 안에서 자신의 역할을 확인하게 한다. 이런 접근방식이 어느 정도 유용할 때도 있다. 문제는 상처 입은 사람들이 스스로 이렇게 물을 수 있다는 것이다. "내가 도대체 어떤 짓을 했길래 이런 일(무시/치욕/이용/비난/남용/폭력/중상모략/통제/사기)을 당하게 되었을까?" 비록 조직신학에서 의도한 바가 아니더라도, 이런 생각은 상처받고 지친 사람들이 빠지기 쉬운 함정이다. 특히 하나님께서 삶의 작은 부분까지 인도하시며 훈계하시고 개입하신다고 믿는 사람들이라면 더 그렇다. 더군다나 잘 훈련받지 못한 교회 지도자들이 조직신학이라는 도구를 사용하게 되면, 피해자를 비난하거나 망신 주기 쉽다.

우리는 어떤 이념들을 비판적으로 검토하지 않은 채 앵무새처럼 따라 되뇔 때가 너무 많다. 믿지 않는 사람들과 솔직하게 터놓고 어색하고도 어려운 대화를 이어 가는 것이 마땅히 해야 할 일이지만, 그보다는 그들 앞에서 하나님의 '체면'을 살려 드리는 데 급급하다. 우리는 하나님께서 일하시는 방식이 우리의 선함이나 악함과 전혀 상관이 없으며, 그래서 이해할 수 없다는 말을 종종 듣는다. 한편, 우리는 '결과'를 단순히 '업보'(Karma)의 의미로 바꾸곤 한다. "네가 실수했기 때문에 벌을 받는 거야. 이게 그

서문

'결과'야." 아니면 그보다 더 단순하게 그것이 '죄의 대가'라고 말하기도 한다. 우리가 생각하는 신학에서는, 인자하시고 모든 능력 위에 뛰어나신 하나님을 비난하는 것보다 한 개인을 비난하는 편이 낫다. 하나님께서 우리의 기대를 늘 만족시키지 않는다는 사실은 절대로 인정하지 않는다.

많은 종교 지도자들과 영성 운동가들이 '자율적 사고방식'(empowerment thinking)과 개인의 책임을 강조해 왔기 때문에, 우리는 우리가 잘못하지 않은 상황에서도 의미를 부여하려 애쓴다. 영적으로 성장하기 위해서라고, 주어진 상황을 신앙의 힘으로 뛰어넘기 위해서라고, 힘든 일을 통해 지혜를 얻기 위해서라고 말이다. "하나님께서 나에게 _____을/를 가르치시려고 이런 일이 생긴 거야." 그 말이 맞을 때도 있지만, 그렇지 않을 때도 우리는 죄를 짓지 않았음에도 죄책감을 느끼게 된다.

많은 종교 지도자들이 하나님을 탓하지 않으려고 성경 문구를 비틀면서까지 개인을 비난해 왔다. 하지만 선한 사람에게도 나쁜 일이 생길 수 있으며 삶은 불공평하다는 사실, 그리고 그것이 우리의 잘못이 아닐 수도 있다는 단순한 진리를 다시 주장할 때가 되었다. 도덕적으로 흠 없는 사람이라도 매우 불공정하고 불행한 일을 당할 수 있다는 사실을 솔직하게 인정할 때가 된 것이다. 성경에서 배운 하나님이 우리가 경험하는 하나님과 일치하지 않을 수 있다는 점을 인정할 때가 되었다. 하나님에 대한 우리의 경험을 되찾을 때이다.

이 책은 쉬운 답을 이야기하지 않는다. 앞으로 나올 내용들은 단순한 이야깃거리나 잠언류의 '영적 예방주사'로 구상되지 않았다. 성경에는 신앙의 위기 상황에 어떻게 대처해야 하는지 직접적으로 알려 주는 말씀 처방전이 없다. 있다 하더라도 그 수는 매우 적다.

이 책은 그런 책이 아니다.

이 책은 우리가 어떤 상황에 처하더라도 모두를 사랑하시는 하나님을 맹목적으로 신뢰해야 한다는 이야기가 아니다. 이 책은 다른 책에서처럼 그저 더 많이 기도해야 한다고 말하지 않는다. 이 책은 다른 책에서처럼 불로 연단하시는 하나님이나 폭풍우를 잠잠하게 만드시는 예수님을 이야기하지 않는다.

이 책은 이렇게 묻는 이들을 위한 책이다. "교회학교나 기독교 매체에서 우리에게 전혀 알려 주지 않았던 미지의 세계를 어떻게 이해해야 하나요?"

이 책은 "하나님께 화를 내도 괜찮을까?"의 단계를 넘어서 "하나님께 화는 이미 냈고, 이제 어쩐다?" 하고 고민하는 이들을 위한 책이다.

이 책은 독자 여러분이 주님을 따르는 여정에서 끊임없이 반복되는, 우리의 영혼을 무너뜨리고 삶을 통째로 바꿔 버리는 고통과 부당함을 말하는 책이다.

이 책은 여러분이 느끼는 감정이나 경험을 혼자만 겪는 것이

―――― 서문

아니라고 확인시켜 주는, 동반자가 되고자 기획된 책이다. 여러분이 가지고 있는 '문제가 될 만한' 생각과 감정에 솔직하게 이름 붙일 수 있도록 도와주려는 책이지, '기독교인으로서' 그래서는 안 된다며 부정하는 책이 아니다.

이 책이 고난 중에 있거나 공허감을 느끼거나 분노하는 중에도, 그 이후에도 신앙이 존재할 수 있다고 여러분에게 다시 한번 확인시켜 주기를 바란다. 그렇게 새로워진 신앙은 성장기 때 가졌던 신앙과 다르게 보일지도 모른다. 솔직히 말하면, 예전과 같을 수 없을 것이다. 하지만 이 신앙은 하나님을 진정으로 경험하고 연단받은 뒤의 결과물이기에, 철학적인 개념이나 추상적이고 판에 박힌 문구가 아닐 것이다. 진부한 이야기나 정치적 성향에 맞추어 요약되는 설교가 아니라, 멍들고 닳았지만 미묘한 차이가 있으면서도 실제적인 신앙일 것이다.

이 책은 이노스처럼 규칙을 따르고, 심지어 규칙이 바뀌더라도 최선을 다해 주어진 임무를 수행하다가 우주복을 벗어 던지며 "이제 그만할래! 이런 짓은 이제 그만둘 거라고!" 하고 외치는 이를 위한 책이다. 당신이 이 책을 집어 들었다면 신앙의 위기를 경험 중일 테고, 영혼의 어두운 밤을 맞이하는 중일 것이다. 어둠에 둘러싸여 있다면 주변에 누가 있는지, 뭐가 있는지 분명하게 알아보기 어렵다.

이 책은 모든 규칙을 무시해 버리는 것처럼 보이는 하나님, 더 이상 선하게 보이지도, 거룩해 보이지도 않는 하나님을 우리가 어떻게 다시 이해할 수 있을지에 관한 책이다.

이 책은 하나님을 이런저런 방식으로 경험해야 한다고 배웠던 틀에서 벗어나게 하고, 불필요한 자책감을 걷어 내게 하고, 자유롭게 해서 전능하신 하나님을 진정으로 만나게 하는 책이다.

이 책은 독자들에 관한 책이다. 또 저자에 관한 책이다. 시간이 얼마나 걸리든, 우리가 이 낯설고 무서운 물살을 어떻게 다 같이 헤쳐 나갈 수 있을지 이야기하는 책이다.

이 책은 반대편 물가에서 우리를 기다리시는 하나님께서 우리가 안다고 생각했던 하나님과 전혀 다르게 보일 수도 있다는 것을 이해하는 책이지만, 그렇다고 하나님이 변했다는 의미가 아니다. 이것은 우리가 하나님을 새로운 눈으로 보고 있다는 의미이다.

1장
후유증

말씀과 삶을 화해시키다

마태복음 16 : 13~20

제1차 세계대전이 시작되자 영국의 젊은 남성들은 두 가지 도구로 무장한 채 전장으로 떠났다. 하나는 최신식 소총이었고, 하나는 고전교육이었다. 인류 역사상 가장 거대했던 대영제국은 제국의 영광을 그린 그리스·로마 문학을 교육의 핵심 가치로 삼았기에 당시 영국 청년들은 전쟁이 영광을 가져다줄 거라고 교육받았다. 전쟁터에 나가야 진정한 사나이가 될 수 있다고 믿었고, 그렇게 세계를 정복했다. 그들에게 왕과 나라를 위해 칼을 휘두르는 것, 그리고 하나님은 우리 왕의 편이라고 굳게 믿는 것보다 더 고귀한 것은 없었다.

하지만 제1차 세계대전은 어른들과 정치인들이 자랑스럽게 떠벌리던 전설 속의 전쟁과 달랐다. 온 세상의 그 어떤 전쟁과도 달랐다. 이전에는 적군의 코앞에서 칼을 휘두르거나 소총을 쏘면서 눈을 마주했지만, 이제는 탱크, 기관총, 심지어 비행기가 전쟁터를 누비고 다녔다. 염소와 독가스는 사람들의 눈을 멀게 하거나 불구로 만들었고, 전쟁터의 모든 이들을 순식간에 살육할 수 있었다. 군인들이 몸을 부딪치던 육탄전에서 기계화된 신기술로 전환되자 전쟁터에서는 인간성이 사라졌다. 거기서는 하나님께서 누구 편인지 고민할 필요도 없었다. 그보다 더 근본적인 의문은 이런 대학살과 고통의 현장에도 "과연 하나님께서 살아 계시는가?" 하는 것이었다.

전쟁이 가져다줄 거라고 믿었던 영광은 모두 산산조각 났다. 이것은 영국에서만 일어난 일이 아니었다. 한물간 옛 체제의 공허한 약속에 대한 환멸이 아군과 적군 사이에 퍼져 나갔다. 그 시대의 문학작품들이 이를 잘 보여준다. (헤밍웨이 소설 속의 수많은 주인공들이 전쟁의 기억으로 괴로워한다.) 이처럼 전쟁의 고귀함과 영광을 듣고 자라난 모든 세대가 그 거짓말에 환멸을 느끼고 있었다.

참호에서 살아남은 군인들은 '전쟁 후유증'을 겪곤 했다. 요즘 우리가 '외상 후 스트레스 장애'라고 부르는 심각한 증상을 그때는 인격 장애나 정신적 나약함으로 여겼다. 그런 증상을 보이는 사람들은 사회 부적응자로 분류되기도 했다. 그렇기에 마음에 상처를 입고 돌아온 참전 용사들은 약자, 패기 없는 사람, 정신질환자로 취급당했다. 그들은 지도자들이 원했던 영웅의 모습이 아니었다. 전쟁에 지칠 대로 지친 참전 용사들의 몰골은 정치인들이 대중을 상대로 홍보했던 화려한 서사에 어울리지 않았다. 희생자 중 일부는 두려움이나 업신여김의 대상이 된 채 은둔하며 살았고, 일부는 정든 고향을 떠나 비슷한 상황에 처한 사람들과 함께 공동체를 만들었다. 그들은 현실에서 감내해야 했던 문

후유증

제와 의심, 학대, 공포를 잊고 소박한 사회를 재건하기 위해 투쟁했고, 한때 꿈꾸었으나 박살 나 버린 세계관의 파편을 움켜쥔 채 근대주의(모더니즘)라는 운동을 시작했다.

●

수많은 기독교인들, 그리고 한때 기독교인이었던 사람들이 바로 이런 상황에 처해 있다. 어떤 이들은 참호 안의 지옥을 견뎌 내고서 더 깊어진 신앙으로 우뚝 선다. 어떤 이들은 잿더미 속에서 하나님을 발견한다. 어떤 이들은 그들이 믿었던 약속과 일치하지 않는 현실로 인해 후유증을 경험한다.

당신이라면, 이런 일에 어떤 의미를 부여할 것인가? 한때 꿈꾸었던 세상이 현실과 근본적으로 전혀 다르다면? 당신이 생각했던 것보다 더 어둡고, 혼란스럽고, 불확실하다면? 그런 당신의 경험을 가치 없게 여기는 신자들 사이에서 어떻게 자리를 잡을 것인가?

이러한 후유증은 당신이 겁쟁이이기 때문에 겪는 것이 아니다. 오히려 겁 없이 몇 번이고 트라우마에 맞서다가 크게 타격받은 결과이다. 어떤 선량한 사람이 도덕적 기반을 제공받은 조직에서 자신이 거부당했다고 느낀다면, 그는 자신의 경험에 의미를 부여하기 위해 오히려 다른 곳으로 돌아설 것이다. 이때 그가 바라는 건 도덕성을 완전히 버리는 것이 아니라 어떻게 하면 그동안 그들을 잘못 이끌었던, 또는 해를 끼쳤던 종교 조직을 떠나 괜찮은 인간으로 살 수 있는지를 깨닫는 것이다. 조직을 떠나는 대다수의 사람들은 마음대로 즐기며 쾌락을 좇는 삶을 추구하지 않는다. 그들은 여전히 거룩을 추구하면서 종교의 어떤 부분이 인위적인지 드러내길 원한다. 그들은 현대 교회의 '브랜드화'나 문화에 대한 강박관념 없이도 스스로 선량한 사람이기를 원한다. 이것은 영적으로 불필요한 것들을 덜어 내는 작업이라고 할 수 있다. 거품과 과장, 불필요한 것과 물질주의의 덫을 걷어 내고 의미 있는 삶, 목적의식이 뚜렷한 삶을 사는 데 꼭 필요한 것에만 집중하는 것이다.

●

우리가 현실에 대해 이해한 바는, 현실은 이미 손쓸 수 없을 정도로 망가졌다는 것이다. 우리는 더 이상 이전의 모습으로 돌아갈 수 없고, 우리가 보고 듣고 경험한 모든 것이 없었던 일인 척할 수도 없다. 그렇다고 하나님을 완전히 저버릴 수도 없다. 그저 산산이 조각나 버린 신앙의 파편을 모아 그럴싸한 모자이크처럼 이어 붙이고, 거기에 의미를 부여하려 노력할 뿐이다.

이것은 수많은 종교 지도자들이 공포심을 조장하며 선포했던 신앙의 해체가 아니라 재건이다. 진흙탕 속에서 우리의 종교관을 한 조각씩 건져 올린 뒤 연결해서 기독교라는 퍼즐을 맞춰 가는 작업이다. 무너진 잔해를 떠나는 것보다, 이렇게 남아서 깨진 조각들을 이어 붙이는 데 훨씬 더 큰 믿음이 요구된다. 이런 식으로 신앙을 재건하는 것으로는 "예수님이라면 어떻게 하셨을까?"라는 테스트를 통과하지 못할 거라고 말하는 사람들이 있다면,

그들은 마태복음 5장을 주의 깊게 읽지 않은 것이다. 예수님은 이 말을 다섯 번[2]이나 되풀이하셨다. "……라는 것을 너희가 들었으나, 나는 너희에게 이르노니……." 종교 지도자들이 아무리 시끄럽고 강하게 항의하더라도, 예수님은 사랑과 포용의 복음을 선포하시기 위해 자신이 속한 문화권의 구체제와 왜곡된 신앙관을 거침없이 무너뜨리고 재건하셨다.

우리도 교회학교와 신앙서적에서 배운 내용으로 무장하고 영적 전쟁에 뛰어들었다. 우리는 성경 말씀과 설교 말씀을 잘 따르기만 해도 풍성하고 아름다운 삶을 살게 될 거라고 굳게 믿었다. 어려움을 겪겠지만, 하나님의 사람들은 잘될 거라고 늘 믿었다. 믿음만 충분하다면, 결국에는 기적이 일어날 거라고 늘 생각했다.

우리는 성경과 복음주의에 대한 열정을 갖고, 규칙과 약속을 믿으며 참호 속에서 열심히 살다가 후유증과 상처를 입은 채 절뚝거리며 집으로 돌아왔다. 하지만 더 이상 교회에 우리를 위한 자리는 없었다. 그곳에서 전하는 설교 말씀은 우리에게 어울리지 않았다. 우리는 경험을 공유하고, 우리가 겪은 트라우마를 설명하고 싶었지만 기회가 주어지지 않았고, 오히려 사람들은 그것이 우리 잘못이라며 탓하거나 겁쟁이라고 했다. 몇 사람들이 모여 공동의 목소리를 내려고 하니, 이번에는 우리에게 '의심 많은 사람, 배교자, 이단, 자기 실속만 차리는 사람, 기독교인이면서 무엇이든 허용하는 사람'이라는 꼬리표를 붙였다.

보통 이런 꼬리표를 붙이는 이들은 경험의 폭이 좁고, 그 결과 하나님을 매우 좁은 범위에서 이해한다. 아마 무엇이든 의심해 본 적이 없을 것이다. 그럴 필요를 못 느끼니까. 아마 자기만의 편안한 공간을 벗어나서 신앙을 버리게 될 정도로 심한 고통을 느껴 본 적도 없을 것이다. 어찌 되었든 그들이 전쟁터 근처에 와 본 적도 없다는 것은 거의 확실하다.

우리처럼 후유증을 겪는 신자들은 우리를 비판하는 사람에게 이렇게 반박하고 싶은 충동에 빠진다. "당신, 전쟁터의 참호에는 들어가 봤어요? 우리가 헤맸던 길을 가려고 시도해 보기라도 했어요? 우리처럼 힘들었던 적은 있나요? 당신의 영혼이 피 흘리는 모습을 본 적이 있나요? 없다고요? 그럼 감히 우리를 판단하지 마세요."

전쟁의 뜨거운 열기, 끝없는 소음과 혼돈, 응답되지 않는 기도, 한때 세상에 대해 가졌던 믿음이 산산이 부서지던 상황을 당신이 설명하려 할 때, 사람들은 그것을 전쟁터의 상처로 이해하기보다 성품의 결함으로 여긴다. 전쟁터에서 절룩거리며 돌아온 사람들의 이야기조차 귀 기울이지 않는 비판자들이라면, 영영 돌아오지 못한 사람들을 어떻게 생각할지는 뻔하다.

우리는 두들겨 맞고 시달리긴 했어도 예전보다 훨씬 더 정확한 안목을 가지게 되었다. 비록 구원병이 도착하지 않더라도, 우리는 삶을 재건하기 위해 노력 중이다. 우리에게는 정형화되고 포괄적인 문제 해결 방법보다 더 현실적인 무언가, 돌처럼 단단한 어떤 것이 필요하다. '예수'라는 쉬운 대답보다는 사랑, 자비, 은혜, 포용, 겸손, 자비처럼 그분이 대표하는 모든 것이 필요하다. 또 권력 남용에 대해서는 의로운 분노가 필요하고, 버림받았다고 느낄 때는 거칠지만 정직한 감정이 필요하다. '옳음'의 범위를 매우 좁게 한정하고, 거기에 맞지 않는 건 죄악으로 규정하는 종교 지도자들에게 도전할 수 있는 자유도 필요하다.

고장 난 기계 수리를 위해 서비스 센터에 전화해서 상담사의 설명대로 차근차근 따라 했는데도 여전히 기계가 작동하지 않을 때 우리는 이런 말을 듣곤 한다.

"뭔가 잘못된 것 같습니다. 사용설명서에 쓰인 대로 시도했는데도 작동하지 않는다면, 사용자 쪽에 문제가 있으신 것 같네요."

복음주의 교회에서 성장한 사람들은 "말씀이 인도하는 삶"이라는 표어에 익숙하다. 우리는 기도와 성경 공부로 해결하지 못할 일이 없다고 배웠다. 하지만 성경에서 약속하신 말씀이 우리 삶의 경험과 일치하지 않을 때도 있다. 종이 위 글자를 믿어야 할까? 우리가 처한 실제 상황을 믿어야 할까? 더 큰 믿음을 가지라고, 더 열심히 기도하라고, 더 겸손하라고, 더 성경 말씀에 충실하라고 말하기는 쉽다. 하지만 야고보서 4 : 8("하나님을 가까이하라 그리하면 너희를 가까이하시리라")이 공허하게 들린다면, 어떻게 해야 할까?[3] 우리는 고민을 숨기거나 의심을 감추려고 할 때가 너무 많다. 그것이 그리스도를 증거하는 삶에 부정적인 영향을 끼칠 거라 걱정하기 때문이다. 우리는 분노와 혼란의 감정을 느끼지 않는 척한다. 그런 일로 힘들어하고 있다는 사실을 정직하게 드러내지 않는다. 교회에 실망했다고 하면 그런 생각을 '고치라'는 말만 되돌아올까 두렵기 때문이다.

●

독자의 대부분은 패트릭 해밀턴의 연극 "가스등"(Gas Light)에서 유래한 '가스라이팅'이라는 용어에 익숙할 것이다. 이 연극은 1938년에 공연되었다가 이후 영화로 제작되었는데, 줄거리는 다음과 같다. 어떤 여성이 남편 때문에 미치광이로 몰리게 된다. 남편은 아내 몰래 집 안의 불을 켰다 끄면서도, 아내를 조종하기 위해 그런 일은 없었다고 잡아뗀다. 심리학에서 이 용어는 일종의 정서적 학대를 의미한다. 가해자는 희생자에게 특정 사건이나 행동, 패턴, 경험이 실제로는 발생하지 않았다고, 희생자가 생각하는 그런 일은 없었다고 반복적으로 말한다. 그 결과 희생자는 자신의 심리가 불안정한 것은 아닌지 의심하고, 나아가 자신이 확신했던 것과 근본적인 신념 체계까지도 의심하게 된다.

현대의 그리스도인들은 경험하는 문제와 복잡한 상황을 그동안 배운 하나님의 성품과 신앙의 언어로 설명하기 어려울 때, 이 둘 사이에서 갈등하며 신앙의 위기를 맞는다. 절대 진리라고 배웠던 것들이 실제로는 우리가 생각했던 것보다 더 미묘한 의미로 해석될 때 솔직하게 그 사실을 이야기하면 따돌림이나 수치를 당하거나, 정체성을 상실하게 될지도 모른다. 의심하는 사람은 은혜 받지 못한 자이며, 확신하지 못하는 사람은 자비에서 제외된다고 치부해 버리는 경우가 너무 많다. 교회에서 용인하지 않는다고 해서 우리의 솔직한 감정과 경험을 부인한다면, 상황은 악화되고 신앙은 거의 무너지게 된다.

우리가 사실로 알고 있는 것을 거부하는 것은 현실을 거짓이라 믿게 하려는 가스라이팅에 스스로 가담하는 것이다.

우리의 '경험'도, 하나님을 향한 '믿음'도 진실하다면, 그 두 가지를 서로 조화시켜야 한다. 하지만 어떻게 해야 할까?

우리의 경험이 성경에서 말하는 것과 다르다면, 선택할 수 있는 답안지는 세 가지다.

첫째, 성경이 옳다. 그렇다면 우리의 경험이 틀린 것이다.
둘째, 우리의 경험이 옳다. 그렇다면 성경이 틀린 것이다.
셋째, 우리가 성경을 잘못 이해했거나, 잘못 적용한 것이다. 그렇다면 하나님에 대한 우리의 생각을 바꿀 필요가 있다.

(첫째는 뒤에서 이야기할 것이다.) 두 번째 답안지는 하나님을 완전히 부정하게 되므로 위험하다. 세 번째 답안지는 인간이 이해할 수 없는 영역이 있다는 사실을 겸허하게 받아들이게 한다. 하지만 비판적인 생각이나 질문 없이 맹목적으로 항복하기보다는, 우리의 신앙에 좀 더 역동적인 방식으로 접근할 수 있다. 그럴 때 성장의 여지가 생기고, 하나님과의 관계가 발전하며, 우리가 이

해할 수 없는 일과 기적에 해석의 여지를 남기게 된다.

아쉽게도 대부분의 교회나 기독교 프로그램에서는 우리에게 첫 번째 답안지, 즉 성경이 옳다고 말한다. 논의는 거기서 끝나고, 더 이상의 여지가 없다. 우리의 경험이 성경에서 이야기하는 약속과 어긋난다면, 우리의 경험이 사실이 아니거나 어딘가 잘못된 것이며, 그 이유 역시 우리 잘못이 된다. 권력을 쥔 사람이 해석하는 것과 우리의 현실이 일치하지 않을 때가 있다. 그가 우리를 향해 틀렸다고, 미쳤다고, 거짓말이라고, 말도 안 되는 소리라고, 잘못되었다고, 속이는 거라고, 부족하다고 말할 경우, 우리가 진실하다고 믿는 것이 누군가의 권위와 통제를 위협하게 된다는 이유로 무시당한다면 그것은 분명 교과서적인 가스라이팅이다. 교회에서도 그런 경우가 난무한다.

그렇다고 이 책이 특정 교단이나 영적 지도자를 꼬집어 싸움을 걸자거나, 이미 수십 년(또는 수백 년) 동안 복음의 자유를 하나님과의 율법적 계약 관계로 포장해 버린 이상한 신학을 비난하자는 건 아니다. 현대 교회들이 저지른 잘잘못을 일일이 들추거나, 정신적 학대의 가해자를 지목해서 깎아내리자는 것도 아니다. 그렇다고 책임질 필요가 없다는 말은 더더욱 아니다. 오히려 그 반대다. 그러나 이 책에서는 그런 일에 집중하지 않는다. 이 책의 목표는 분노와 혼돈, 상한 마음, 다른 생각을 품은 사람들에게 안전한 장소를 제공하는 것이다. 그들의 감정이 죄 때문이라거나 위험하다는 말을 들은 신자들, 단순한 대답에 만족하지 못하느니 차라리 신앙을 버리는 편이 낫다고 생각하는 신자들을 위해 던지는 구명 밧줄 같은 책이다.

앞으로 이어질 내용 중에서 어떤 부분이 너무 단순하거나 당신이 처한 상황에 해당되지 않는다면, 그냥 넘어가길 바란다. 어느 상황에서는 그 어떤 말이나 해석도 위로가 되지 못할 수 있다. 그게 현실이기도 하다. 이 책의 핵심은 독자들이 경험하는 현실이 개인 신앙에서 정당하고도 중요한 부분임을 인정하려는 것뿐이다.

그런데 왜 제목을 이렇게 지었냐고? 아무리 좋게 보려 해도 의도적으로 싸움을 거는 것 같고, 나쁘게 본다면 하나님을 가스라이팅하는 분으로 비난하는 것 같다고?

바로 그거다. 이 책은 후유증에 시달리고 영혼이 지친 나머지, 다른 책을 집어 들 힘도 없는 사람을 위한 책이다. 더 기도하라거나, 성경을 더 읽으라거나, 믿음을 더 키우라거나, 죄를 더 회개해야 한다고 말하는 그런 책들 말이다. 그렇게 한다면, 어쩌면 하나님께서 귀를 기울이실지도 모른다. 하지만 이 책은 회개를 말하지 않는다. 다시 생각하고, 재해석하고, 다시 회복시키는 이야기, 때로는 관점의 전환을 이야기한다. 이 책은 어떤 상황에서 좀 더 예수님을 쥐어짜면 상황이 나아질 거라고 약속하는 그런 책이 아니다.

문제는 하나님이 아니다. 우리가 하나님 주변에 설치한 이야기 구조에서 학대와 남용에 가까운 언어를 너무 많이 사용한다는 것이 문제다. 개신교(Protestantism)에서는 지난 수백 년 동안 "우리는 하나님 없이는 아무것도 할 수 없다.", "우리 스스로는 절대 부족하다.", "벌레만도 못한 나." 같은 수사로 하나님과 우리의 관계를 이야기해 왔다. "주 앞에서 낮추라 그리하면 주께서 너희를 높이시리라"라는 구절은 우주를 창조하신 분 앞에서 우리가 느끼는 경이로움보다, 마치 하늘나라의 어떤 골목대장이 우리를 겁주려고 하는 말처럼 들린다. 왜 그럴까? 하나님께 관심받을 자격이 없다고 생각하는 사람들은 하나님의 문지기를 자처하는 사람들에게 도전하기 어렵다. 은혜와 사랑, 포용에 접근하려는 사람들을 통제함으로써 권력을 얻고 누리는 그 사람들 말이다. 하나님께서 우리를 가스라이팅하시는 것이 아니다. 우리가 하나님을 보고 이해하는 렌즈를 왜곡시키는 사람들, 우리가 그러한 생각들과 그들에게 권력을 부여하는 체제에 의문을 제기할 때 도리어 창피를 주려는 사람들이 우리를 가스라이팅하는 것이다.

우리가 하나님에 대해 갖는 진실한 의문과 의심, 실망, 살아있는 경험이 '잘못'되었다고, 그것이 누군가가 정의한 '성경적인 기독교인의 길'에 맞지 않는다고 이 세상에서 하나님의 손과 발이 되어야 할 믿음의 사람들이 그렇게 말한다면, 그들은 의도했든 의도하지 않았든 우리를 가스라이팅하는 것이다.

교회에 속한 어른들이 누군가에게 어떤 책임감을 갖도록 격려하기보다 집단적 사상과 선택, 행동을 비난한다면 그것은 가스라이팅이다.

라디오 설교자가 전화로 사연을 호소하는 청취자에게 "상황을 좀 더 자세히 설명해 주시겠어요?"라고 묻는 대신 "당신의 태도가 잘못되었으니 어떻게든 고쳐야 한다."라고 말한다면, 그것은 가스라이팅이다.

율법주의가 사람들을 폭력적이거나 위험한 상황으로 몰아간다면, 그것은 가스라이팅이다.

믿음의 사람들이 "당신의 영혼을 지옥에서 구원하고자 한다."라는 이유로 혐오와 배제, 거절의 메시지를 사랑으로 포장한다면, 그것은 가스라이팅이다.

종교 지도자가 자신의 공동체 일원이 감히 반대 의견을 냈다는 이유로 소셜미디어에서 그 사람을 깎아내린다면, 그것은 가스라이팅이다.

선교사가 문화적 가치관을 하나님의 명령과 혼동한다면, 그것은 가스라이팅이다.

복음을 민족주의로 포장하거나, 어떤 집단이 다른 집단을 두고 그들이 원하는 방식으로 투표하지 않아 그리스도인이라 부를 수 없다고 고집한다면, 그것은 가스라이팅이다.

교회에서 깊은 진리의 신학을 전하기보다 진실을 농담으로 축소해 버린다면, 그것은 가스라이팅이다.

어떤 설교자가 우울증이란 하나님의 은혜를 우습게 아는 인격 장애라고 하거나, 정신질환이 나으려면 약물과 치료법을 쓰기보다 기도와 성경 공부를 해야 한다고 주장한다면, 그것은 가스라이팅이다.

'성적 순결'이라는 메시지를 지나치게 강조한 나머지 처녀성만으로 사람들의 가치를 따지거나, 어느 한 세대 모두를 수치와 죄책감, 성적 좌절감으로 얼룩진 삶을 살게 한다면, 그것은 가스라이팅이다.

우리가 다른 사람들에게 신체적, 정서적, 영적으로 필요한 것을 주기보다 결혼, 가족, 겸손, 제한, 성경을 문자 그대로 해석하는 직역주의(literalism), 민족주의, 올바름, 반체제, 자기 보호 등을 앞세운다면, 그것은 가스라이팅이다.

우리가 성경을 활용해서 사람을 해친다면, 곧 하나님 앞에서 정직하게 몸부림치는 이를 두고 사랑받거나 교제할 만한 사람이 아니라고 평가하거나 한 상에 둘러앉지 못하게 한다면, 그것은 가스라이팅이다.

교제의 식탁은 우리가 아니라 하나님께서 차리셨다. 그 자리에 초청받은 우리의 역할은 다른 사람들을 환영하고, 더 많은 사람을 초청하는 것이지, 다른 이들이 왜 그 자리에 앉을 수 없는지 설명하는 것이 아니다.

그와 반대로 상처가 될 만한 이야기를 얼버무리거나, 그리스도인은 꽃길만 걸어야 한다고 주장하는 것도 우리의 역할이 아니다. 교회에서 '오직 긍정의 힘'만 이야기하는 것은 영적 침체와 의심, 허무감을 겪는 사람들이 솔직하게 표현하지 못하게 만든다. 우리가 맡은 역할은 상처 입은 영혼들의 실망감이나 분노를 '사랑의 폭탄'으로 감싸는 것이 아니라, 그들의 이야기를 경청하고 그들의 고통을 인정하는 것이다. 영혼의 고통은 단순하지 않으며 그 뿌리가 깊어서 단순한 답으로는 '치료'하기 어렵다. 상황에 잘 맞지 않는 성경 구절 몇 가지를 들이미는 것으로는 영혼을 구하기는커녕, 상처에 흐르는 피를 멈추게 하기도 어렵다.

고통을 경험해 본 적 없는 행복한 사람들에게는 이런 생각이 위험하거나 이단적으로 들릴 수도 있다. 하지만 이것은 결국 남들이 시키는 대로 따라 하는 믿음 대신, 전능하신 그분과 직접 대면하는 일로 좁혀진다. 그 차이는 남의 요리법을 그대로 따라 하는가, 아니면 내가 가진 재료로 자신만의 독창적인 요리를 만들어 낼 수 있는가이다. 각 재료와 맛의 조화를 이해한다면, 우리는 매번 똑같은 요리법을 반복하는 대신 식재료를 다양하게 바꿔가면서 자신만의 요리를 만들 수 있다. 그럴 때 우리의 믿음은 잔치가 되어 다른 사람들을 초대할 수 있게 된다.

이런 식으로 믿음을 재건하는 일이 하나님의 가르침과 상관없이 내린 개인의 선택을 정당화하는 수단은 아니다. 그 대신 준비되지 않은 채 전쟁터에 나갔던 우리와 타인에게까지 자비의 범위를 확장시킨다. 진정한 자비는 동정심이나 공감 이상의 것이다. 진정한 자비란 어떤 제도나 문화, 특정 상황에서 무력감을 느끼는 사람의 고통을 인정하는 데 있지, 친절함이나 사려 깊음에서 우러나오는 것이 아니다. 피해자를 비난하거나 믿음을 부끄러워하는 것처럼 보이는 행동을 하는 사람이 일부러 그렇게 불친절한 것은 아니다. 단지 그들은 인생의 가장 중요한 상황에서 희망이 전혀 없다고 느끼는 것이 무엇인지 알지 못할 뿐이다.

우리는 사람들이 어떤 의도를 가졌는지 알려고 하지, 그 사람이 어떤 경험으로 그런 생각을 갖게 되었는지는 알려고 하지 않는다. 무력감이란 어떤 상황을 되돌릴 방법이나 희망이 없다는 뜻이다. 단테가 지옥의 문에 쓰였을 거라고 상상한 그 유명한 문구 "이곳에 들어오는 자, 모든 희망을 버려라."처럼 지옥은 절망의 장소이고, 절망에 갇힌 사람들은 지옥을 맛본다. 그것이 바로 현대 그리스도인들이 이해하기 힘든 예수님 설교의 핵심이다. 예수님의 말씀을 듣는 청중 대다수는 그분의 가르침을 무력감이라는 틀 밖에서 어떻게 해석해야 할지 몰랐다. 마찬가지로 현대 교회의 교인들도 헌법 아래 모두가 동등하게 보호받는다는 정치체제 밖에서 예수님의 말씀을 어떻게 해석해야 할지 잘 모르는 경우가 많다. 교회는 자비가 필요한 사람들에게 합리주의(rationalism)를 들이밀곤 한다. 그들은 영혼이 굶주려 먹을 것이 필요한데, 우리는 뱀과 전갈을 건네고 있는 것이다(눅 11 : 11-12).

당연히 개인적인 경험에 적절하지 않은 성경 해석을 연결해 의미를 부여하는 것은 잠언 3 : 5("너는 마음을 다하여 여호와를 신뢰하고 네 명철을 의지하지 말라")을 거스른다며 비판하는 사람도 있을 것이다.

비판하는 사람들은 이렇게 부여된 의미를 신뢰할 수 없다고

후유증

주장할 것이다. 의심과 재해석의 여지를 너무 많이 남기고 있으며, 교회를 지탱해 온 토대 밖에서 하나님을 인식하기 때문이라고 말이다. 그런 사람들은 하나님과의 개별적인 관계에 지나치게 의존하기 때문에 다음과 같은 경고가 주어진 것으로 본다. "때가 이르리니 사람이 바른 교훈을 받지 아니하며 귀가 가려워서 자기의 사욕을 따를 스승을 많이 두고 또 그 귀를 진리에서 돌이켜 허탄한 이야기를 따르리라"(딤후 4 : 3-4). 비관론자들은 사도 바울이 바로 앞 장에서 이렇게 말한 것을 들면서 성경이 개인의 경험보다 앞선다고 말할 것이다. "모든 성경은 하나님의 감동으로 된 것으로 교훈과 책망과 바르게 함과 의로 교육하기에 유익하니 이는 하나님의 사람으로 온전하게 하며 모든 선한 일을 행할 능력을 갖추게 하려 함이라"(딤후 3 : 16-17). 다시 말해, 성경은 사전 점검을 받았지만, 당신의 경험 속 하나님은 검증되지 않았다는 것이다.

이런 식의 논쟁에 이용할 만한 성경 구절은 수도 없이 많다. 비판하는 사람들은 이 책의 주장이 자의적이라고 비난하면서 성경 구절을 제시할 것이다. 마치 자신들의 주장은 자의적이지 않은 것처럼 말이다. 이런 식으로는 결론을 내기 어렵다. 성경은 어떤 구절이든지 전체를 조망하는 넓은 맥락에서 해석해야 한다. 그것이 쓰인 문화적 배경과 더불어 텍스트가 보존되고, 필사되고, 번역된 여러 환경을 고려하는 가운데 해석해야 잘 이해할 수 있다. 하지만 일상에서 모든 구절을 이런 식으로 광범위하게 연구하는 것은 불가능하다. 우리는 모두 마음에 와닿는 성경 구절을 취사선택해서 편한 대로 적용한다. 이 책도 마찬가지다. 이 책을 비판하는 분들도 마찬가지다. 피할 수 없는 일이다.

여기서 중요한 것은, 맥락 없이 선택한 성경 구절 하나에 올바르지 않은 신학을 적용하는 것으로 신앙의 전부를 형성하지는 말자는 것이다. 핵심은 하나님께서 그분의 거룩한 성품에 반하여 행동하는 것처럼 보일 수 있는 흠 있는 신학과 흠 있는 사람들이 지나치게 제한적이고 배타적이며 비난 일색이고 편향된 신념으로 우리를 이끌 가능성을 고려하는 것이다.

성경에서 예수님은 다른 사람들이 얼마나 이해하는지에 관심을 보이신다. 마태복음 16장에서, 예수님은 제자들에게 "사람들이 인자를 누구라고 하느냐?"라고 물으신다. 각자 이런저런 답을 내놓지만, 정답을 말하는 사람은 없다. 결국 예수님이 물으셨다. "너희는 나를 누구라 하느냐?"

예수님은 우리에게 종교 지도자들의 의견에 절대적으로 순종하라거나, 예언에 관한 대중적인 해석을 받아들이라고 하지 않으셨다. 낮이나 밤이나 그분 주변에 머물면서 그 사역을 직접 목격한 사람들이 예수님을 어떻게 생각하는지에 관심을 보이셨다. 그분과 함께 지낸 경험이 그들의 관점을 바꾸었는지 궁금해하셨고, 그분의 사역을 직접 봄으로써 하나님을 더 온전히 이해하게 되었는지 알고자 하셨다. 베드로가 "주님은 메시야입니다. 살아 계신 하나님의 아들이십니다."라고 대답하자, 예수님은 경험

후유증

에서 우러난 그의 대답을 꾸짖지 않으셨다. 오히려 베드로를 칭찬하셨다. 베드로가 그 사실을 깨달은 것은 다른 사람들의 의견에 순종했기 때문이 아니었다. 그가 그런 결론에 다다른 것은 자신의 호기심과 관찰력 때문이지, 다른 사람이 한 말을 믿었기 때문이 아니었다. 그는 예수님을 섬기고 그분과 함께 지내면서 직접 보고 깨달은 사실을 이야기했을 뿐이다. 그러자 예수님은 베드로의 깨달음이 신성하다고 말씀하셨다. "이를 네게 알게 한 이는 혈육이 아니요 하늘에 계신 내 아버지시니라"(마 16 : 17). 알고 보면 하나님께서 진리를 계시하시는 방법은 성경 말씀에 국한되지 않는다. 때로는 우리에게 직접 계시하시고, 나타내시며, 깨닫게 하신다.

베드로의 고백은 성경을 벗어났다. 하지만 예수님이 "내 교회를 세우리니"라고 선포하신 이야기는 우리의 신학과 증언에서 생생한 체험이 매우 중요한 부분임을 알게 해 준다. 하나님께서는 우리가 앵무새처럼 무턱대고 종교 구호를 따라 외치기보다는 그분과 개인적으로 나누는 교제를 더 귀하게 여기실 것이다.

그런 사실은 구약성경에서도 찾아볼 수 있다. 잠언 19 : 27의 "내 아들아 지식의 말씀에서 떠나게 하는 교훈을 듣지 말지니라"는 번역자들에게 특히 어려운 문장이다. 이 문장의 원문을 직역하면 지혜로운 가르침을 거절하지 말라는 성경의 나머지 내용과 모순되어 들리기 때문이다. "내 아들아, 지식의 말씀을 등지려거든 꾸지람을 듣지 않아도 좋다"(공동번역). 이 구절을 있는 그대로 받아들이면 성경의 나머지 내용과 다르지 않다는 것을 알 수 있다. 간단히 말해 상식을 거스르는 가르침은 따르지 말라는 말씀이다.

이 책의 목표는 독자 여러분이 오랫동안 지켜 온 신념을 새로운 방식으로 적용해서 은혜의 범위를 넓히고, 영적으로 자유하게 하는 것이다. 낡은 사상을 걷어 내서 한쪽에 쌓아 두라는 게 아니다. 그건 삼천 년의 역사와 학문을 무시하는 행위다. 이 책에서 제시하는 읽을거리들은 기존의 전통적 해석과 연결하거나 함께 생각해 볼 수 있는 새로운 대안적 해석이다. 우리는 흑백논리에 의존할 필요가 없을 정도로 성숙한 사람들이다. 전통적 사상과 새로운 사상을 동시에, 그리고 함께 받아들일 수 있다. 그리고 분노와 무관심, 버림받음 같은 믿음의 난해한 영역과 씨름하면서 다양한 의미를 비교하거나, 대조하고, 섞고, 층층이 쌓을 수도 있다.

나는 심리학자가 아니다. 그런 사람이라고 내세우지도 않는다. 문학박사 학위를 받았고, 신학 쪽으로도 훈련받았다. 즉, 글로 비즈니스를 하는 사람이다. 좀 더 자세히 설명하자면, 글이 우리의 태도와 정체성, 문화, 의미 생성에 어떤 영향을 끼치는지를 다룬다. 그런 내가 이 책에서 가장 고민하는 주제는, 성경이라는 신성한 말씀이 사람들에게 수치심을 주고, 소외시키며, 조종하고 통제하는 데 어떻게 사용되어 왔는가 하는 것이다. 언어는 권력이다. 의도적이든 아니든, 그 권력이 잘못 적용되어 수많은 교회와 교파에서 하나님과의 건강하지 못한 관계를 야기해 왔다.

나는 성경이 중요하지 않다고 말하려는 것이 아니다. 오히려 그 반대다. 성경은 우리에게 하나님을 소개한다. 우리가 신앙의 구조를 이해하고, 전능하신 하나님과 인류가 관계해 온 역사를 이해할 수 있게 해 준다. 남녀 신앙인들을 우리에게 소개해 줌으로써 믿음과 신앙이 어떤 것인지 보여준다. 우리는 성경을 통해 우리가 살아가는 이 세상에서 어떻게 하나님을 인식할 수 있는지, 어떻게 절망 중에서 희망을 찾아낼 수 있는지, 그렇게 찾아낸 희망을 어떻게 주변 사람들과 나눌 수 있는지 배운다. 우리는 성경을 통해 영적 성숙을 위한 지식으로 무장한 삶을 맞이할 준비를 하게 된다. 성경은 우리가 하나님을 알게 되는 방법의 시작이지 끝이 아니다.

우리는 신자로서의 궁극적 목표를 문자 그대로 성경을 따르는 것에 두어서는 안 된다. 그보다 예측 불가능한 상황으로 가득한 이 세상을 이해하는 데 도움이 될 만한 것들을 성경에서 추려내야 한다. '무엇을' 생각할지 배우는 것과 '어떻게' 생각할지 배우는 것의 차이이다. 성경은 우리가 삶을 대하고 세상과 관계 맺을 수 있는 기반을 제공해 준다. 성경은 어떤 상황이든 마음대로 가져다 붙일 수 있는 솔깃한 구절이나 약속을 모아 둔 책이 아니다. 하지만 안타깝게도 성경은 그런 식으로 쓰일 때가 많다. 마치 하나님께서 모든 시나리오를 완벽하게 지시하시는 것처럼 말이다. (그런 관점에서 보기에) 만약 어떤 성경 구절이나 성경 이야기에 담긴 일반적인 의미가 당신이 처한 상황에 반영되지 않는다면 당신에게 잘못이 있다.

우리가 모든 상황에 성경을 적용하려 애쓴다면, 과거의 특정 시공간에서 특정 집단을 대상으로 쓰인 구절 때문에 성령께서 오늘날 우리에게 하시는 말씀을 부인하게 된다. 그럼으로써 하나님의 영으로 된 말씀을 조롱하게 되고, 이데올로기를 우상으로 삼게 된다. 성경은 하나님께서 우리에게 주신 지성과 감정, 이성을 활용하며 세상과 관계 맺을 수 있는 기반을 제공하기 위해 쓰였지, 그것을 무시하라는 것이 아니다.[4] 하나님께서 우리가 지금 살아가는 세상에서 진리에 귀 기울이며 적용하기를 원하지 않으셨다면, 왜 굳이 성령을 보내 보혜사와 인도자로 삼게 하셨을까? 예수님은 요한복음 14 : 26에서 이렇게 말씀하셨다. "보혜사 곧 아버지께서 내 이름으로 보내실 성령 그가 너희에게 모든 것을 가르치고 내가 너희에게 말한 모든 것을 생각나게 하리라" 성령이 하시는 일은 두 가지이다. 가르치고, 생각나게 하는 것. 신자들로 하여금 하나님을 이해하는 새로운 방식을 배우게 하고, 예수님의 말씀을 상기시키는 것이다. 살아 있는 경험과 교리적 전통, 성령은 이 두 가지를 어떻게 융합해야 하는지 우리에게 알려 주신다.

나는 독자 여러분이 이 책에서 그것을 발견하기를 바란다. 여러분이 직접 경험을 통해 진리로 깨닫게 된 것과 누군가 여러분에게 부적절하며 잘못이라고, 즉 죄라고 가르친 감정 또는 질문들을 융합하는 것. 사실은 증명할 수 있고 구체적이며 부정할 수 없는 반면, 하나님께서는 우리가 오직 믿음으로 받아들여야 할 어떠한 힘이자 존재이다. 그러므로 우리가 아는 어떠한 사실이 하나님께 들어맞지 않는다면, 하나님에 대한 우리의 이해를 바꿔야 할 것이다. 하나님을 우리의 이해에 맞춰 재창조하기보다, 이해 불가능할 정도로 복잡한 존재이신 전능자를 이해하기 위해 우리의 사고를 확장시켜야 한다. 다시 말해 우리가 그간 무시해왔던, 상상하지도 못했던 곳을 향해 눈 떠야 한다는 것이다.

●

2001년 6월 21일, 영국은 제1차 세계대전의 전장에서 탈영했거나 비겁하다는 이유로 처형당했던 군인들을 기리기 위해 기념관을 세웠다. 이 기념관은 당시 대학살을 저질렀던 나이 많은 권력자들이 현대식 전쟁과 트라우마를 이해하지 못한 채 겁먹은 사람들을 죽음으로 내몰았다는 사실을 증명한다. 지도자들은 기본 인권보다 이상과 공리를 앞세웠던 것이다.

때가 되면 우리 교회들도 그와 비슷한 방식으로 고통받은 영혼에게 저질렀던 지난날의 잘못을 사과할지 모르겠다. 그날이 올 때까지, 우리는 삶과 영혼을 건 싸움에서 스스로를 방어하고 살아남기 위해 싸워야 한다. 신앙을 향한 우리의 여정이 비정통적이라고 비난받거나, 만병통치 조언이나 설교로는 영혼의 피로가 해결되지 않아 소외된다고 느낄 때, 우리는 빌립보서의 말씀을 따라 스스로 일어서야 한다. "항상 복종하여 두렵고 떨림으로 너희 구원을 이루라 너희 안에서 행하시는 이는 하나님이시니"(빌 2 : 12-13).

2장
요구

너무 많은 것을 요구하시는 하나님

출애굽기 5장

욥기 13장

누가복음 18장

1951년 여름, 당시 19세였던 나의 할아버지는 미국 위스콘신 주에서 신발 가게 판매원으로 일하고 있었다. 그는 영리하고 부지런하고 친절하며 일을 즐거워했지만, 똑같은 질문을 계속 던지는 손님들을 마주해야만 했다. 때로는 처음 보는 사람까지도 같은 질문으로 할아버지를 귀찮게 했다. "이렇게 건강한 몸을 가진 청년이 한국 전쟁에 참여해야지, 왜 여기서 신발이나 팔고 있어요?"

늘 똑같은 질문이 똑같은 어조로 되풀이되었다. 그럴 때마다 할아버지는 상대방의 눈을 똑바로 바라보면서 대답했다. "저는 5등급이에요."

질문을 던진 사람은 눈썹을 치켜올리며 되묻곤 했다. "5등급이라고요? 신체검사에서 떨어졌다는 건가요?"

"아니오. 집에서 유일하게 살아남은 아들이에요."

할아버지의 대답에 사람들은 할 말을 잃었다.

5등급이란 미 국방부 제1315조 15항에 해당되는 일명 '생존자 정책'이다. 한 가정의 아들들이 전쟁에서 죽고 딱 한 명만 남은 경우, 그 아들은 징집을 면제받는 것이다.

안타깝게도, 그리스도인들의 여정에는 5등급이나 제1315조 15항 같은 게 없다. 하나님께서 우리에게 요구하시는 희생이 우리의 균형 감각을 잃게 할 정도로 너무 클 때조차 우리에게는 되돌아갈 수 있는 다리나 법적인 보호장치가 없다. 불평할 만한 여지도 허락되지 않는다. 오히려 그 반대다. 복음을 위해 극단적으로 삶과 팔다리를 희생한 사람들이 칭찬받는다. 그런 사람들을 '성인'으로 추앙하며 신앙의 본보기로 삼고, 그들처럼 살아야 한다고들 한다.

질병이나 사고로 전 재산을 잃은 사람들, 수많은 트라우마를 견뎌 낸 가족들, 계속해서 이어지는 가슴 아픈 일들을 보면서 우리는 절레절레 고개를 내젓는다. 그리고 묻는다. "왜 선한 사람들에게 저런 나쁜 일이 생길까?" 그들을 위해 기도하고, 힘이 되는 성경 구절을 보내며 힘내라고 격려하면서, 내가 저런 일을 겪지 않게 해 주셔서 감사하다고, (아마도 죄책감을 느끼며) 조용히 하나님께 기도한다.

그런 일이 현실로 눈앞에 닥치기 전까지는 말이다.

갑자기 생각지도 못했던 일들이 현실로 다가온다. 다른 사람들만 겪던 비극이 갑자기 우리에게도 일어나기 시작한다. 이전에는 피할 수 있어서 감사했던 일들이 우리 어깨에 얹히면, 어떤 성경 말씀이나 기도, 위로의 말도 그 짐의 무게를 덜어 낼 수 없다. 분명 누군가는 "하나님께서는 감당할 수 없는 짐은 주시지 않는다."라는 그 뻔한 이야기를 되풀이할 것이다. 우리는 그것이 거짓말이라는 걸 안다. 지금 당장 눈앞의 현실이 이미 감당할 수 없을 만큼 버겁기 때문이다.

그럼에도 불구하고, 교회에서 사람들이 우리를 지켜보는 것 같은 느낌이 자주 든다. 우리가 의심의 목소리를 높이거나, 하나님의 은혜에 도전하려 하거나, 하늘을 향해 주먹을 휘두르며 왜냐고 물을 때면, 그들은 우리에게 선을 넘었다고 말한다. 그렇게 심통 부리는 모습은 아이한테나 어울리지, 성숙한 신앙인에게는 해당하지 않는다고 말이다. 이사야 55 : 8~9을 인용하는 사람이 있을지도 모르겠다.

"이는 내 생각이 너희의 생각과 다르며 내 길은 너희의 길과 다름이니라 여호와의 말씀이니라 이는 하늘이 땅보다 높음같이 내 길은 너희의 길보다 높으며 내 생각은 너희의 생각보다 높음이니라"

그런 사람들은 이 말씀이 모든 불의와 수모, 고통을 지워 버리는 것처럼 말한다. 혹은 로마서 8 : 28 "우리가 알거니와 하나님을 사랑하는 자 곧 그의 뜻대로 부르심을 입은 자들에게는 모든 것이 합력하여 선을 이루느니라"를 기억하라고 할지도 모른다. 그런 식으로 이루어지는 선이 그럴 만한 가치가 있는지 따져 보는 대신, 그 기나긴 시험을 통과하기만 하면 된다는 듯이 말이다. 아니면 야고보서 1 : 2~3 "내 형제들아 너희가 여러 가지 시험을 당하거든 온전히 기쁘게 여기라 이는 너희 믿음의 시련이 인내를 만들어 내는 줄 너희가 앎이라"를 읊어 댈 수도 있다. 영혼을 무너뜨리는 고통 앞에 불행하다고 느끼거나 감사하지 않는 사람은 신앙의 깊이가 없다는 듯이 말이다.

간단히 말해 그들은 우리의 경험이 틀렸고, 부적절하며, 제대로 된 것이 아니라고 말한다. 우리는 우리가 경험하는 현실을 부정하고, 내려놓고, 찬양할 이유로 바꿔야 인정받을 수 있다. 우리가 느끼는 감정이 현실이라고 인정하는 대신에 수천 년 전 어떤 특정한 사람들이 특정한 상황에서 쓴 글에 들어맞도록, 우리의 진실을 지금 겪고 있는 상황과 전혀 다른 그 글에 들어맞도록 고치라고 가르치는 것이다. 마치 이렇게 말하는 듯하다. "하나님에 대해 좋게 이야기할 수 없다면, 차라리 아무 말 마세요."

●

헤더는 미국 중부 지방에 거주하는 가족의 삼 남매 중 한 명이었다.[5] 2월의 어느 추운 날 오후, 헤더는 고등학생 때 언니가 불치병에 걸리게 된 사연을 말해 주었다. 그로부터 3년 뒤, 어린 동생마저 사고를 당해 목숨이 위중하게 되었다. 셋 다 어린 시절부터 교회학교에서 활동했고, 부모님의 이웃 관계는 교인들과의 교제가 큰 비중을 차지했다. 하지만 헤더가 교회에서 아무리 많은 시간을 보냈어도 삶의 무게를 감당할 준비가 된 것은 아니었

요구

다. 헤더의 가족들이 반복해서 겪은 트라우마도 힘들었지만, 더 견디기 힘들었던 건 그런 모든 상황에서 '좋은 모습'을 보여야 한다는 말이었다.

"오랜 시간 동안 가족끼리 쉴 기회조차 없었던 것 같아요. 끔찍한 일들이 계속 일어났고 그걸 설명할 수도, 이해할 수도 없었어요. 숨쉬기조차 힘들었던 것 같아요. 많은 분이 도와주셨지만 제가 주로 들었던 말은 '하나님을 의심하면 안 된다. 그분이 이런 일을 허락하신 데는 이유가 있다.'라는 거였어요. 저는 전혀 그렇게 생각하지 않아요. 하나님께서는 우리 가족에게 그렇게 많은 것들을 요구하시는데, 우리는 하나님을 의심하면 안 된다고요? 그저 웃으면서 따지지 말고 그 모든 걸 받아들이라고요? 그런 하나님이라면 원하지 않아요. 나의 형제자매들이 힘들어하는 모습을 지켜보는 건 너무 끔찍했고, 우리 부모님이 어떻게든 버텨 보려고 같이 고생하시는 모습을 지켜보는 것도 너무 힘들었어요. 한 가족이 견디기에는 너무 버거운 일이었어요. 내가 이런 감정을 느끼는 건 당연해요. 내 믿음은 그 짧은 시간에 우리가 겪어 낸 모든 끔찍한 일을 돌아보면서 '이건 불공평해.'라고 말할 수 있을 만큼 크다고요. 정말로 공평하지 않으니까요. 만약 하나님께서 정말 사랑이시라면 그렇게 느끼실 거예요. 그렇지 않다면, 그게 무슨 하나님인가요?"

헤더가 말한 대로, 진실한 감정을 부정하면 결국 많은 사람들이 교회를 떠나게 된다. 배려가 부족할 뿐 아니라, 정직하지 못한

거니까. 게다가 성경적이지도 않다. 성경에는 선지자들과 원로, 평범한 사람들이 대놓고 하나님께 불만을 표하거나, 그들이 마주하는 삶에 기뻐하기를 거부하는 사례가 무수히 많다.

열왕기상 19장의 엘리야를 생각해 보라. 그는 이세벨의 진노를 피해 광야로 도망가서는 나무 아래에 누워 하나님께 죽기를 구한다. "여호와여 넉넉하오니 지금 내 생명을 거두시옵소서 나는 내 조상들보다 낫지 못하니이다"(왕상 19 : 4). 그러고는 곯아떨어졌다가 일어나 천사가 가져다준 따뜻한 빵과 물 한 병을 먹고 다시 잠든다. 그 뒤에는 "여호와의 천사가 또다시 와서 어루만지며 이르되 일어나 먹으라 네가 갈 길을 다 가지 못할까 하노라 하는지라 이에 일어나 먹고 마시고 그 음식물의 힘을 의지하여 사십 주 사십 야를 가서 하나님의 산 호렙에 이르니라"(왕상 19 : 7-8)라고 한다. 하나님의 가장 충실한 선지자 중 하나였던 엘리야조차 차마 견디지 못한 좌절의 순간이 있었다는 것을 이야기하려는 것이 아니다. 때로 끔찍한 상황을 벗어날 힘을 얻으려면, 이런 식의 기본적인 재충전이 필요하다는 것이다.

창세기 21장에서 하갈과 이스마엘은 아브라함의 천막에서 쫓겨나 광야로 내몰린다. 물이 없어 엄마와 아이가 죽을 지경에 이르자, 하갈은 아이를 관목 덤불 아래에 눕히고 몇 걸음 떨어져서 "자식이 죽는 꼴은 차마 못 보겠다!"라고 하나님께 외친다. 하갈이 절망에 빠져 하나님께 부르짖자, 하나님께서는 그 아이가 큰 민족을 이루게 될 것이라고 답하시며 확신을 주신다. "하나님이 하갈의 눈을 밝히셨으므로 샘물을 보고 가서 가죽부대에 물을 채워다가 그 아이에게 마시게 하였더라"(창 21 : 19). 하나님께서 개입하시든 우리가 스스로를 돌보든, 우리의 신체적 욕구를 충족시키는 것은 감정 상태를 추스르는 데 엄청난 도움이 될 수 있다.

당연한 소리겠지만, 이런 조언은 심각한 질병을 선고받았을 때나 파산했을 때, 집에 불이 났을 때나 이혼했을 때, 전 세계를 강타한 바이러스를 마주했을 때 전혀 도움이 되지 않는다. 우리는 때로 영혼을 짓누르는 무거운 짐 때문에 우울해진다. 잠을 푹 자고 일어나도, 맛있는 음식을 먹어도 상황이 전혀 나아 보이지 않는다. 어떤 상처는 너무 깊어서 다음 날 아침까지도 낫지 않는다. 바로 그때 우리는 욥을 향해 돌아선다. 선량한 노인으로서 오랜 고난과 절망을 겪고, 온몸이 상처로 뒤덮인 채 주변 사람들의 잔소리를 견뎌야 했던, 베옷을 입고 재를 뒤집어쓴 욥 말이다.

참기 힘든 고통에 시달리는 그리스도인들이 주로 인용하는 성경 구절이 있다. 욥기 13 : 15에서 욥이 선포하는 구절이다.

"비록 하나님이 나를 죽이실지라도 나는 그를 신뢰할 것이다"(현대인의 성경).[6]

이것은 주님을 향한 신뢰와 흔들림 없는, 절박하기까지 한 믿음의 메시지가 분명하다. 이해할 수 없을 때도 우리는 하나님을 꼭 붙들고 겸손히 우리 자신을 하나님의 뜻에 내어 드리며 복종을 선언한다. "하나님께서 내게 어떻게 하시든 상관없어. 난 그래도 믿음을 지킬 거야." 이러한 선언은 욥과 하나님의 관계를 흔들림 없고 망설임 없는 색채로 표현한다. 의구심이나 저항이 전혀 없다. 이 구절을 읽고 어떤 생각이 드는지 잠깐 멈춰 생각해 보라. 감탄했는가? 아니면 불편하게 느껴지는가? 어떤 사람들은 이것이 아름다운 신앙의 초상이라고 생각하겠지만, 어떤 사람들은 학대라고 생각한다. 당신은 욥이 의심하지 않고 헌신하는 모습을 경이롭다고 생각하는가? 아니면 위험하다고 보는가? 둘 다 타당하지만 누군가 당신에게 한쪽으로만 해석하도록 가르쳤다면, 다른 쪽의 감정을 납득하기 어려울 수 있다. 특히 그런 감정에 문제가 있다고 생각되거나, 심지어 신성모독이라고 느껴진다면 말이다.

하지만 저 위에 인용된 구절이 본문의 반쪽이라는 점에 주목하기를 바란다. 욥기 13:15 후반부는 무시되는 경우가 많다. 전체 구절을 읽으면 다음과 같다.

"비록 하나님이 나를 죽이실지라도 나는 그를 신뢰할 것이다. 그렇지만 나는 그분 앞에서 내 행위를 변명해야겠다"(현대인의 성경).

또 다른 번역은 이렇게 되어 있다.

"하나님이 나를 죽이려고 하셔도, 나로서는 잃을 것이 없다. 그러나 내 사정만은 그분께 아뢰겠다"(표준새번역).

이렇게 보면 순종의 최고봉이라는 저 앞의 문장이 그렇게 순종적으로 보이지 않는다. 앞 문장만 떼서 보면 욥은 자신의 인생을 의심 없이 받아들이는 것처럼 보인다. 하지만 후반부를 이어서 보면, 이 구절의 의미가 완전히 달라진다. 뒤 문장은 앞 문장이 내포하는 수동적인 모습에 도전한다. 뒤 문장의 첫머리에 오는 히브리어는 '그러나', '하지만'으로 번역되곤 하는데, 이는 앞의 내용을 부정하는 것이 아니라 앞 문장에서 했던 말과 반대되는 내용을 말할 때 사용된다. "X가 사실일 수 있다. 그렇지만 Y도 사실이다." 욥의 경우, 이런 의미가 될 것이다. "비록 하나님께서 나를 상하게 하심에도 불구하고 그분을 꼭 붙들리라. 하지만 그분 앞에서 내 할 말은 하리라."

욥은 벌벌 떨면서 굴복하는 모습을 보이지 않는다. 의로운 분노와 저항을 선언한다. 친구들에게 반박하기 시작하는 대목에서 그런 태도가 잘 드러난다.

"참으로 나는 전능자에게 말씀하려 하며 하나님과 변론하려 하노라"(욥 13 : 3).

욥은 자신이 처한 상황을 부끄러워하지 않는다. 그뿐만 아니라 하나님과 대면하기를 요구하면서 "어쩌면 이것이 나의 구원이 될지도 모른다. 경건치 않은 자는 감히 하나님 앞에 나아갈 수 없기 때문이다."라고 한다(16절, 현대인의 성경). 하나님께서 욥의 논쟁을 인내하실 뿐만 아니라 구원의 요인으로 삼으신다는 것이다. 욥이 전능자이신 그분께 질문할 수 있다는 사실 자체가 욥에게 그럴 만한 도덕적 자격이 있음을 의미한다. 자학적 태도나 '벌레 같은 나' 따위의 수사는 잊어버리시길.

욥은 스스로를 하나님께 가증하고 끔찍한 피조물이 아니라 지극히 높으신 분의 신실한 (간혹 잘못도 하는) 피조물로 여겼다.

그는 자신이 올바른 동기를 가지고 도덕적으로 행동했기 때문에 그렇게 질문할 권리가 있다고 생각했다. 하나님께서는 대답하지 않으실 수도 있지만, 그런 질문을 했다고 욥에게 벌주실 분도 아니다. 욥은 자기 어깨에 짊어진 짐의 무게가 의롭고 합리적이신 하나님께서 허락하신 것보다 더 무겁다는 사실을 안다. 도덕적으로 살기 위해, 전능자이신 그분을 위해 할 수 있는 일이 무엇인지 이해하고자 노력했기 때문에, 욥은 공평함과 부당함이 상충하는 지점을 이해할 수 있었다. 하나님께 그런 질문을 했다고 해서 그가 믿음을 저버린 건 아니다. 그의 믿음은 오히려 더 강해졌다. 욥은 자신이 겪게 된 고통의 원인으로 하나님을 지목함으로써, 그 명백한 모순을 지적함으로써 그분의 인자하신 성품과 거룩한 약속을 확인한다. 욥은 하나님을 배척하지 않았다. 그저 하나님께서 어떤 분인지, 만물의 질서가 어떤 식으로 세워지는지 더 세밀하게 이해하는 작업을 하고 있었을 뿐이다.

그러나 욥기는 예외적인 사례다. 누군가의 말에 의하면, 욥기는 거룩한 장막 너머에 존재하는 하늘의 영역을 보여주는 흔치 않은 사례다. 또 다른 사람의 말에 의하면, 욥기는 하나님께 영감을 받아 고통의 세세한 면모를 보여주는 우화다. 하나님께서 용인하신 논쟁을 좀 더 자세히 들여다보기 위해, 유대인들의 율법이 성문화되던 과정과 이스라엘 국가 설립 역사의 핵심 사건을 생각해 보자.

출애굽기 5장에서 모세는 파라오에게 이스라엘 노예를 광야

요구

로 돌려보내 예배할 수 있게 해 달라고 청한다. 그에 대한 답으로 파라오가 이스라엘 사람들에게 벽돌의 재료인 짚을 스스로 구하게 하자, 모세는 이를 매우 못마땅하게 여겼음이 분명하다. 그는 하나님을 대면하며 이렇게 물었다. "주여 어찌하여 이 백성이 학대를 당하게 하셨나이까 어찌하여 나를 보내셨나이까 내가 바로에게 들어가서 주의 이름으로 말한 후로부터 그가 이 백성을 더 학대하며 주께서도 주의 백성을 구원하지 아니하시나이다"(출 5:22-23).

이것은 겸손한 부탁이 아니다. 모세는 어려운 앞길을 헤쳐 나갈 수 있게 해 달라며 소심하게 구하지 않았다. 그가 기도 중에 하나님 앞에서 담대하게 쏟아 낸 말들을 생각해 보자.

1. 하나님, 당신은 당신의 백성들에게 해를 입혔습니다.
2. 저에게 파라오에게 가서 말하라고 절대 시키시지 말아야 했습니다.
3. 당신의 이름을 언급하니 상황이 더 어렵게 꼬였습니다.
4. 그런데도 당신은 우리를 도우려는 시도조차 하지 않았습니다.

모세는 하나님께서 모든 상황을 통제하신다고 인정하기보다 자신의 견해를 밀고 나갔다. 그는 백성들에게 극도로 무거운 짐이 지워졌다는 걸 알고 있고, 하나님의 요구사항이 자기가 감당할 수 있는 한계를 넘었음을 알고 있었다. 그리고 그저 앉아서 이 상황을 지켜보려 하지 않았다.

성경 이야기에는 거룩한 부담이 불공평하게 느껴질 때, 그저 주어진 삶을 충실히 받아들이기보다 하나님께 대들며 도전하는 사례가 반복된다. 가인은 하나님께 이렇게 말했다. "내 죄벌이 지기가 너무 무거우니이다"(창 4 : 13). 예수님조차 십자가에 못 박히시기 전에 이렇게 말씀하셨다. "내 아버지여 만일 할 만하시거든 이 잔을 내게서 지나가게 하옵소서"(마 26 : 39). 성경에 나오는 인물들의 공통점 중 하나는 하나님께 직접 도전한다는 것이다. 하지만 오늘날 교회에서는 이런 행동을 부끄럽게, 심지어 죄로 여긴다.

현대 기독교 신학에서는 우리가 하나님이나 성경에 의문을 제기할 여지가 없다. 오히려 예수님은 이렇게 맹목적으로 추종하는 모습을 생소하게 여기셨을 것이다. 그분은 어릴 때부터 종교 교사들과 유대교 율법에 대해 논쟁하며 교육받았기 때문이다. 사실 유대교에서는 하나님과 논쟁하기를 장려한다. 2천 년 동안 이어진 『탈무드』와 『미드라쉬』는 성서를 주제로 나누는 대화를 기록한 책으로, 논쟁에 기반한다. 유대교에서 이 책들은 성서 다음으로 중요하다. 유대교 신앙은 적어도 기원전 7세기부터 이런 식의 거룩한 논쟁을 도덕적 책무로 여겨 왔다. 신명기 16 : 18을 보면 하나님께서 유대 지파에게 종교법의 문제를 토론하기 위한 법정을 구성하라고 하셨다. 많은 학자들은 그 전통이 시작된 시기를 그보다 더 이르다고 본다. 모세가 천부장과 백부장,

오십부장, 십부장을 세우고 "그들이 때를 따라 백성을 재판하되 어려운 일은 모세에게 가져오고 모든 작은 일은 스스로 재판"(출 18 : 26)하던 때로 거슬러 올라간다는 것이다.

재판소는 공식적으로 성서 문헌에 대한 '소송의 건'을 판결했지만, 논쟁은 여기서만 발생하는 것이 아니었다. 사실 성서에 대한 논쟁은 유대교 문화의 주춧돌 중 하나이고, 예수님도 그러한 지적 행위에 동참하셨다. 산상수훈에는 이런 구절이 반복된다. "……라는 것을 너희가 들었으나 나는 너희에게 이르노니……" 예수님은 이런 식으로 종교 지도자들이 지지해 온 전통적 문헌 해석에 도전하셨고, 제자들에게 성서 문헌이 그들이 배운 것과 전혀 다른 뜻을 가질 수 있다는 점을 고민하게 하셨다.

"하나님을 의심하다니, 놀랍네. 네 믿음이 그 정도밖에 안 되는 줄 몰랐어.", "네가 뭔데 하나님께 화를 내는 거야? 지옥에서 너를 건져 주신 분인데!" 우리가 하나님과 나누는 진실한 대화를 부끄러움의 대상이나 신성모독으로 만들어 버리는 이러한 틀을 깨뜨릴 때, 특정 권력 구조가 신학에 얼마나 깊이 자리 잡고 있었는지 볼 수 있다. 성경 전반에 걸쳐 하나님께 대항하는 사례가 있다는 사실에도 불구하고, 우리는 하나님을 의심하지 말라고, 성직자의 권위를 무시하지 말라고, 우리가 배운 성경에 도전하지 말라고 배웠다. 그런 사고방식 때문에 믿음은 하나님과 우리가 사귐을 맺는 과정이나 대화에서 벗어나 정적이고 일방적인 상태로 전환되어 버렸다. 우리는 신앙을 우리 자신의 행위이기보다 소유 대상으로 변질시켰다. 참 신앙이 무엇인지, 삶의 리듬에 맞추어 자연스럽게 확장되고 축소되기도 하는, 활발하고 역동적인 교제가 연속되는 신앙을 있는 그대로 보기보다, '신앙이 있다' 또는 '신앙을 잃어버렸다'라는 이분법적 틀에 끼워 맞춘다. 이사야 도입부에서 하나님께서는 유다에게 이런 대화에 참여하도록 초청하셨다.

"여호와께서 말씀하시되 오라 우리가 서로 변론하자"(사 1 : 18).

하나님께서는 변론하기를 좋아하시는 분이다. 아무 생각 없이 질문하지도 않고, 도전하거나 싸우지도 않는 기계적인 사람을 원하지 않으신다. 많은 경우, 우리는 예수님이 손수 제자들을 뽑으실 때 열심당원(젤롯당)을 선발하셨다는 사실은 잊은 채 땅을 유업으로 받는 온유한 자에게만 초점을 두곤 한다. 하나님께서는 열정과 결단, 용기를 가진 사람들을 위해 자리를 마련하신다. 우리가 반항해도 문제 될 것은 없다. 우리 하나님께서는 아브라함과 거래하셨던 분이고, 야곱과 씨름하셨던 분이며, 처형당할 때의 잔인한 치욕을 물리쳐 달라는 예수님의 절박한 간청에 귀 기울이셨던 분이다.

나치의 유대인 대학살의 생존자이자 노벨평화상 수상자인 엘리 위젤(Elie Wiesel)은 1944년 아우슈비츠 수용소에서 한 사건을 목격했다. 그곳에 수용된 독실한 유대교 랍비 세 사람이 하나님께 유대인들에게 일어난 참사를 허락하신 대가를 요구한 것이었다. 이 사건은 평생 위젤의 기억에 남아 1979년 『샴고로드의 재판』(Le Procès de Shamgorod)이라는 극본으로 출판되었다. 액자 소설 형식으로 쓰인 이 극본에서는 17세기 우크라이나에서 랍비 세 명이 재판을 연다. 한 마을에 대학살이 일어나 유대인 두 명만 남겨진 상황에서, 그들은 과연 하나님께서 공의로우신 분인지 묻는다. 위젤은 상상도 못 할 공포를 견디고 살아남은 사람으로서, 인간의 고통을 주제로 글을 썼다. 하나님께서 자신의 율법을 스스로 저버리시는 것처럼 보일 때, 인간은 어떻게 하나님과의 관계를 지속할 수 있는가? 우리에게 지워진 짐이 너무나도 무거울 때, 우리는 어떻게 해야 하는가? 트라우마를 겪은, 혹은 겪고 있는 사람들의 삶에서 신앙은 어떤 역할을 하는가?

심리학자들은 트라우마를 단일 트라우마, 지속적 트라우마, 복합성 트라우마 세 가지로 구분한다. 단일 트라우마란 끔찍한 사고나 손실 등 단 한 번 겪는 위험하고 고통스러운 사건이다. 지속적 트라우마는 전쟁이나 학대 같은 고도의 스트레스를 받는 상황이 계속 진행되거나, 그런 상황에 지속적으로 노출되는 것이다. 복합성 트라우마는 서로 연관되지 않은 여러 가지 트라우마가 함께 발생하는 것이다. 실직으로 인해 건강이 악화되거나, 자녀의 죽음으로 인해 결혼 관계가 파탄에 이르는 것을 예로 들 수 있다. 그 외에 대리 트라우마라는 것도 있는데, 희생자와 가까운 사람들이 희생자의 상황에 감정적으로 거리를 두지 못해 트라우마 증상을 보이는 것이다.

어떤 트라우마를 겪든지, 깊은 슬픔이 직접적으로 표현되는 경우는 드물다. 여러 감정적 상처가 뒤섞이면 복합적인 애도의 감정을 만들어 낸다. 누군가가 집에 침입했던 일을 겪은 경우, 희생자는 과거의 일로 인해 계속해서 불안을 겪는다. 전 세계를 강타한 전염병은 우울증, 불안, 실업, 거주지 상실, 정치적 소요 등을 초래할 수 있다. 의료사고는 시술 과정의 잘잘못을 따지는 데 그치지 않으며, 소송을 피하기 위해 거짓말과 은닉, 비방, 전가 등이 발생한다. 성적 학대는 끔찍한 폭력 자체로도 심각한 문제일 뿐 아니라, 피해자가 수치를 당하는 2차 가해가 뒤따른다. 피해 여성이 어떤 옷을 입고 있었는지, 술을 마셨는지, 왜 그 자리에 있었는지 등을 캐묻는 것이다. 그 외에도 외상 후 스트레스 장애, 트라우마 후유증, 정신 건강상의 어려움, 후회, 외부인의 추측, 생존자가 느끼는 죄책감 등이 더해지면서 문제는 끝도 없이 복잡해진다. 이런 복합적인 문제들이 쌓이면서 이미 무거웠던 짐의 무게가 견딜 수 없을 정도로 증가한다. 트라우마가 단일 요인으로 발생하는 경우는 드물다. 이미 지속되고 있는 슬픔이 촉매로 작용하고, 그것이 축적되면서 또 다른 문제들을 극대화시킨다.

물론 우리가 홀로 그런 짐을 질 필요는 없다고 쉽게 대답할 수도 있다. 교회는 우리가 무거운 짐을 감당할 수 있도록 돕기 위해 존재한다. 교회의 형제자매들은 우리의 무릎이 무거운 짐에 눌려 후들거릴 때 곁에 와서 힘이 되어 주기 위해 존재한다. 아말렉 사람들이 이스라엘을 공격할 때, 모세가 양팔을 들고 기도하다가 너무 지쳐 힘이 빠지자 아론과 훌이 지탱해 주는 모습은 얼마나 아름다운가?(출 17 : 12-14) 성경은 "너희가 짐을 서로 지라 그리하여 그리스도의 법을 성취하라"(갈 6 : 2)고 했다. 하지만 고통 속에 괴로워하는 신자들은 교회에서 수용할 만한 슬픔과 그렇지 않은 슬픔 사이에서 긴장이 감도는 문제에 직면한다. 어떤 슬픔은 공식적으로 애도를 표해도 사회적으로 물의가 없고, 어떤 슬픔은 겉으로 드러내기에 부적절하다. 때로는 요구사항이 너무 지나친 나머지 교회가 함께 짊어지기 어려운 짐도 있다.

예를 들어 실직은 사람들이 받아들일 만한 슬픔이지만, 유산으로 인한 슬픔은 사람들을 불편하게 만들어 이야기하기 꺼리게 된다. 건강이 점점 나빠진다는 것을 공개적으로 불평하는 사람은 받아들이지만, 결혼생활이 무너져 가고 있다고 말하는 사람은 편견으로 바라본다. 우리가 걱정하는 문제를 위해 기도를 부탁할 수는 있어도, 우리를 화나게 하는 문제 앞에서는 그럴 수 없다.

우리는 사람들 앞에서 슬픔을 표현할 때 최대한 상대가 받아들일 만하게 슬픔을 적절하게 포장한다. 그 결과 그들이 '받아들일 만한 슬픔'의 무게를 함께 짊어진다고 하지만, 정작 어떤 트라우마를 겪고 있는지 솔직하게 이야기할 수는 없다.

전문적인 도움을 끊임없이 요구하는 어떤 사람은 중독 증세를 보이는 배우자 때문에 겪는 스트레스를 다른 문제로 포장하는 것일 수 있다. 사람들 앞에서 지나칠 정도로 아이의 성적을 불평하는 사람이지만, 실제로는 배우자의 외도로 마음이 무너져 내렸을 수도 있다. 사소한 차 사고에 불같이 화를 내는 사람은 지속되는 불임 때문에 겪는 두려움과 불안감을 표출하는 것일 수도 있다. 우리가 다른 사람들 모르게 겪는 개인적 고통을 사람들이 수용할 만한 감정으로 전환해서 표현할 경우, 그 내막을 모르는 사람은 그런 반응이나 대응 기제가 과장되었다고 생각할 것이다.

우리는 고통이 축적되어 점점 커지고 더 깊은 상처를 낼 때조차 마음속 깊은 슬픔을 다른 사람들이 수용할 만한 문제로 바꿔서 말한다. 모든 트라우마가 갖는 무게는 고스란히 슬픔이 된다. 우리가 말할 수 있는 것과 없는 것 모두 그렇다. 신앙을 잃어버렸다고 느낄 때, 교회에 실망할 때, 너무나도 가슴 아픈 일이 벌어지도록 허락하신 하나님에 대한 환상이 깨질 때 느끼는 슬픔이 여기에 해당할 것이다.

한 사람의 고통을 누가 나눠야 하는지 책임을 따지자는 것이 아니다. 무엇을 사람들에게 공개하고 무엇을 사적인 영역으로 제한할지는 개인의 선택이다. 모든 사람에게는 지켜야 할 적정선과 이유가 있다. 수치심을 느낄 정도로 그 선을 넘어 공유해서는 안 된다.

하지만 혼자서 짐을 짊어져야 하는 상황이라도, 하나님 앞에서 소리 내어 몸부림칠 수는 있다. 어떤 상황이 지나치다 싶을 땐 하나님께 솔직하게 말해도 좋다. 당신이 겪는 문제뿐 아니라 그 문제에 대한 당신의 고민도 드러내며 말하라. 고통에 감사할 필요도 없고, 게다가 그걸 소리 죽여 감내할 필요도 없다. 현재 상황에 기뻐할 수 없다고 해서 실패한 것이 아니고, 하나님께 화를 낸다고 해서 그분께서 우리에게 화를 내시는 것도 아니다. 욥이 그랬던 것처럼, 당신에게 아무런 잘못이 없다고 하나님 앞에서 항의해도 좋다. 하나님께서 감정을 주셨으니 그것을 느끼는 것이 당연하다. 우리가 거룩하신 그분께 반대한다고, 실망했다고, 만족하지 못한다고 말해도 신성모독을 범하는 것은 아니다. 여러 성경 구절로 꾸민 진실하지 않은 말보다는 상한 감정을 있는 그대로 드러내는 것이 하나님에 대한 신뢰를 보여준다.

누가복음 18장에 나오는 여러 이야기도 하나님을 향한 진실함을 주제로 한다. 예수님은 재판관이 자기 편을 들어줄 때까지 끈질기게 찾아갔던 과부의 비유부터 바리새인과 세리의 비유를 말씀하신다. 종교적 수사로 포장된 진실하지 않은 기도보다 마음이 상한 자의 정직한 기도가 낫다고 하신 것이다. 그런데 예수님을 방해하지 못하게 아이들을 막았던 자들을 꾸짖으실 때는 비유 대신 이렇게 말씀하셨다. "하나님의 나라가 이런 자의 것이니라"(눅 18 : 16). 그 뒤에는 큰 부자였던 관리와 대화하셨는데, 이 관리는 자신은 영생을 얻는 방법을 감당할 수 없다고 느꼈다. 누가 그런 영생의 기준을 충족할 수 있겠느냐고 사람들이 묻자, 예수님은 이렇게 대답하셨다. "무릇 사람이 할 수 없는 것을 하나님은 하실 수 있느니라"(눅 18 : 27). 예수님은 젊은 관리가 솔직하게 보인 반응에 그를 꾸짖는 대신 희망을 제안하셨다. 마지막으로, 볼 수 있게 해 달라고 예수님에게 큰 소리로 외쳤던 시각장애인을 만나게 된다. 무리를 이끌고 앞서가던 자들이 그에게 창피를 주었다. "그를 꾸짖어 잠잠하라 하되 그가 더욱 크게 소리 질러 다윗의 자손이여 나를 불쌍히 여기소서 하는지라"(눅 18 : 39). 여기 나오는 이야기들의 공통 주제가 있다. 우리는 하나님께 공개적으로 솔직하고 자유롭게 다가갈 수 있고, 그래야 한다는 것이다. 예수님은 그런 식으로 다가오는 사람들을 환영하신다. 얌전하고 예의 바른 사람들뿐 아니라 저돌적이고 무례하며 지저분한, 그렇지만 정직한 사람들까지도 말이다.

누가복음 18장에 나오는 사람들이 예수님을 직접 만나는 특권을 누린 것은 사실이다. 우리에게는 하나님께 나아가는 것이 마치 대나무 숲에 가서 남몰래 소리 지르는 것처럼 느껴질 때도 있다. 아마 그것이 우리가 가장 받아들이기 힘든 부분일지도 모른다. 하나님께서는 이렇다 할 설명도 없이 우리에게 너무 많은 것을 요구하시는지도 모른다. 하나님께서 우리에게 대답하시리라는 보증은 없지만, 우리가 그분께 물어볼 자유는 있다.

말년의 위젤은 그가 아우슈비츠에서 목격했던 종교 재판이 어떻게 결론이 났는지 묻는 말에 이렇게 대답했다. "재판이 끝날 무렵, 랍비들은 '유죄'라기보다 '차야브'를 선고했습니다. '그가 우리에게 빚을 졌다.'라는 뜻이지요. 재판이 끝나자 우리는 기도했습니다."[7]

그들은 하나님을 심판했다. 하나님에게서 부족한 부분을 찾아냈다. 그럼에도 불구하고 그들은 하나님께 예배했다.

그것이 신앙이기 때문이다. 신앙은 응답을 확신하는 것이 아니다. 당신의 믿음을 현실적이고 진실한 방법으로 소통하는 과정이다. 우리의 질문과 의심, 고통 너머에 하나님께서 존재하신다고 희망하는 것이다. 확신을 넘어선 미지의 공간에서 하나님을 찾을 때 하나님께서 우리를 기다리고 계실 것이다.

3장
무관심

내게 관심이 없으신 하나님

누가복음 10 : 38~42

마가복음 4 : 35~41

"초음파 다시 한번 꼭 찍어 봐. 내 친구도 배 속의 아이가 죽은 줄 알았는데 우리가 그 가족을 둘러싸고 기도했어. 그리고 나서 수술실에 들어갔는데, 글쎄 아기 심장이 다시 힘차게 뛰었대. 믿음과 기도의 힘을 보여주는 거야. 베드로전서 5 : 7을 기억해. '너희 염려를 다 주께 맡기라 이는 그가 너희를 돌보심이라'."

2009년 10월, 절친이자 목사였던 친구가 이렇게 말해 주었다. 그때 내 남편은 군인이어서 아프가니스탄에 파견되었다. 남편이 배를 타고 떠난 지 5일 뒤, 마침내 그토록 기다렸던 임신 테스트 양성 반응이 나왔다. 하지만 16주에 이르자 아기는 더 이상 생명의 조짐을 보이지 않았다. 나흘 뒤로 수술이 잡혔고, 기도가 끊이지 않았다. 눈물로 호소하고, 금식하고, 하늘을 향해 소리 지르는 등 가능한 모든 방법을 동원해서 하나님께 탄원했다. 남편은 지구 반대편에서 전쟁에 참전 중이고, 친정집과는 수천 킬로미터나 떨어져 있는데, 하나님께서 그런 상황에 처한 나를 버리실 리

없었다. 만약 기적의 순간이 존재한다면 바로 지금이어야 했다.

하지만 10월 30일, 나는 절박한 심정으로 배를 감싸 안은 채 예정대로 수술대에 올랐다. 갑자기 수술이 취소되는 기적은 일어나지 않았다. 나의 믿음과 기도는 죽은 생명을 되살리기에 충분하지 않았다. 하나님께서는 침묵하셨다.

●

하나님께서 우리 일에 신경 쓰지 않으시는 것 같다는 생각이 들면, 마치 세상이 거꾸로 돌아가는 것 같다. 오래된 격언은 이렇게 말한다. "응답되지 않는 기도란 없다. 하나님의 응답은 긍정이거나 부정이거나, 아니면 아직 응답하지 않으신 거다." 그러나 하나님께 눈물과 상한 마음으로 기도했는데도 아무런 대답이 들려오지 않을 때면 그 누구라도 확신을 갖기 어렵다. 누가복음 11장에서 예수님이 제자들에게 말씀하셨다. "너희 중에 아버지 된 자로서 누가 아들이 생선을 달라 하는데 생선 대신에 뱀을 주며 알을 달라 하는데 전갈을 주겠느냐 너희가 악할지라도 좋은 것을 자식에게 줄 줄 알거든 하물며 너희 하늘 아버지께서 구하는 자에게 성령을 주시지 않겠느냐"(눅 11 : 11-13). 뱀이나 전갈로 응답을 받는다는 것은 적어도 하나님께서 우리의 기도를 듣고 계신다는 증거일 텐데, 우리 중 이것으로 만족할 사람이 있을까?

우리는 하나님께서 일하고 계셨음을 뒤늦게 깨달을 때가 많다. 사건이 한창 진행되는 중에는 어떤 결말이 날지 모르는 것처럼, 하나님께서 무관심하신 것처럼 보여도 사실은 정반대였음을 드러내는 증거들이 항상 마지막에 가서야 밝혀지는 게 문제다. 우리는 이 일을 통해 얻게 될 교훈으로 당장 건너뛸 수 없다. 한창 구원의 손길을 기다릴 때 상황이 좀처럼 나아지지 않는 것을 보면 하나님께서 나를 돌아보지 않으신다고 느낄 수 있다. 특히 성경이나 설교 예화 또는 주변 사람들의 상황에 하나님께서 명백하게 개입하시는 것을 볼 때 더 그렇다.

하나님께서 우리의 고통에 무관심하다고 느낄 때 우리는 어떻게 반응하는가? 배운 대로라면 하나님께서는 늘 모든 것을 합력하여 선을 이루신다지만, 당장 눈앞의 상황만 보이는 우리는 어떻게 반응하는가?

누가복음 10장에 나오는 베다니의 마르다가 좋은 예다. 마르다는 준비하는 일이 많아 마음이 분주했지만, 동생 마리아는 예수님의 발아래 앉아 그분의 말씀을 들었다. 일에 지친 마르다는 퉁명스럽게 말했다. "주여 내 동생이 나 혼자 일하게 두는 것을 생각하지 아니하시나이까 그를 명하사 나를 도와주라 하소서"(눅 10 : 40). 그러자 예수님은 마리아가 더 좋은 선택을 했다며 점잖게 마르다를 타이르셨다.

마르다의 이야기는 주로 일상의 분주함에 파묻힌 나머지 차분히 앉아 하나님의 목소리에 귀 기울이지 못하는 것을 경계하기 위해 활용된다. 하지만 여기에는 그보다 더 깊은 교훈이 있다. 우리가 하나님께 너무 무시당한다고 느낄 때, 우리 스스로 하나님의 관심을 끌어야 할 때 어떻게 해야 하는지 알려 주는 것이다.

원문의 언어를 자세히 들여다보면 글의 뉘앙스를 알려 주는 흥미로운 점을 발견할 수 있다. 첫째, 마르다의 '일'(diakonia)이란 단어는 주로 '사역', '봉사', '준비', '구호' 등으로 번역된다. 사실 신약성경(영문판)에서 이 단어를 '일'로 번역한 사례는 이 부분이 유일하다. 보통 이 글을 읽는 독자들은 마르다의 '일'을 예수님을 대접하는 데 필요한 집안일이라고 추정한다. 하지만 헬라어 원문은 전혀 그렇게 표현하지 않는다. 그저 마르다가 "많은 사역으로 인해 정신이 없었다."라고 할 뿐이다. 마리아가 설거지나 청소를 도와주지 않아서 마르다가 화가 났다는 뜻이 아니다. 그러므로 이 부분에서 단어의 선택이 중요하다. 그건 우리의 문화에 기반한 선입견이지, 상황을 반영하지는 않을 수도 있다.

'행동'이나 '임무'라는 의미로 '일'을 말하는 또 다른 헬라어 '에르곤'(ergon)은 신약성경에 174회 등장한다. 누가복음의 저자는 마르다와 마리아가 나오는 10장 앞부분에서 들판의 추수꾼을 묘사하기 위해 그와 비슷하지만 다른 단어(ergamai, 10:2)를 사용했는데, 일부러 단어를 구별해서 쓴 듯하다. 마르다를 바쁘게 했던 건 일상생활에서 반복되는 사소한 집안일이 아니라 전문적인 기술이 요구되는 중대한 일이었다. 그러나 마르다를 바라보는 사람들은 그녀의 일을 손님 접대와 연관된 가사(家事)로 여기지, 전문 사역으로 여기지 않는다. 마르다의 일은 정신을 쏙 빼놓을 정도로 바쁘고 하찮은 일이 아니었다. 우리가 하나님 나라를 위해 노력하는 일에 하나님께서 관심을 보이시지 않을 때, 바로 이 하나님의 무관심이 마음 아프게 느껴질 수 있다.

마르다의 일을 단순한 집안일로 번역한 것은 전통적으로 성경을 번역해 온 방식에 성차별이 내재하기 때문일 수 있다. 해당 단어가 성경의 다른 구절에서 남성이나 혼성집단을 대상으로 쓰였을 때는 '사역이나 기술을 요하는 서비스'의 의미로 번역되기 때문이다.

오늘날 교회의 오랜 문제 중 하나는 하나님께서 여성들이 주로 담당해 온 (눈에 드러나지 않는 숨은) 사역보다 남성들이 주로 담당해 온 설교자나 지도자의 역할에 더 많은 가치를 부여한다고 믿는 것이다. 이러한 상황은 사람들이 하나님께서 그들의 '일'을 다른 이들의 '진지한 사역'만큼 신경 쓰지 않으신다고 이해하게 만든다. 우리가 마르다와 마리아 이야기에서 다른 교훈을 얻을 수 있다면, 그건 바로 예수님이 언제나 일보다 사람을 중요하게 여기셨다는 점이다.

예수님은 마르다에게 정말로 중요한 것이 무엇이라고 말씀하셨는가? 번역에 따라 조금씩 다르지만, 예수님은 "네가 많은 일로 염려하고 근심하는구나. 그러나 몇 가지만 하든지 혹 한 가지만이라도 족하다." 정도로 말씀하셨다. 여기서 '그러나'로 번역된 헬라어는 '데'(de)라는 접속사이며, 매우 다양하게 쓰인다. 이 문장에서처럼 부정을 의미하기도 하고, 그 외에 두 가지 다른 기능으로 쓰이기도 한다. 첫째, 해당 문장이 진행형임을 나타내는 동사로 기능할 수 있다. 이때는 '지금'을 의미하거나 세미콜론 같은 구두점으로 기능하기도 한다. 둘째, '그리고'(또한)의 의미로 번역될 수도 있다. 이렇게 사소한 차이가 예수님이 하신 말씀을 해석하는 데 영향을 끼칠 수 있다.

"네가 많은 일로 염려하고 근심하나 그러나 몇 가지만 하든지 혹 한 가지만이라도 족하니라." 혹은 "네가 많은 일로 염려하고 근심하니 또한 몇 가지만 하든지 혹 한 가지만이라도 족하니라."

위 두 문장의 차이는 매우 사소하지만 실제적이다. 처음 문장에서 '그러나'는 전반부의 의미를 부정한다. 따라서 "몇 가지 일이 있지만 단 한 가지만 중요하다."라는 의미가 된다. 하지만 다음 문장의 '또한'은 중요한 한 가지를 마르다가 하고 있는 '몇 가지' 일 안에 포함시킨다. 그러므로 예수님이 마르다에게 하신 말씀은 "네가 하고 있는 몇 가지 일 중에서 한 가지가 제일 중요하다."라는 의미로 해석된다. 첫 번째 해석에 의하면, 마르다는 예배를 잊어버렸거나 무시했다. 두 번째 해석에 의하면, 마르다는 예배를 우선순위에 두지는 않았지만 그녀가 맡고 있던 여러 사역 중 하나로 여겼다. 첫 번째 해석은 그녀의 행위가 틀렸다고 지적하는 반면, 두 번째 해석은 그녀가 잊은 것을 상기시킨다. 하지만 둘 다 비난의 어조는 아니다.

그보다 더 중요한 점이 있다. 마르다가 좌절한 이유는 마리아가 일을 돕지 않았기 때문이 아니라 예수님이 마르다의 노력을 알아주시지 않았기 때문이다. 마르다의 불평을 살펴보면, 마리아가 아니라 예수님이 행동하지 않으셨다고 불평하고 있다. "주여 내 동생이 나 혼자 일하게 두는 것을 생각하지 아니하시나이까 그를 명하사 나를 도와주라 하소서"(40절). 마르다를 가장 속상하게 했던 것은 모든 일을 혼자 책임져야 하는 상황이 아니라, 예수님이 그런 상황을 알아차리지도 못한다는 사실이었다. 마리아가 아무 일도 하지 않고 앉아만 있던 것이 사건의 발단으로 작용하기는 했지만, 결국 마르다를 화나게 만든 것은 예수님의 무관심이었다.

예수님이 보이신 반응은 마리아의 선택을 옹호하는 데 그치지 않는다. 더 깊이 들여다보면, 우리가 하나님께 실망했다고 솔직하게 표현할 때 하나님께서 어떻게 반응하시고 수용하시는지 볼 수 있다. 예수님은 바리새인들을 꾸짖었던 것처럼 마르다를 꾸짖지 않으셨다. "화 있을진저 하나님의 아들을 욕되게 하는 자여!"라고 하시거나 "여자여, 말조심하라!"라고 하지도 않으셨다. 대신 마르다의 이름을 반복하여 부드럽게 부르시며 그녀의 마음과 행동이 어떠한지를 지적할 뿐, 무안하게 하지 않으셨다. 다만 마리아의 선택이 더 지혜로웠다고 말씀하실 뿐이었다. 마르다가 좌절의 감정을 드러냈다고, 게다가 그것을 예수님에게 대놓고 이야기했다고 꾸짖지 않으셨다. 오히려 불안해하는 마르다를 위로하셨다. 본문의 40절에서 '마음이 분주하다'라고 번역된 동사도 그런 정황을 뒷받침한다. 마르다가 예수님에게 집중할 수 없었던 이유는 사역 때문이었는데, 이때 사용된 동사 '페리스파

오'(perispaō)를 직역하면 '다른 곳으로 이끌다'라는 의미이다. 이 동사는 신약성경에서 단 한 번 쓰였다. 그다음 구절에서도 예수님이 마르다에게 '메림나오'(merimnaō)와 '도리바조'(thorybazō)라는 동사를 사용하셨는데, 이것은 주로 많은 일 때문에 '염려하고 근심하다'라는 의미로 번역된다. 직역하자면 '화나다', '불편하다'라는 뜻이다. 따라서 예수님은 마르다의 마음이 분주한 것을 돌아보실 뿐만 아니라, 마르다가 경험하고 있는 감정적 동요를 돌아보셨다.

해당 본문에서 건질 만한 내용은 여러 가지다. 먼저 우리가 누구를 위해 일하는지 망각하는 순간, 하나님 나라를 위한다는 사역이나 일상의 분주함 때문에 우리 시야에서 예수님이 사라질 수 있다는 점이다. 또 하나는 개인의 사명에 충실하기보다 마르다와 마리아처럼 지금 여기서 느끼는 감정에 충실해야 한다는 것이다. "주여, (우리를) 생각하지 아니하시나이까?" 하나님께서는 우리를 생각하는 분이다. 그러므로 전능자를 마주할 때는 사람들에게 어떻게 보이는지보다 우리의 감정을 솔직하게 표현하면서 진실한 관계에 집중해야 한다.

사실 우리는 성경에 등장하는 모든 이들이 이사야처럼 하나님과 소통한다고 여긴다. 이사야는 능력에 벅찬 임무를 맡게 되자, 하나님을 향해 뜨거운 숯으로 입술을 정결하게 해 달라며 열정적인 전도자처럼 외친다. "주여! 내가 여기 있습니다. 나를 보내소서!" 이사야는 어떠한 질문이나 불평 없이 온전히 하나님께

순종했다.

하지만 마르다와 예수님이 주고받은 대화는 우리의 감정을 인식하는 것이 중요하다는 것과 이것이 정당함을 보여주기 때문에 중요하다. 하나님께서 지금 이 자리에서 우리에게 행하시는 일을 이해할 수 없더라도, 우리가 어떤 감정을 느끼는지 있는 그대로 인식하는 것이 중요하다는 말이다. 물론 마리아도 그런 점을 잘 보여준다. 마리아는 예수님의 발치에 앉아 그 자리에서 경험할 수 있는 모든 신비와 놀라움을 느끼기로 선택했고, 예수님은 그런 선택을 칭찬하셨다. 이런 사례들은 우리로 하여금 감정을 변명하거나 무시하기보다 천천히 들여다보게 만든다. 끝까지 서두르지 않고, 우리의 솔직한 감정이 드러내는 중요한 부분들을 발견하며 하나님과 소통할 수 있다는 사실을 보여준다.

마가복음 4장에서도 같은 주제가 보인다. 피곤함에 지친 예수님이 제자들과 작은 배 바닥에 누워 잠을 청하며 갈릴리 바다를 건너는 장면이다. 큰 광풍이 일어나 배가 가라앉게 되자, 제자들이 예수님을 깨우며 울부짖는다. "선생님이여 우리가 죽게 된 것을 돌보지 아니하시나이까"(막 4 : 38). 이때 예수님의 대답은 두 부분으로 나뉜다. 우선 바람을 꾸짖으시며 바다를 향해 "잠잠하라 고요하라" 하셨다. 바람이 잠잠해지고 아무 소리 없이 고요해지자, 예수님은 제자들에게 "어찌하여 이렇게 무서워하느냐 너희가 어찌 믿음이 없느냐"라고 하셨다(막 4 : 39-40).

누가복음 10장에서 마르다가 물었던 것과 동일한 질문이 예수님에게 던져졌다. "선생님이여 우리를 돌보지(생각하지) 아니하시나이까?"(헬라어로는 완전히 동일한 문장이다.) 누군가 예수님에게 감정을 솔직하게 표현할 때 꾸짖기보다 바로잡아 주시는 예수님의 모습을 볼 수 있다.

예수님은 첫 번째로 제자들이 아닌 바람을 '꾸짖으셨다'(에피티마오〈epitimaō〉: 꾸짖다, 경고하다). 하지만 배 안에서는 겁에 질린 사람들을 향해 꾸짖는 대신 질문에 '대답하셨다'(레고〈legō〉: 대답했다, 말했다). 여기서 저자 마가가 서로 다른 동사를 선택했다는 점이 이를 명백하게 보여준다.

하나님께 관심을 받기 위해 우리 스스로 관심을 끌어야 한다는 것이 우리를 얼마나 좌절하게 하는지 모른다. "일어나세요! 지금 무슨 일이 벌어지고 있는지 안 보이세요? 지금 당신이 필요한데, 돌아보지도 않으세요?" 마태복음 6 : 8은 "구하기 전에 너희에게 있어야 할 것을 하나님 너희 아버지께서 아시느니라"라고 하지만, 우리가 마음을 쏟아 기도할 때 되돌아오는 침묵을 무관심이 아닌 다른 것으로 해석하기는 어렵다.

사실 하나님은 전혀 무관심하시지 않다. 하나님께서 여러 다양한 사람들에게 진노를 발하시거나 대적에게 퍼부으신 전염병과 재앙에 대해 읽을 때면 수동적인 하나님이라는 말에 피식 웃음이 나올 정도다. 그리스도 안에 있는 자에게 한없이 부어 주시는 은혜와 자비에 관해 읽으면 하나님께는 불가능이란 없는 것처럼 여겨진다. 하지만 하나님의 무관심은 깊은 상처를 준다. 요한1서 4:8은 "하나님은 사랑이심이라"라고 하지만, 우리가 대면하는 창조주가 우리에게 무관심해 보이고 우리를 걱정하는 것처럼 보이지 않는다면, 자연스럽게 하나님의 성품이라고 믿었던 모든 것을 의심하게 된다. 하나님께서는 불같이 열정적이시고, 사랑이 넘치시며, 두려움을 불러일으키시는 드라마틱한 분이다. 하나님의 목소리가 작게 들릴 때조차도 거센 광풍과 지진, 불이 뒤따른다(왕상 19:11-13). 그런 분이 우리에게 무관심하다는 견해는 그분의 성품과 전혀 어울리지 않는다.

안타깝게도, 많은 이들(특히 여성들)이 '지나치게 감정적'이라는 오명을 쓴다. 깊은 감정을 느끼는 것을 마치 도덕적 결함이라는 듯 말한다. "감정을 믿지 마라. 오직 하나님만 믿어라."라고 주장하는 기독교 서적이나 설교가들이 무수히 많다. 그 두 가지가 상반된다는 견해를 내포하는 것이다. "하나님이 자기 형상 곧 하나님의 형상대로 사람을 창조하시되"(창 1:27)라는 성경 말씀을 믿는다면, 인간의 보편적인 특성은 감정을 포함해서 모두 하나님으로부터 온 것임을 믿어야 한다. 무관심에 대응하는 방법은 더 큰 감정을 일으키는 것이다. 하나님께서 아무런 감정도 느끼지 않는 것처럼 보인다면, 그분은 우리가 전능자 하나님의 또 다른 면모를 발견하도록 두려움이나 고통, 좌절 가운데 함께하시며 우리 스스로 감정을 느끼도록 격려하시는 것이다.

마르다는 사역 때문에 받는 스트레스에서 벗어나 사역이 주는 기쁨과 놀라움에 집중할 필요가 있었다. 예수님은 마르다가 애초에 왜 그분을 따르기로 했었는지, 그 사역의 동기를 기억하기 원하셨다.

배에 타고 있던 예수님의 제자들은 그분의 능력을 기억할 필요가 있었다. 그들은 이미 예수님이 상처받은 자를 치유하시는 장면을 목격했고, 죽은 자를 다시 살리시는 것도, 귀신을 내쫓으시는 것도, 수천 명의 사람을 먹이시는 것도 보았다. 그런데도 그들은 예수님의 신적 능력을 너무 당연하게 여긴 나머지, 그분이 메시야라는 사실을 무시했다. 예수님이 단 몇 마디 말로 광풍을 잠잠하게 하시는 모습을 지켜보면서 그분의 능력에 놀라 새로운 눈으로 바라보았다. "그들이 심히 두려워하여 서로 말하되 그가 누구이기에 바람과 바다도 순종하는가 하였더라"(막 4 : 41).

마르다가 바삐 돌아다니는 모습을 예수님이 못 보고 지나치셨을 리 없다. 광풍 속에 배가 흔들리는 사실을 모르셨을 리도 없다. 하지만 그분은 두 상황에서 행동하지 않기로 의도적으로 결정하셨다. 마치 제자들이 "선생님, 우리를 돌아보지 않으시나요?" 하고 묻기를 기다린 듯하다. 우리가 생각하는 대로 하나님께서 움직이시지 않을 때면, 우리는 평소와 전혀 다른 방식으로 사고하게 되고, 관점을 전환시키는 감정의 기복을 느끼게 된다. 그 큰 감정의 소용돌이에서 변화하지 않는 사람은 거의 없다. 감정을 진실하게 느끼고, 거기에 귀 기울이고, 어떤 감정인지 깨닫고 집중하는 행위는 우리로 하여금 하나님의 새로운 면모를 마주하게 한다.

무관심

하나님의 무관심이 우리가 스스로 일어서게 하려는 의도라는 해석은 너무 단순하다. 그것이 사실인 경우도 많겠지만, 주님께 오랜 시간 울부짖고 또 울부짖었던 사람이라면 무관심이 자신의 탓이 아니라는 사실을 잘 안다. 침묵이 너무 오래 이어지고 우리가 바라던 대로 문제가 해결되지 않으면 하나님의 잘못이라고 생각하기 쉽다. 문제에 개입해서 해결할 능력이 있지만 그러지 않기로 결정한 것은 결국 하나님이시기 때문이다.

하나님께서 우리가 겪는 문제에 무관심하신 것처럼 보이는 때가 오히려 정반대의 결과를 의도하신 것이라고 생각해 보면 어떨까? 이 모든 문제가 하나님 때문에 생긴 것은 아니라고 생각해 보는 것이다.

사례들을 자세히 살펴보면 두 가지 문제가 발생했음을 알 수 있다. 첫째, 물리적이고 즉각적인 어떤 문제가 존재한다. 둘째, 그에 대한 하나님의 응답이 없어 좌절한다. 두 가지는 서로 밀접하게 엮여 있지만 여전히 서로 분리된 문제들이다. 마르다가 예수님에게 불만을 토로하게 만든 건 마리아가 가만히 앉아 있었기 때문이 아니라 예수님이 그 문제를 무시하는 것처럼 보였기 때문이다. 배에 올라탄 제자들이 예수님에게 불평한 이유도 광풍 그 자체라기보다 예수님이 그들의 위험한 상황을 무시하시는 것처럼 보였기 때문이었다. 문제적 상황과 하나님의 무관심이라는 서로 다른 스트레스 요인이 작용하고 있다.

아마도 하나님께서는 의도적으로 응답하지 않음으로써 우리를 도발하시는지도 모른다. 우리가 깨어나 활발하게 감정적으로 반응하도록, 풀리지 않는 문제와 씨름하면서 결국 우리 몸이 필요로 하는 것과 영혼이 필요로 하는 것이 서로 분리되지 않는다는 것을 깨닫도록 말이다. 또 하나님께서는 우리의 고통이 그분에게서 발생한 것이 아님을 깨닫게 하신다. 이것이 단순히 "이번 일로 하나님께서 뭘 가르치시려는 걸까?"라고 묻는 게 아니라는 것을 이해하시길 바란다. 이런 질문은 문제를 명확한 원인으로 나누도록 한다. 하나님께서 우리를 신경 쓰시지 않아서 그런 끔찍한 일들이 생기는 것은 아니다. 뭔가 끔찍한 일이 벌어지고 있는 건 사실이지만, 그 때문에 우리는 하나님께 매달린다. 하나님의 무반응으로 고통이 생기는 것은 아니기 때문에 하나님만 탓할 수는 없다. 우리가 머리로는 하나님 때문이 아니라는 걸 알더라도, 감정적으로 분노와 좌절, 슬픔, 배신감을 하나님께 돌리지 않기는 힘들다. 이 타락한 세상에서 삶의 자연스러운 과정으로 불공평한 일이나 결과를 마주하면 전능자를 탓하기 쉽다.

아마도 하나님께서는 우리가 "주여, 우리를 돌아보지 않으시나이까?"라고 질문하게 하심으로써 그분이 고통과 별개로 존재하신다는 사실을 깨닫게 하시려는 것일 수도 있다. 고통은 하나님 때문에 발생하는 것이 아니며, 고통이 하나님의 권위에 영향을 끼치지도 못한다. 우리는 절대로 고통의 원인 속에서 위로를 발견하지 못한다. 갈등을 유발하는 대상으로부터 평안을 느낄 수도 없다. 우리는 하나님을 향해 어떻게 좀 해 보시라고 부르짖음으로써 그분이 고통의 원인이 아니라는 사실을 깨닫게 된다. 하나님께서 잠잠하시다는 사실을 확인함으로써 그분께 잘못이 없다는 사실을 깨닫게 되고, 그제야 비로소 우리는 하나님께로 돌아서서 위로와 평안을 얻을 수 있다. 그렇다고 하나님께서 즉시 상황을 개선하실 거라는 뜻은 아니다. 예수님은 광풍을 잠잠하게 하셨지만, 마리아에게 일어나 마르다의 일을 거들라고 명령하지는 않으셨다. 그러나 그분은 상황마다 진실한 관계와 소통의 기회를 주셨으며, 궁극적으로 우리가 그분의 성품의 새로운 면모를 더 잘 이해하게 하셨다.

●

나의 기도만으로는 우리 아기를 되살릴 수 없다는 것을 깨달은 지 십 년이 훌쩍 넘었다. 그 후 두 번이나 같은 일을 겪었지만, 그때도 그랬다. "주여, 돌아보지 않으십니까?"라고 하나님께 묻고 싶지만, 여전히 그분은 침묵으로 대답하실 뿐이다. 하지만 내가 하나님의 응답을 포기하지 않았기에 그렇게 질문할 수 있음을 깨닫게 되었다.

만약 당신이 하나님께 똑같이 질문하고 싶다면, 비록 분노와 좌절, 슬픔을 겪고 있더라도 (아마 그럴 만한 타당한 이유가 있을 것이다.) 하나님의 성품을 이해하고 있다는 뜻이다. 당신이 여전히 하나님을 전능자요, 사랑이 가득한 분이라고 생각한다는 뜻이다. 당신은 그런 감정을 솔직하게 경험하도록 자신에게 기회를 부여함으로써, 하나님께서 선한 보호자이자 사랑이시라는 진리를 더 확고하게 만든다. 만약 그것이 아니라면, 왜 굳이 하나님께서 응답하리라고 기대하겠는가? 그것을 깨닫는다고 해서 고통이 줄어들거나 당신이 처한 상황에 대한 좌절감이 사라지지는 않는다. 하지만 당신은 분노의 방향을 바꾸어 하나님을 선하심과 은혜의 근원으로 바라볼 수 있을 것이다.

아니면 최소한 당신은 마음속 깊은 곳에서 하나님께서는 말씀 그대로라고 믿고 있다는 사실을 깨달을 수 있을 것이다. 하나님의 모습이 당신이 배웠던 것과 다를 수도 있지만, 만약 당신이 "주여, 돌아보지 않으십니까?"라고 물어볼 수 있을 정도로 그분을 이해하고 있다면, 여전히 당신은 하나님께서 거기 계신다는 사실을 본능적으로 이해하는 것이다. 믿음의 씨앗을 품고 앉은 그 자리에서 기다리게 하시는 하나님의 초대를 받아들일 수만 있다면, 이전보다 더 깊고 진실한 관계가 시작될지도 모른다.

4장
위축

능력이 없어 보이는 하나님

마가복음 15 : 29~32

　신플라톤주의자 포르피리오스는 로마 제국의 시리아 티로스 섬 출신으로, 3세기경 지중해와 동유럽 지역에 급속도로 전파되던 기독교에 대항하기 위해 전통 종교를 옹호하는 저술을 많이 남겼다. 포르피리오스는 비교적 역사가 짧았던 이 신종교(기독교)를 반대하기 위해, 예수에게는 명백한 약점이 있으므로 그가 하나님이라는 주장은 거짓말이라고 했다. 신이라는 존재가 어떻게 자신을 보호하지도 못하고, 자기 능력을 입증하지도 못하는가? 그렇다면 그는 무능력한 신이거나 나약해 빠진 신일 테고, 그러므로 신이라고 할 수도 없다는 논리였다.
　포르피리오스는 자신의 견해를 뒷받침하기 위해 예수님이 빌라도 앞에서 침묵하신 일 등 여러 가지 사례를 든다. 만일 예수님이 정말 신이었다면, 그런 기회를 통해 자신을 공격하는 사람들을 개종시키거나 지혜로운 말로 대중들에게 깊은 인상을 남겼어야 했다는 것이다. "하지만 그렇지 않았다. 예수는 사람들에게 채찍질당하고, 침으로 뒤덮이고, 머리에 가시 면류관을 썼다."고

포르피리오스는 기록했다. 또 사탄에게 시험을 받을 때도 "예수는 분명 높은 곳에서 다치지 않고 뛰어내려 다른 사람들을 구원할 수 있다는 걸 보여주고 싶었을 것이다. …… 성전에 있던 사람들 앞에서 그가 하나님의 아들이라는 사실과 다른 사람뿐 아니라 스스로를 구원할 수 있다는 사실도 정직하게 드러냈어야 했다". 그러므로 자신을 하나님의 아들이라고 칭하면서도 '대도시에서 조롱거리가 된 소작농의 아들처럼' 여겨지던 상황을 벗어나지 못한 예수를 신뢰할 이유가 없다고 결론짓는다.

포르피리오스의 비판은 예수님이 결정적인 순간에 행동하지 않았기 때문에 막강한 능력을 갖춘 신이라기보다 무능력한 사기꾼으로 보인다는 사실에서 기인한다. 물론 포르피리오스 외에도 이런 식으로 비판한 사람이 여럿 있었다. 하지만 그의 어조가 다른 사람들보다 더 신랄했을 뿐이다. 우리도 포르피리오스처럼 생각할 때가 있다. 우리가 교회학교에서 배운 대로 하나님께서 전지전능한 분이라면, 어째서 우리 삶의 결정적인 순간에 아무런 행동도 취하지 않으시는 걸까? 무엇이든 할 수 있다는 분이 아무 일도 하지 않는 것처럼 보일 때, 하나님의 능력과 진실성이 과장된 허풍은 아니었는지 의심하게 된다.

이스라엘에 많은 과부가 있었지만, 선지자 엘리야가 보내심을 받았던 과부는 한 사람뿐이었으며 그것도 이방인이었다고 예수님은 말씀하셨다(눅 4 : 25-26). 그리고 베데스다 연못에 가장 먼저 들어가는 사람만 치유될 수 있었던 이유는 무엇일까?(요 5 :

4) 왜 예수님은 팔레스타인 전 지역의 환자 모두를 치료하지 않으셨던 걸까? 왜 자비를 한정하여 베푸신 걸까? 왜 하나님의 능력에 제한을 두신 걸까? 예수님이 어떤 순간에는 행동을 취하고, 어떤 순간은 그러지 않기로 결정하신 것은 논리적으로 보이지 않는다. 포르피리오스는 이렇게 기록했다.

"예수가 대제사장과 로마 총독 앞에 끌려갔을 때, 그는 왜 자신이 지혜를 가진 자이며 신의 아들이라는 사실을 전혀 드러내지 않았나? 그는 자신을 심판하는 자, 비방하는 자들에게 똑바로 처신하라고 가르칠 수도 있었다. 비록 자신이 하나님의 계획대로 고난받았다 하더라도, 그렇게 처형당했다 하더라도, 적어도 빌라도에게 지혜와 능력의 말씀을 전하는 고귀한 모습으로 고난을 마주할 수도 있었다."

당연히 포르피리오스 외에 다른 사람들도 그런 의구심을 가졌다. 예수님이 심문당하고 십자가에 못 박힐 때도 그렇게 묻는 사람들이 있었다. 유대인 대제사장은 눈앞의 증거를 이해하기 위해 예수님을 심문했다. 이때 예수님은 자신에게 유리한 대답을 피하면서 일관적으로 침묵하고 있었다. "대제사장이 일어서서 예수께 묻되 아무 대답도 없느냐 이 사람들이 너를 치는 증거가 어떠하냐 하되 예수께서 침묵하시거늘 대제사장이 이르되 내가 너로 살아 계신 하나님께 맹세하게 하노니 네가 하나님의 아들 그리스도인지 우리에게 말하라"(마 26 : 62-63). 십자가를 둘러싼 구경꾼들은 한술 더 떠서 예수님에게 정말 하나님의 아들이라면 스스로를 구원하라며 조롱했다. 예수님이 아무런 대답도 하지 않자, 그들은 예수님이 허풍을 떨어 놓고 자기가 한 말에 책임지지 못하는 어린아이인 것처럼 비웃었다. "지나가는 자들은 자기 머리를 흔들며 예수를 모욕하여 이르되 아하 성전을 헐고 사흘에 짓는다는 자여 네가 너를 구원하여 십자가에서 내려오라 하고 그와 같이 대제사장들도 서기관들과 함께 희롱하며 서로 말하되 그가 남은 구원하였으되 자기는 구원할 수 없도다 이스라엘의 왕 그리스도가 지금 십자가에서 내려와 우리가 보고 믿게 할지어다 하며 함께 십자가에 못 박힌 자들도 예수를 욕하더라"(막 15 : 29-32).

충분히 그렇게 의심할 만하다. 결국 예수님이 아무런 행동도 취하지 않았던 모습은 절제라기보다 무능력해 보이기 쉽다. 우리는 성경을 읽으면서 어떻게 감히 예수님을 향해 조롱할 수 있냐고, 구경꾼들에게 화를 낼지도 모른다. 하지만 우리도 그들과 비슷하게 행동할 때가 많다. 하나님께 왜 다른 사람들은 구해 주시면서 우리가 처한 상황에는 개입하시지 않는지, 이유를 설명해 달라며 말이다. 하나님께서 다른 사람들의 삶에 기적적으로 개입하셨다는 이야기를 듣지만 정작 내가 그런 기적을 경험할 수 없다면 참으로 기운이 빠질 것이다. 기적을 베풀 수 없는 신에게 믿음을 투자했다는 기분이 들 때, 우리는 어떻게 반응할까?

불편한 진실이겠지만, 우리 중 많은 사람이 풍요의 복음이라는 신학을 가지고 있다. 겉으로는 '건강과 부귀를 위한' 신학을 추구하지 않는다고 하겠지만, 그리스도인의 삶을 다음과 같은 조건으로 규정짓는 교회가 많다. "이런저런 삶의 방식을 따른다면, 하나님께 복 받을 것입니다.", "기도의 분량을 채운다면, 하나님께서 고통의 상황에서 건져 주실 것입니다.", "열심히 일한다면, 하나님께서 성공으로 보답하실 것입니다."

여기에 이의를 제기하는 사람은 없다. 더 나은 삶으로 나아가는 길은 우리가 가진 믿음의 강도에 달렸다. 따라서 우리는 하나님께서 우리가 원하는 시기와 방식에 따라 움직이시도록 시나리오를 짜게 된다. 그럼으로써 온 우주를 창조하신 분을 우리가 '착한 일'을 하기만 하면 계속해서 복을 주는 분으로, 소원을 말하면 이루어 주는 지니나 인자한 산타클로스와 같이 격하시킨다. 우리는 우리에게 일어난 좋은 일과 나쁜 일로 하나님의 능력을 저울질한다. 그런 식으로 우리는 기도와 선행, 전도, 신뢰로 믿음을 '지급'하고, 측정할 수 있는 대가(흔히 '복'이라고 한다.)를 주고받는 관계를 맺는다. 궁극적으로는 우리의 주문에 하나님께서 어떻게 응답하시는지를 통해 믿음의 '효용성'을 측정한다. 인류학에서는 이러한 사고방식을 '주술적 사고'(magical thinking)라고 부른다. 특정 행동이나 의식을 수행함으로써 구체적인 결과가 발생하거나, 어떤 개인 또는 상황에 초자연적 특혜가 발생하는 상황을 말한다. 원하는 대로, 예측한 대로 결과를 얻기 위해 상황을 통제하는 방식이다. 우리는 하나님을 통제할 수 있다고 생각하지 않는다고 말하겠지만, 결국 하나님을 우리 뜻대로 움직이려는 사람이 얼마나 많은가?

앞의 3장에서 우리는 두 가지 사례를 통해 하나님께서 행동하시지 않았다고 분개한 이들을 살펴보았다. 우리는 마르다와 풍랑 속 사람들 이야기의 결말을 잘 알게 되었다. 예수님은 마리아를 칭찬하시고, 풍랑을 잠재우셨다. 그런데 우리는 결론부터 이야기하기 위해 예수님에 대한 비난을 무시하고 넘어갈 때가 많다. 이런 식의 단순한 결과주의 신학은 우리가 이 이야기의 당사자가 되었을 때 별 위로를 주지 못한다. 하나님께서 언제 어떻게 움직이실지, 그럼에도 불구하고 행동하실지 궁금할 때 말이다. 응답받지 못한 기도보다 고통스러운 침묵은 없다. 우리는 기다림을 싫어하며 즉답을 원한다.

자본주의적 삶은 결과 중심적이다. 우리는 어떤 기업에 투자할 만한 가치가 있는지 결정할 때 먼저 재무적 가치를 따진다. 그러고는 안타깝게도, 이런 원리를 하나님께도 적용하려 든다. 하나님께서 개입하시지 않으면 그것이 그분의 나약함이나 무능력을 드러내는 증거라고 여기는 것이다. 우리는 영적인 삶에 관해 '열매 맺는 삶'이 중요하다고 말하면서, 나무를 키우고 물을 주는 과정보다 열매 자체가 더 중요한 것처럼 이야기한다. 우리는 어릴 때부터 듣고 자란 '기계의 하나님'이라는 신학에 깊이 뿌리박혀 있다. 여기서 말하는 기계란 고대 그리스 극장에서 장면을 전환하기 위해 쓰였던 것으로, 가망 없는 상황에 갑자기 어떤 신이 등장해서 재빨리 손쉽게 문제를 해결하는 장면에 쓰였다. 이때

신 역할을 맡은 배우를 무대에 등장시키기 위해 기계를 사용했는데, 원시적인 도르래나 낙하용 문이 활용된 데서 '기계의 하나님'이라는 표현이 등장했다. 그 뒤로 이 표현은 갑자기 등장해서 한 방에 모든 문제를 해결하는 어떤 방법을 의미하게 되었다.

근근이 지내던 목회자들이 월세를 내야 하는 바로 그날, 기대하지도 않았던 돈 봉투를 전해 받았다는 이야기를 얼마나 많이 들었던가? 어떤 묵상집에는 교회의 뜨거운 기도회에 참여했다가 암세포가 사라졌다는 이의 간증이 담겨 있다. 기독교 라디오 방송에서는 전파를 타고 들려오는 심금을 울리는 찬양 소리에 자살하려다 그만두었다는 이야기도 나온다. 이런 식으로 하나님을 간증하며 "그리스도께 삶을 바친다면 당신도 이런 식으로 구원받을 수 있습니다."라는 메시지를 암시하는 이야기를 얼마나 많이 들었던가?

하지만 기적에 모든 희망을 걸었다가 실망한 이들도 얼마나 많은가? 남들처럼 막판의 구원이 나에게 이루어지지 않아서, 아니면 사랑하는 사람이 끝까지 구원받지 못해서 속았다고 느낀 사람이 얼마나 많은가? 그렇다고 우리가 다른 사람들의 기적을 시기 질투하는 것은 아니다. 그저 왜 그런 일이 나에게는 일어나지 않는지 궁금할 뿐이다. 선교사인 친구가 이렇게 말한 적이 있다. "기독교 방송이나 기독교 서적은 선전물이라는 걸 기억해야 해. 사람들의 관심을 자극해서 시선을 끌려는 거지. 그러려면 약속이 필요하거든. 미묘한 뉘앙스는 그다음에나 이야기할 수 있는 거야." 문제는 거짓된 전제에서 시작하면 전체 기반이 불안정해지므로, 사람들은 모든 것이 진실인지 의심하기 시작한다는 것이다.

찰스와 나눈 대화가 바로 그런 문제에 관한 것이었다. 그는 40여 년의 공무원 생활을 마치고 교회 장로로 30여 년을 섬겼지만, 현재는 병원에서 종교와 관계없이 사람들을 돌보고 있다.

찰스는 병원과 교회 양쪽에서 약속받은 대로 삶이 이루어지지 않아서 실망한 사람들을 자주 만난다. 종교적 신앙의 배경을 가진 사람들은 하나님께서 하신 약속이 과장된 선전에 불과했고, 거기에 속았다고 느끼는 경우가 많다. 특히 이전 세대 사람들에게 보편적으로 받아들여졌던 사상이 더 이상 적용되지 않는다는 이유로 젊은 층이 상당히 실망하는 경우를 많이 본다고 한다.

우리에게는 최신 과학기술이 있었고, 부모님과 조부모님은 "성공이란 이런 거야."라고 말씀하셨다. 하지만 그런 말이 요즘 이십 대들에게는 적용되지 않는다. 예전에는 열심히 일하면 그만이었지만 지금은 그렇지 않다. 요즘 청년들은 "열심히만 하면 된다는 건 현실과 맞지 않는, 틀린 말이에요. 난 정말 열심히 일하는데, 결과는 겨우 이거라고요."라고 말한다.

우리 부모님 세대가 이루어 낸 일에 감사하지만, 그것은 오늘날의 현실에 맞지 않기도 하고, 특히 젊은이들에게 설명하기도 어렵다. 1950~1970년대 세대의 기성 종교는 "더 많이 일하면 더 좋은 결과를 가져온다.", "결국 보상받게 될 것이다."라고 말했지만, 이제는 많은 사람들이 그 말을 현실로 여기지 않는다.

오늘날 수많은 사람들이 교회를 떠나고 신앙을 등지는 이유는 지난 200년간 서구 교회에 침투했던 국가주의적 사고방식에 대한 반발심 때문이다. 제조업과 경제가 성장하던 시기에는 근면함을 도덕성과 동일하게 여겼다. 그것이 소위 '기독교 윤리'라는 철학의 배경이다. 20세기 초 독일 사회학자 막스 베버가 창안한 '기독교 윤리'는 인간의 노동과 기독교 정신이 분리되지 않는다고 본다. 그 말 자체는 문제가 되지 않는다. 성경도 평생 수고해야만 하는 아담의 저주(창 3 : 17-19)를 이야기하고, 달란트 비유(마 25 : 14-30)에서는 주인을 위해 투자한 종들이 이윤을 남긴 만큼 보상받는다. "누구든지 일하기 싫어하거든 먹지도 말게 하라"라는 구절도 있다(살후 3 : 10). 그러나 문제는 기독교의 비중이 높은 서구 사회에서 국가의 번영을 종교 활동과 동일선상에 놓았다는 데 있다. 선교사들과 교회 설립자들은 수십 년 동안 서구 문화적 가치관을 수출했다. 그 영향력은 오늘날 미국의 미디어와 제조업으로 인해 더욱 가속화되고 있다. 물질적 풍요와 대량소비가 하나님의 은혜를 드러내는 것처럼 보인다. 20세기 중반부터 지구 반대편에서 공산주의(와 반종교주의)가 성장했지만 결국 자본주의와 융합되었고, 많은 기독교 기관은 하나님의 은혜에 자본주의를 더했다. 우리가 열심히 일할수록 하나님은 더 많은 복을 주신다고 말이다.

우리는 천국에 대한 약속뿐만 아니라 우리가 살아가는 지금 여기, 이 세상에서 신앙에 보상을 부여함으로써 하나님을 통제하는 방식을 발견했다. 우리가 무심코 배우게 된 이 메시지에 의하면, 열심히 일하고 기도하고 믿으면 하나님께서 응답하신다는 (그래야만 하는) 것이다. 우리는 낙타와 바늘귀 같은 구절은 간단히 무시해 버리고, 하나님의 복을 정직한 이유로 보기 시작했다. 우리가 하나님과의 관계를 비즈니스로 격하시켰기 때문이다. 물론 대부분의 목사는 설교 단상에서 그런 식으로 설교하지 않는다고 부인하겠지만, 우리는 아이들에게 어릴 때부터 기도하면 복을 받는다고 가르친다. 이렇듯 우리는 경제 원리와 종교 원리를 혼동하면서도 우리의 문화적 정체성이 상호 보완하는 그 두 가지에 너무 얽혀 있기에, 그 둘을 어떻게 분리해야 하는지 확실히 알지 못한다.

물질로 인해 발생한 이익을 하나님의 은혜와 동일한 것으로 간주하거나 어떤 신앙 공식을 따르면 대가를 받게 된다는 것은, 말씀대로 하지 않으면 하나님께서 보상을 거두어 가실 거라는 반대의 교훈을 무의식적으로 주기 마련이다. 사람들이 그 선택에 따라 대가를 받는 것은 당연하고, 하나님께서 그것에 관여하지 않으실 수도 있다. 하지만 말씀을 충실하게 따른 사람들은 이런 식으로 너무 단순하게 설정된 인과관계를 합리화하기가 힘들다. 혼전 순결주의라는 가르침을 문자 그대로 따랐던 사람들은 그것이 하나님이 기뻐하시는 가정을 이룰 유일한 방법이라고 배웠다. 하지만 십 년이 지나고 보니 그들은 양육권과 이혼 수당을 고민하는 반면, 그들의 신실하지 못한 친구들은 결혼 전부터 이성 친구와 동거했음에도 불구하고, 여전히 주말이면 자녀들과 함께 바닷가에 놀러 가 아름다운 사진을 찍고 소셜 네트워크에 올리며 완벽한 결혼생활을 즐긴다.

"기도하면 된다."라는 이데올로기가 겸손하고 근면한 사람들에게 어떻게 적용되는지 보자. 그들은 비즈니스를 위해 모든 것을 쏟아부었다. 근검절약하며 교회에 십일조를 바쳤지만, 팬데믹 기간의 규제 때문에 도산하여 평생 모은 돈을 날렸다. 반면 어떤 사람은 약간의 창의적인 회계법으로 동일한 어려움을 이겨 내고 밤잠을 설칠 일도 없다.

정신과 치료를 위해 수년간 여러 가지 약을 쓰거나 상담사를 찾아가고, 하나님께 개입해 달라고, 도와달라고 기도하고 또 기도했지만 끝내 자살한, 사랑하는 그 사람을 잃고 슬퍼하는 가족 앞에서 하나님을 어떻게 정당화할 수 있을까? 아무리 열심히 기도해도 죽은 사람은 돌아오지 않고 기도는 응답되지 않는데, 열심히 일하면 하나님께서 보상하신다는 신학을 어떻게 유지할 수 있겠는가?

모든 세대의 신자들이 서구 교회가 전제로 했던 신학과 정치 및 문화 참여에 의심의 눈초리를 던지는 것은 당연한 일이다. 교회에 남기로 결정한 사람들은 현실과 인식의 차이로 어려움을 겪는다. 그들이 하나님을 경험하는 방식은 교회에서 말하는 것과 다르며, 따라서 전능자에 대한 오래된 사고방식을 버리고 자기가 실제로 경험하는 신이 어떤 분인지를 새롭게 고민할 수밖에 없다. 그들은 삶의 성패를 특정 정치 집단에 줄 서는 것으로 판단해 버리는 영혼의 가스라이팅에 질려 있다.

대체 무슨 일이 일어난 걸까? 하나님께서 지쳐 쓰러지신 걸까? 사람마다 하나님의 능력을 끌어다 쓰는 데 한도가 있는 걸까? 어쩌면 우리가 어떤 상황에서 특정 공식을 따라야만 하나님께서 우리 삶에 개입하시는지도 모른다. 아니면 우리가 먼저 어떤 단계를 수행해야 그분이 움직이시는지도 모른다. 이런 식으로 말하면 하나님을 일종의 건전지와 같이 격하시키거나 그분의 은혜를 ATM과 같이 만들어 버리는 것처럼 들릴지도 모르겠다. 하지만 이렇게라도 하지 않으면 전지전능하다는 하나님께서, 모든 사람을 사랑하신다는 하나님께서 아무런 행동도 취하지 않고 가만히 계시는 것을 어떻게 이해하겠는가?

복음서는 예수님이 시각장애인의 시력을 회복시키시고 한센병자를 고치시는 이야기로 가득하다. 하지만 예수님이 고쳐 주시지 않은 사람들은 어떻게 되었나? 예수님이 다가온 병자를 다 고치셨다는 여러 본문이 있지만 요한복음 5장을 보자. 베데스다 연못가에 '많은 병자들'이 누워 있었지만, 예수님은 그날 단 한 사람에게만 관심을 보이셨다. 그분이 거기서 질병으로 고통받는 다른 많은 영혼을 못 알아보신 것은 아닌 듯하다. 그런데도 예수님은 거기 있던 사람 모두를 고치지 않으셨다. 대체 무슨 일이 있었던 것일까? 다른 이들보다 그 한 사람을 더 사랑하셨던 것일까? 아니면 그 사람을 치유하시고 너무 지친 나머지 재충전할 시간이 필요하셨던 것일까? 나사로의 장례식에서 곡하다가 이렇게 묻던 사람들도 있었다. "맹인의 눈을 뜨게 한 이 사람이 그 사람은 죽지 않게 할 수 없었더냐"(요 11 : 37). 사실 그들의 속마음은 이렇게 묻고 싶었을 것이다. "하나님이 진정 그 하나님이신가? 만약 그렇다면 왜 이런 상황에서 아무것도 하시지 않는가?"

그러나 예수님은 베데스다 연못에서 행동하셨고, 나사로의 무덤 앞에서도 행동하셨다. 치유받지 못한 사람들을 위해, 그리고 나사로가 깨어나기 전부터 적어도 그 자리에 계셨다. 자신을 위해 변명하지는 않았어도, 십자가에서 자신을 구원하지는 않았어도, 여전히 하나님께서는 그 자리에 계셨다. 그렇다면 궁극적으로는 하나님께서 행동하지 않으신 것이 아니다. 우리가 기대했던 대로 행동하지 않으신 것뿐이다. 우리는 결국 하나님의 백성들이 승리한다고 직간접적으로 배웠다. 우리는 '이것이 하나님이 일하시는 방식이다.'라고 배웠기 때문에 모든 일이 우리 마음대로 되지 않는다는 것을 알고는 있지만, 막상 불리한 일이 일어나면 마음속으로는 불공평하다고 생각한다. 결국 하나님께서 행하신 것이 우리 기준에 미치지 못하거나 우리가 기대하던 방식이 아닐 때 하나님을 원망하곤 한다.

우리가 하나님을 나의 요구사항을 들어주시는 전능하신 분으로 기대하는 것을 내려놓아야 하나님께서 그 모든 것을 뛰어넘어 행하실 수 있다. 우리는 그분을 조종하려는 마음을 내려놓아야 한다. 천지를 지으신 창조주를 우리가 제안한 계약 관계에 묶어 두려는 마음을 내려놓아야 한다. 무엇보다 우리는 결과보다 하나님을 믿어야 한다. 신앙에 어떤 공식이 있는 것처럼 행동하거나, 우리가 충분히 기도하고 선행을 베풀어야 하나님을 움직일 수 있다고 믿기보다, 하나님을 우리에게 빚진 자로 만들 수 없다는 사실을 기꺼이 받아들여야 한다. 우리는 누군가에 의해 만들어진 '번영의 복음'이라는 렌즈를 통해 삶을 바라보기를 거부해야 한다. 그렇지 않으면 우리 멋대로 하나님의 이미지를 만들어 내고는 하나님께서 거기에 부합하지 않을 때 의심하고 원망하게 된다.

하나님을 보상하는 분으로 이해하는 방식을 벗어나기는 힘들다. 우리는 세상을 이해하고 그 안에서 우리의 자리가 어디인지 이해하기 위해 보상이라는 방식으로 훈련받았고, 그것이 내면에 깊이 각인되어 있기 때문이다. 우리는 자신이 복 받을 자격이 있지만 고난받는 것은 불공평하다고 생각한다. 그럴 경우, 우리 영혼이 고난당한다고 여기거나 하나님을 무능력하다고 여긴다. 우리는 자격 조건이라는 심리를 개발해 온 나머지 그 결과를 우상으로 숭배한다.

안타깝게도, 우주의 근본 법칙을 이해하는 데 있어 큰 역할을 해 온 그 메시지를 하루아침에 뒤집는 것은 쉽지 않다. 하지만 이를 극복하는 첫 번째 단계는 그것이 무엇인지 깨닫고 이름을 붙이는 것이다. 그것은 하나님의 무능력이나 실패나 나약함이 아니다. 워낙 쉽게 검증하고 통제할 수 있기 때문에 수많은 교회에 자리 잡은, 잘못된 교리이다. 우리의 의도가 얼마나 고상하든 간에, 믿음은 어떤 공식이 아니다. 치유되기를 원하거나 만족스러운 결혼생활을 바라는 것, 현재 지속되고 있는 문제가 해결되기를 바라는 것은 잘못이 아니다. 다만 우리의 신앙을 우리가 배운 내용에 고착시키지는 말아야 한다. 그렇지 않다면 우리는 포르피리오스나 대제사장, 십자가를 둘러싸고서 구경거리가 생길 때만 잠잠해지던 조롱꾼들과 다를 바 없다.

하나님을 화학 공식처럼 예측할 수 있는 결과물로 축소하는 사람들과 그런 사상에서 당신의 신앙을 분리해 낼 수 있는 능력과 권리는 당신에게 있다. 그런 사람들은 어떤 것은 받아들이고 어떤 것은 수용하지 않기로 미리 결정함으로써 하나님의 능력과 창의성, 은혜를 제한한다. 하나님께서는 우리가 상상했던 대로 나타나지 않으셨기에 볼 수 없었다. 하지만 우리가 여러 조건을 붙여 만들어 낸 문화와 신앙을 분리한다면, 하나님께서는 그분의 방식으로 그분을 만나도록 허락하실 것이다. 그렇다고 어려움이 사라지거나 고통이 줄어들지는 않겠지만, 알게 모르게 물려받은 편협하고 제한된 믿음 대신 당신만의 믿음을 갖게 될 것이다.

5장
분노

징계하시는 하나님

여호수아 7장

욥기 42 : 7~9

누가복음 13 : 1~8

로마서 14장

미국 동부 플리머스에 식민지가 세워진 이래, 미국 개신교 교회는 혼돈에서 질서를 창조해 내며 정체성을 일구었다. 초기 유럽 이주민들은 자기 것이라고 주장하는 땅에 들어서던 농장과 마을을 '언덕 위에 빛나는 도시'로 만들려고 노력해 왔다.

아담이 죄 때문에 받은 저주로 인해, 인간은 타락한 세상과 관계 맺을 책임을 지게 되었다. 우리는 고난받아 마땅하지만, 충분한 믿음을 갖고 기도하며 회개한다면 어떤 상황도 극복해 낼 수 있었다. "왜 선한 사람에게 악한 일이 일어나는가?"처럼 풀리지 않는 문제는 하나님의 뜻과 인간의 죄악 된 본성으로 간단히 설명될 뿐이었다.

국경 지역과 급성장하는 여러 도시에서는 이런 사고방식에 기반해 여러 차례 대부흥이 일어났다. 그것은 20세기에 활기를 띠게 된 자수성가 산업의 핵심이었고, '번영의 복음'의 중심이 되었다. 주일마다 강대상에서 수없이 많은 설교가 선포되었다. 하나님께 연결된 풍성한 삶과 나 사이를 가로막는 건 나의 죄뿐이었다.

뭔가 안 좋은 일이 생겼을 때, 우리는 그 이유를 찾는다. 우리가 무엇을 잘못했는지, 왜 이런 고통을 당하는지, 우리를 더 정결하게 하려면 이런 고통에서 무엇을 배워야 하는지 이해하려 애쓴다. 타락한 세상 때문에 날마다 이유 없이 피해를 본다는 사실은 까마득히 잊은 듯하다. 누가복음 13장에서 예수님은 제자들에게 이것을 상기시키신다. 한 제자가 예수님에게 빌라도가 희생제물 때문에 신성모독을 범했다고 알리자, 예수님은 이렇게 물으신다. "너희는 이 갈릴리 사람들이 이같이 해 받으므로 다른 모든 갈릴리 사람보다 죄가 더 있는 줄 아느냐"(눅 13 : 2). 그리고는 그 사건을 기록했던 누가를 비롯해 그 시대 사람들이 다 알 만한 사건 하나를 더 언급하셨다. "또 실로암에서 망대가 무너져 치어 죽은 열여덟 사람이 예루살렘에 거한 다른 모든 사람보다 죄가 더 있는 줄 아느냐"(눅 13 : 4). 여기서 예수님은 제자들에게 죄를 회개하도록 권면하는 동시에 모든 재앙이 죄 때문에 생기는 건 아니라고 말씀하신다. 때로 혼란스러운 일이 발생하기도 한다. 그저 지나가던 죄 없는 사람들이 희생되기도 한다. 불공평한 일이다. 하지만 그렇다고 이것이 하나님께서 그럴 만한 일과 관련된 어떤 사람에게 화를 내신다는 증거도 아니다.

종교단체에서는 고통당하는 사람에게 무언가 벌 받을 만한 잘못을 저질렀기 때문에 그런 일이 생긴 것은 아닌지 캐묻는 경우가 너무 많다. 이는 피해자를 공격하는 것일 뿐만 아니라, 여자를 두고 "너희 중에 죄 없는 자가 먼저 돌로 치라"(요 8 : 7) 하신 예수님의 말씀을 듣고도 여자에게 던질 돌을 찾는 것과 같다. 이 세상에 죄를 짓지 않은 사람이 어디 있겠는가? 그런데도 다른 사람의 고난을 보면 그 원인이 그 사람의 죄 때문이라고 섣불리 속단하고, 자기가 당하는 고난은 신앙을 위한 연단과 시험이라고 말하는 경우가 얼마나 많은가?

앨리슨은 대학교 1학년 새해 전야 파티에서 성추행을 당했다. 앨리슨은 그 사건에 대한 가족과 교회 공동체의 반응을 보면서 자기가 그동안 신앙이라고 생각했던 것에 회의를 품게 되었다. "사람들은 그때 내가 술을 마신 게 원인인 것처럼 말했어요. 하나님을 믿는 사람들이라면 나를 보호해 주어야 하는 게 아닌가요? 무슨 일이 생겨도 곁에 있어 주는 것이 교회 공동체가 아닌가요? 나에게 그런 일은 일어나지 않았어요. 몇 주 지나서 엄마가 물어보셨던 게 기억나요. '너 술 마시니? 전에는 술에 손도 대지 않았잖니.' 나를 도와주시려고, 내가 괜찮기를 바라서서 그랬다는 건 알지만, 마치 음주가 원인인 것처럼 몰아갔어요." 부모님은 앨리슨이 집 근처로 이사하고 기독교 대학으로 편입해서 나아지기를 바랐지만, 그곳에서 만난 이들의 반응도 마찬가지였다. "성추행당했던 일을 사람들에게 솔직하게 이야기하려고 했어요. 하지만 그날 파티에서 술을 마셨다는 사실을 이야기하면 그들은 불편해하면서 동정심을 덜 보였죠. 주변 사람들이 그렇게 압박을 주는 것은 치유에 도움이 되지 않아요. 그 사람들이 말한 대로 내가 '그날 밤 죄를 짓고 있었다.'는 사실과 그날 당한 일을 어떻게 연결할 수 있는지 모르겠어요. 예수님이 나의 이야기를 들으셨다면 절대로 그렇게 말씀하시지 않았을 거예요."

슬프게도, 앨리슨만 그런 경험을 한 것이 아니다. 그런 일이 아주 흔하게 발생한다는 것은 우리도 증명할 수 있다. 코로나19나 허리케인 같은 새로운 재앙이 나타날 때면, 그런 사건은 의에 등 돌린 이 나라를 하나님께서 심판하시고 징계하시는 것이라고 선언하는 종교 지도자들이 나타나 각종 헤드라인을 장식한다. 이러한 태도는 '우리'와 '그들'이라는 이분법을 성립하기 쉽다. '우리'는 '그들'을 향한 하나님의 진노를 이해하는 의로운 사람들이다. '그들'은 하나님의 기준에 미치지 못하는 삶을 살고 있다. 하지만 교회의 깨진 유리창에 합판이 덧대지고, 낙태 반대 운동가들이 센터 로비에서 시위를 벌이며, 식당 종업원들 사이에 전염병이 발생하여 일손이 부족한 모습을 볼 때 그런 논리는 무너지기 시작한다. 그런 일이 하나님의 진노 때문이라면, 하나님께서는 그 때문에 발생한 피해를 개의치 않으시는 것이 분명하다. "하나님이 그 해를 악인과 선인에게 비추시며 비를 의로운 자와 불의한 자에게 내려주심이라"(마 5 : 45)라는 예수님의 말씀이 그나마 위로가 된다. 자연재해로 무너진 집 옆에 서 있는 아이에게

"무엇으로 심든지 그대로 거두리라"(갈 6 : 7)라고 말하는 것은 터무니없는 짓이다.

그런데도 골치 아프거나 무서운 상황이 연달아 발생할 때면 그런 식으로 반응하는 경우가 계속된다. 반증할 수 없는 대담한 선언을 하기에 편리한 방법이기 때문이다. 언제 하나님께서 저녁 뉴스에 나와 어떤 이유를 설명하신 적이 있던가? 사람들이 이해하지 못하는 문제에 대해 권위를 갖고 설명하는 것은 문제를 심하게 과장시킨다. 상황이란 늘 예측하지 못한 방식으로 변하기 마련인데, 그 결과가 한 사람의 확신으로 설명되는 것이다.

대학 교수이자 교회 집사인 커트는 1970년대 텍사스 복음주의 교회에서 보낸 어린 시절을 기억한다. 그곳 사람들은 인정이 넘치고 선한 의도를 가진 사람들이었지만, 하나님을 매우 좁은 범위에서 이해했다. 그는 그곳에서 지나치게 과장되거나 일관적이지 못한 성경 이야기를 들을 때마다 곤혹스러웠다고 한다. "하나님께서 기도를 통해 우리 삶에 어떻게 개입하신다는 건지, 확실하지 않았어요. '의인이 열정적으로, 효율적으로 기도하면 더 많은 응답을 받으리니, 기도를 통해 산을 움직여라.' 혹은 '믿음으로 구하는 것은 무엇이든 받으리라.'라는 말을 듣곤 했지요. 기도는 그렇게 해야 한다나요?"

그가 보수적인 기독교 대학에 입학했을 때 어느 교수가 여호수아 1장의 라합과 정탐꾼 이야기를 했다.

"'학자들은 정탐꾼들이 라합의 집에 들어간 이유에 대해 의견이 분분합니다. 어떤 사람들은 하나님께서 그들을 인도하셨다고 하고, 다른 사람들은 우연이었다고 하지요. 아니면 정탐꾼들도 여느 남성들과 같은 이유로 라합의 집을 찾았다고 보는 사람도 있습니다.' 순간 그 교수님이 우리를 쳐다보자 조용한 침묵이 흘렀고, 우리도 그분을 조용히 쳐다보기만 했죠. 그때 그분이 무슨 뜻으로 그렇게 말씀하셨는지 깨닫고 제 눈이 휘둥그레졌던 기억이 납니다. '잠깐만, 매춘부의 집을 드나드는 남자들을 통해 하나님께서 일하셨다고?' 저는 그때부터 하나님께서 사람들을 통해 일하시는 방식을 새로운 관점에서 보기 시작했어요."

그때부터 커트는 하나님이 어떤 분인지 재평가하기 시작했고, 어느 순간에 이르자 사회 전반에 대해서도 똑같은 질문을 조금 다른 방식으로 던지게 되었다.

"1980년대 초반이었어요. 사람들 사이에서 이런 말이 돌았습니다. 동성애자 때문에 어떤 병이 퍼지기 시작했고, 그래서 동성애자들이 죽어 가고 있다고. 그 병은 동성애자 때문에 발생했다고 알려졌지만, 동성애자가 아닌 사람들도 그 병에 걸리기 시작하자 인식이 바뀌었습니다. 교회에서는 하나님께서 혐오스러운 사람들을 징계하기 위해 그런 병을 내리신 거라고 했지요. 몇 년 동안 그런 말들이 계속되었지만, 동성애자가 아닌 사람들도 그 병에 걸려 죽었습니다. 그러자 그들은 '하나님께서 이 세상에서 어떻게 역사하시는지' 설명하는 방식을 바꿔야 했습니다. 제 동생이 에이즈로 죽어 가고 있었기 때문에, 저는 그 모든 걸 지켜봤습니다."

　남을 비방하기란 쉽고 편한 일이다. 권력을 쥔 사람들이 만들어 낸 이야기와 방향이 틀어지기 전까지는 말이다. "이런저런 이유 때문에 하나님께서 이렇게 하시는 거야."라고 말하기란 얼마나 쉬운가? 대답하기도 어렵지 않고, 우리가 틀렸다고 지적할 사람도 없다. 예수님은 바리새인들에게 도전하실 때 그 부분을 짚으셨다. "네 죄 사함을 받았느니라 하는 말과 일어나 걸어가라 하는 말 중에 어느 것이 쉽겠느냐"(마 9:5). 하나님의 의도를 증명할 만한 확실한 증거가 없으므로, 이를 증명하는 것보다 그분이 무슨 이유 때문에 그렇게 행동하시는지 설명하는 편이 훨씬 쉽다. 하나님께서 어떤 상황에서 어떤 의도를 가지셨는지, 어떤 사람의 죄를 용서하셨는지, 누가 확신할 수 있는가? 그것을 정확히 알아낼 방법이 없으므로 그 말에 책임질 필요도 없다. 따라서 그런 식으로 권위를 주장하는 방법은 매우 간단하여 남용되기 마련이다. 성경에서 욥의 세 친구인 데만 사람 엘리바스와 수아 사람 빌닷, 그리고 나아마 사람 소발처럼 그 점을 잘 드러내는 인물도 없을 것이다.

　우리가 불공평한 시험을 마주하거나 풀리지 않는 어려움에 처할 때, 선한 의도를 가진 교인들은 꼭 욥기를 인용하곤 한다. 이때 그들의 이야기는 두 가지 극단으로 나뉜다. 어떤 이들은 욥이 용기와 인내를 가진 인물이라고 하는 반면, 다른 이들은 욥의 이야기를 고난의 전형으로 이야기한다. 이에 대해 당신이 어떻게 생각하든 간에, 우리가 무시하고 넘어가는 부분이 있다. 우리는 욥이 모르는 지식을 알고 있다. 우리는 승부의 '패'를 결정짓는, 하늘의 영역에서 벌어지는 토론을 엿볼 수 있지만, 욥에게는 그런 특권이 주어지지 않았다. 우리는 욥의 기도가 응답받지 못한 상황을 바라보는 관점을 갖게 되었다. 인간이 아닌 하나님의 관점에서 사건을 바라보는 것이다. 그럴 때 우리는 욥이 자기가 고난당하게 된 이유를 전혀 몰랐다는 사실을 잊기 쉽다. 욥은 상처를 통해 자신이 무엇을 얻게 되었는지 알지 못했다. 하나님께서 자기를 고난 속에 내버려두신 어떤 이유가 있을 거라고 이해했을 뿐이었다. 그런데도 엘리바스와 빌닷, 소발은 욥의 상황에 대해 이러쿵저러쿵 훈수 두기를 멈추지 않았다.

그들도 처음에는 악의가 없었다. 동정적이기까지 했다. 도착해서는 아무 말도 하지 않았고, 그 대신 "밤낮 칠 일 동안 그와 함께 땅에 앉았으나 욥의 고통이 심함을 보므로 그에게 한마디도 말하는 자가 없었더라"(욥 2:13). 늘 그렇듯이, 선한 의도를 가진 종교적 인간이 입을 열기 전까지는 아무 문제가 없다. 그러나 한 명씩 욥에게 도전하기 시작한다. 처음에는 칭찬으로 말문을 열어 하고 싶은 말을 감추다가 연달아 욥을 비난하며 하나님께 벌받을 만한 숨겨진 죄를 고백하고 뿌리 뽑으라며 채근한다. 욥은 최선을 다해 의를 따랐고, 공정하게 일을 처리했으며, 올바르게 처신했고, 죄를 지었을 때는 이를 바로잡았노라고 자신을 방어한다. 그러면서 자신을 비방하는 친구들에게 그럴 만한 권위가 있는지 되묻는다.

"옳은 말이 어찌 그리 고통스러운고, 너희의 책망은 무엇을 책망함이냐 너희가 남의 말을 꾸짖을 생각을 하나 실망한 자의 말은 바람에 날아가느니라"(욥 6 : 25-26).

욥기 후반부에서는 욥과 다른 친구들 사이에 엘리후가 끼어든다. 그는 다른 세 친구와 다른 동기를 가지고 말한다. "그가 욥에게 화를 냄은 욥이 하나님보다 자기가 의롭다 함이요 또 세 친구에게 화를 냄은 그들이 능히 대답하지 못하면서도 욥을 정죄함이라"(욥 32 : 2-3). 엘리후는 고난이 무엇인가에 대한 의견을 뭉뚱그려 말하면서도 욥이 하나님을 화나게 했다고 비난하지는 않았다. 중요한 것은 욥기 42 : 7~9에서 하나님께서 욥의 친구들을 질타하실 때 엘리후만 제외하셨다는 것이다. 하나님께서는 그분의 이름을 남용해서 남을 비방하는 사람들에게만 진노를 발하시는 것 같다.

고통받는 이유를 하나님의 진노 탓으로 돌리는 사람은 실제 자신의 문제를 드러낸다. 심리학자들은 이를 '투사'라고 한다. 자신의 문제를 다른 사람에게 투영해서 그 사람이 처한 문제를 이해한다고 주장하는 것을 말한다. 이는 가스라이팅의 대표적인 사례이며, 교회와 사역의 현장에서 빈번하게 발생한다. 개인 전용 비행기를 타고 다니는 종교 · 정치 지도자들이 물질주의를 비방하고, 성적 타락에 대해 설교하면서도 비밀스럽게 성적 물의를 일으키는 것이 여기에 해당한다. 또는 남성들이 자기통제에 실패한 것을 비난하는 게 아니라 여성이 남성을 정욕으로 몰아갔다고 비난하는 것도 해당한다. 자신이 남을 욕하는 것은 깨닫지 못하고 남들이 다른 이들을 욕한다고 비난하는 것도 마찬가지다. 예수님의 제자들 사이에서도 이렇게 위선적인 투사의 사례가 있었다. 마리아가 예수님의 발에 값비싼 향유를 붓자 유다가 얼마나 화를 냈는지 생각해 보라. 그 돈으로 배고픈 사람들을 도와줄 수 있다는 것이 그의 주장이었다. 요한은 복음서에서 그 장면을 묘사하면서 다음과 같은 설명을 덧붙였다. "(유다가) 이렇게 말함은 가난한 자들을 생각함이 아니요 그는 도둑이라 돈궤를 맡고 거기 넣는 것을 훔쳐 감이러라"(요 12 : 6).

인간은 본능적으로 자신의 나쁜 점을 다른 사람에게서 발견한다. 우리가 무언가를 바라보고 이해하는 관점이 그러하기 때문이다. 또한 그럼으로써 우리 자신의 단점을 다른 사람에게로 돌리고 우월감을 유지하려는 것이다. 사무엘하 6장의 미갈 이야기를 예로 들어 보자. 이스라엘의 새로운 왕이 된 다윗은 블레셋과 전쟁을 치르고 난 뒤 언약궤를 되찾아왔다. 다윗은 신나게 춤추며 승리를 자축하지만, 그의 아내(사울의 딸)였던 미갈은 그를 창피해한다. 다윗의 옷이 벗겨져 군중들 앞에서 맨몸이 드러났기 때문이다. 미갈은 다윗을 맞이하며 이렇게 말했다. "이스라엘 왕이 오늘 어떻게 영화로우신지 방탕한 자가 염치없이 자기의 몸을 드러내는 것처럼 오늘 그의 신복의 계집종의 눈앞에서 몸을 드러내셨도다"(삼하 6 : 20).

다윗은 마찬가지로 화가 나서 미갈에게 대답했다. "이는 여호와 앞에서 한 것이니라 그가 네 아버지와 그의 온 집을 버리시고 나를 택하사 나를 여호와의 백성 이스라엘의 주권자로 삼으셨으니 내가 여호와 앞에서 뛰놀리라 내가 이보다 더 낮아져서 스스로 천하게 보일지라도 네가 말한바 계집종에게는 내가 높임을 받으리라"(삼하 6 : 21-22). 다음에 이어지는 한 문장은 그 사건을 이렇게 마무리한다. "그러므로 사울의 딸 미갈이 죽는 날까지 그에게 자식이 없으니라"(삼하 6 : 23).

이 이야기는 하나님께서 세우신 지도자를 비판하지 말라는 설교에 인용되곤 한다. 불임을 주제로 하는 소그룹 모임에서도 이 이야기가 논의된다. 예배하는 방식을 토론하는 자리에서도 등장한다. 그럴 때마다 결론은 같을 것이다. 미갈이 다윗에게 보인 태도 때문에 하나님께서 아이를 주시지 않는 것으로 징계하셨다는 것이다.

그러나 성경에는 그런 언급이 전혀 없다. 미갈이 짜증 낸 것과 불임 사이의 관계를 언급하는 내용이나, 남편을 비난한 대가로 하나님께서 미갈의 자궁을 닫으셨다는 언급도 없다. 그런데도 이 이야기는 불임의 고통을 겪게 된 '순종적이지 않은' 여성을 비난하며, 평신도들이 지도자에게 대항하지 못하게 하는 예화로 종종 사용된다. 아니면 교회의 예배 형태를 바꾸자는 논의를 막으려 할 때 사용되기도 한다. 이 예화를 들며 경고하는 이들은 권위에 도전하는 사람들을 통제하기 위해 하나님의 진노를 갖다 붙인다. 그런 교훈을 큰 소리로 반복하면서 성경에 전혀 존재하지 않는 내용에 사람들이 귀 기울이도록 설득하는 것이다. 이것이 바로 전형적인 가스라이팅이다.

유년기의 학대나 역기능 관계, 사회적 수치심 등 사람들이 그들의 문제를 우리에게 전가하는 방식은 다양하다. 성장하는 과정에서나 또래 모임, 종교적 배경 때문에 영적 불안이나 수치심을 갖게 되면, 내가 잘못하지 않았음에도 생겨 버린 상처의 흉터로 인해 고통을 느끼게 된다. 성경은 다른 사람들의 고통을 보면 도와주라고 하지만, 그 짐을 직접 짊어지지는 말라고 한 사실을 기억하라. 다른 사람들이 그들의 문제나 이야기, 장애, 부담을 우리에게 전가하려 할 때 그들은 부활의 길을 가로막는 것이다. 우리는 다른 사람의 죄를 대신 지려고 창조된 것이 아니다. 그것은 오직 그리스도만이 하실 수 있는 일이다. 남을 대신해서 짊어진 짐을 내려놓는 것은 빠를수록 좋다. "이 맷돌은 내 것이 아니라 당신의 것입니다. 그러니 도로 가져가세요."라고 말해도 괜찮다.

●

하나님의 진노 때문에 벌 받은 사례는 여호수아 7장에서 여리고 성이 무너진 뒤에 벌어진 한 사건에 가장 잘 드러난다. 군인들에게 전쟁에서 노략질한 물건에 손대지 말라는 엄중한 경고가 내려졌음에도 불구하고, 아간은 그 경고를 따르지 않았다. 값비싼 옷과 금덩이, 은을 자기 장막 아래 숨긴 것이다. 그 후 이스라엘 사람들은 아이 성 전투에서 처참하게 패했다. 여호수아는 하나님의 은혜가 갑자기 사라진 이유를 알아내기 위해 필사적으로 노력했다. 성경은 이렇게 말씀한다. "여호수아가 옷을 찢고 이스라엘 장로들과 함께 여호와의 궤 앞에서 땅에 엎드려 머리에 티끌을 뒤집어쓰고 저물도록 있다가"(수 7 : 6). 그는 하나님께 이유를 설명해 달라고 울부짖었다. 그러자 놀랍게도 하나님께서는 이렇게 대답하셨다. "일어나라 어찌하여 이렇게 엎드렸느냐 이스라엘이 범죄하여 내가 그들에게 명령한 나의 언약을 어겼으며 또한 그들이 온전히 바친 물건을 가져가고 도둑질하며 속이고 그것을 그들의 물건들 가운데에 두었느니라"(수 7 : 10-11).

하나님께서 여호수아와 땅에 납작 엎드린 장로들에게 처음 하신 말씀은 "너희 때문에 내가 화가 났으니 이제 혼 좀 나야겠다."가 아니었다. 오히려 그들을 일으켜 세우시면서 왜 얼굴을 땅에 묻고 있는지 물으셨다. 다시 말하자면 이런 뜻이다. "너희가 죄를 지은 것이 아니다. 너희는 사과할 필요가 없다. 하지만 일어나서 행동을 취하라."

죄인이 누구인지는 곧 밝혀졌고, 그와 가족 모두가 벌을 받았다. 하나님께서는 무척 체계적인 방법으로 이스라엘의 지도자들에게 죄인이 누구인지 알려 주셨다.

"여호수아가 이스라엘 모든 사람과 더불어 세라의 아들 아간을 잡고 그 은과 그 외투와 그 금덩이와 그의 아들들과 그의 딸들과 그의 소들과 그의 나귀들과 그의 양들과 그의 장막과 그에게 속한 모든 것을 이끌고 아골 골짜기로 가서 여호수아가 이르되 네가 어찌하여 우리를 괴롭게 하였느냐 여호와께서 오늘 너를 괴롭게 하시리라 하니 온 이스라엘이 그를 돌로 치고 물건들도 돌로 치고 불사르고 그 위에 돌무더기를 크게 쌓았더니 오늘까지 있더라 여호와께서 그의 맹렬한 진노를 그치시니 그러므로 그곳 이름을 오늘까지 아골 골짜기라 부르더라"(수 7 : 24-26).

이 구절을 기본적인 인간성에 문제가 있는 것 외에는 아무것도 아니라고 볼 수는 없다. 신학자들(정식 학위를 받은 자들과 자칭 또는 타칭 신학자 포함)은 이처럼 비인간적이고 끔찍한 결말을 윤리적으로, 논리적으로, 변증적으로 설명하기 위해 큰 노력을 쏟아부었다. 하지만 이 이야기를 현대 독자들에게 잘 이해시킬 방법은 거의 없다. 그래서도 안 된다. 아간의 가족이 당한 불공정과 공포를 완화할 방법은 없으며, 그러한 사실을 무시하거나 지나치려는 시도는 지적으로 솔직하지 못하다. 사실 신앙을 버리고 등지는 사람들 중에는 이런 성경 구절을 운운하며 죄 없는 사람에게까지 그런 식으로 가혹하게 벌주는 하나님을 섬길 수 없다면서 자기 행동을 합리화하는 사람도 있다.

포샤도 여러 목사님에게 똑같은 질문을 했고, 똑같은 어려움을 겪었다. 나는 한 온라인 포럼 도중 과거에는 신자였던 몇 사람으로부터 교회를 떠난 이유에 대해 들었다. 그중 한 명인 포샤는 이렇게 말했다. (그녀의 이야기를 이 책에 공유해도 좋다고 허락받았다.) "제가 폭력이나 민족 말살에 대해 솔직하게 질문할 때마다 무시당하거나 너무 단순한 대답만 돌아왔어요. 그걸로 충분하다는 식이었죠. 그래서 마침내 결론을 내렸어요. 교회 지도자들이나 교사들이 '나도 잘 모르겠어. 하지만 그 이야기가 끔찍한 건 사실이야.'라고 솔직하게, 겸손하게 대답할 수 없다면, 자신에게 거짓말하는 거라고요."

그런 점을 고려한다면 하나님의 진노를 설명할 '편리한' 방법은 없다는 것을 인정해야 한다. 그리고 우리는 아간의 가족 이야기를 읽을 때 도덕적으로 분노해야만 한다. 그런 본문에 얼마나 큰 문제가 있는지 인정하지 않는 사람들을 향해서도 분노를 느껴야 한다. 오직 그것만이 경건한 반응이다. 에스겔 18장에서 선지자는 선포한다. "또 여호와의 말씀이 내게 임하여 이르시되 너희가 이스라엘 땅에 관한 속담에 이르기를 아버지가 신 포도를 먹었으므로 그의 아들의 이가 시다고 함은 어찌 됨이냐 주 여호와의 말씀이니라 내가 나의 삶을 두고 맹세하노니 너희가 이스라엘 가운데에서 다시는 이 속담을 쓰지 못하게 되리라 모든 영혼이 다 내게 속한지라 아버지의 영혼이 내게 속함같이 그의 아들의 영혼도 내게 속하였나니 범죄하는 그 영혼은 죽으리라"(겔 18 : 1-4). 하나님의 거룩한 진노가 죄 없는 사람들을 비난하는 데 남용된 사실을 하나님도 문제로 여기셨다면, 우리도 그럴 수 있다.

대부분의 장애인 공동체에서 공유되는 이야기가 있다. 가끔 신앙을 가진 사람이나 아예 모르는 외부인이 다가와서는, 믿음으로 치유받을 수 있도록 기도하자고 권유한다는 것이다. 그런 행동은 장애가 장애인 자신의 잘못 때문에 생긴 거라고, 그리고 장애인의 삶은 비장애인의 삶보다 못하다고, 그러니 고칠 수만 있다면 당연히 고쳐야 한다는 생각을 넌지시 드러낸다. 장애가 있는 본인이 (소위 다른 사람들이 보기에) 그 한계의 가치를 판단하고 자신의 개성을 결정하기보다, 소위 신앙인이라는 사람들이 휠체어나 보청기, 신경발달장애를 겪는 것이 죄를 짓거나 믿음이 부족해서 받게 된 하나님의 징계라고 주장하는 것이다. 겉으로 드러나는 장애가 있는 사람들, 목발을 짚은 사람들, 자폐아 부모들이 하나님의 심판의 증거라고 대담하게 말하는 사람들은 예수님에 대해 아무것도 이해하지 못하는 것이 분명하다.

예수님이 치유하신 사람들은 스스로 예수님에게 찾아왔다는 사실을 기억하자. 예수님은 치유를 원하지 않는 사람에게 찾아가 억지로 권하시지 않았다. 사람에게 다가갈 때면 먼저 물어보셨다. 요한복음 5장에서 예수님은 38년간 병을 앓았던 한 남성과 베데스다 연못가에서 이야기를 나누셨다. 손가락 한 번 튕기는 것으로 즉시 그를 낫게 하실 수도 있었지만, 예수님은 이렇게 물으셨다. "네가 낫고자 하느냐"(요 5:6).

이 대화는 우리도 구원받는 일에 동참해야 한다는 논리의 사례로 지목되곤 한다. 예수님이 우리 안에서 사역을 완성하시려면 우리가 그것을 원해야 한다는 것이다. 하지만 그런 식의 사고방식은 질병을 죄와 연결 짓는다. 장애를 도덕적 실패와 동등하게 여기는 것이다. 장애와 죄의 인과관계를 의도적으로 설정하지 않는다 하더라도, 이런 식의 사고방식은 장애가 어떤 잘못의 결과라는 생각을 강화한다. 장애인 차별자들의 사고방식에 의하면 개인이 스스로 영적 여정을 떠나서 구원을 찾는 서사보다 장애를 없애는 것이 치유라고 생각하기 쉽다.

요한복음 5장에서 예수님은 당연히 그가 낫기를 바랄 것이라고 넘겨짚기보다, 낫기를 원하는지 먼저 물어보심으로 그의 인격을 존중해 주셨다. 예수님은 그가 남들과 다르다는 것을 알아차리시면서도, 그의 선택의지를 인정하셨다. 그럼으로써 그 남성의 인간성과 모습을 있는 그대로 인정하셨다. 요한복음 9장에서 예수님과 제자들은 날 때부터 시각장애인인 사람을 만난다. 제자들이 묻는다. "랍비여 이 사람이 맹인으로 난 것이 누구의 죄로 인함이니이까 자기니이까 그의 부모니이까"(요 9 : 2). 그러자 예수님이 대답하셨다. "이 사람이나 그 부모의 죄로 인한 것이 아니라 그에게서 하나님이 하시는 일을 나타내고자 하심이라"(요 9 : 3). 다시 말해, 그 남성도 있는 모습 그대로 이미 하나님의 영광을 드러내는 도구라는 것이다. 장애가 있는 몸은 설교 예화용 소재가 되거나 장애인 차별 신학이 집착하는 대상이 되려고 존재하는 것이 아니다. 인간은 하나님의 진노나 거절을 드러내거나 가르치려고 존재하는 것이 아니다.

당신의 몸에 어떤 변화가 있거나 당신의 아이가 신체적 어려움으로 인해 예상했던 것과 다르게 살게 되었다는 사실을 알게 되었다면, 당신 마음대로 느낄 권리가 있다는 책을 굳이 읽을 필요는 없다. 당신이 심각한 질병을 선고받았다면, 신실한 기독교인이 될 기회를 얻었다고 자축할 필요도 없다. 그렇다고 당신이 죄인이라거나 하나님께서 세상의 악을 보복하신다는 뜻은 아니다. 파킨슨병이나 뇌성마비가 하나님의 거룩한 진노의 증거라고 말하며 모호한 전근대적인 논리로 창피 주려는 사람이 있다면, 복잡미묘한 신앙의 세계에서는 그들의 말을 받아들이지 않을 것이다.

그러한 터무니없는 장애인 차별은 누가 '온전한' 사람인지 매우 좁은 범위에서 해석하는 제한된 견해에서 비롯된다. 안타깝게도, 이처럼 다른 사람에게 자신의 불완전함을 투사하는 행위가 종교계에서 만연하다. 사도 바울은 로마서 14장에서 율법의 규례에 대해 자유로운 이들을 향해 그보다 보수적인 사람들을 불편하게 하지 말라고 이야기한다. 이 구절은 자신과 견해가 맞지 않는 이들의 행동을 통제하려는 사람들이 자주 인용한다. "만일 음식으로 말미암아 네 형제가 근심하게 되면 이는 네가 사랑으로 행하지 아니함이라 그리스도께서 대신하여 죽으신 형제를 네 음식으로 망하게 하지 말라"(롬 14 : 15). 그러나 이 구절만 따로 적용하는 것은 전체 맥락을 무시하는 행위다. 예를 들면 "네가 어찌하여 네 형제를 비판하느냐 어찌하여 네 형제를 업신여기느냐 우리가 다 하나님의 심판대 앞에 서리라"(롬 14 : 10)와 같은 구절이나, "그러므로 너희의 선한 것이 비방을 받지 않게 하라"(롬 14 : 16)라는 구절도 있다. 다시 말해, 자신의 문제를 다른 사람에게 투사하지 말라는 것이다. 그들이 하나님께 응답받는 것은 당신의 견해와는 별개의 문제다. 반대로 당신이 옳다고 생각할 때 남들이 틀렸다고 말하도록 내버려두지 말라는 것이다. 당신의 삶에 대해 하나님께 응답받을 수 있는 이는 당신뿐이다. 누군가 하나님께서 당신을 기뻐하지 않으시기 때문에 어려움을 겪는다거나 '정상' 범위에서 벗어나게 된 것이라고 말했다고 해서 그 말대로 생각하지는 마시라.

●

그렇다고 하나님께서 절대 분노하지 않으신다거나 죄를 지어도 대가를 치르지 않게 하신다는 말은 아니다. 이 두 가지가 사실이라는 것은 성경 말씀과 우리 자신의 경험을 통해 알 수 있다. 하지만 고통받는 사람이나 남들과 조금 다른 사람을 보고는 하나님의 진노라며, 권위를 가지고 재빠르게 판단하는 사람들의 말을 받아들이기 전에 한 번 더 생각해 보라는 경고다. 그들은 그런 말로 남을 위협하고 겁주며 권력을 유지하는 구조를 더 강화하려 한다. 비슷한 예로, 누군가 어려움에 처한 상황을 보고 하나님을 기쁘시게 하지 않아서 그렇게 된 거라고 말하거나, 당신이 질 필요가 없는 짐을 짊어지라고 강요하는 사람들을 조심하라. 궁극적으로 우리는 오직 하나님께만 응답받을 수 있다. 그러니 다른 사람이 우리 삶에 대해 이러쿵저러쿵 내리는 결론을 받아들일 필요는 없다. 나 자신의 양심에 지워진 무게는 하나님께 묻고 응답받아야 한다는 사실을 기억해야 한다.

스스로 의롭게 여기며 고난받는 친구에게 늘어놓은 설교보다 더 지독한 욥의 친구들을 새로운 각도에서 바라보자. 구약성경에서 전통적으로 '사탄'이라고 번역된 단어를 원래 문자 그대로 옮기면 '비방하는 자' 또는 '적대세력'이라는 뜻이다('사탄'이라는 단어는 의역이다). 욥기에 등장하는 사탄이 하늘의 법정에서 하나님께 응답하는 모습은 흔히 공소를 제기하는 검사로 비유되기도 한다. 욥기 42장의 하나님께서 엘리후는 빼놓고 엘리바스와 빌닷, 소발을 엄하게 꾸짖으신 이유가 아마 그 때문일지도 모른다. 세 사람은 가상의 법정에서 검사의 역할을 맡아 무죄를 주장하는 욥에게 그가 짓지도 않은 죄를 고백하라고 추궁했다. 하나님의 진노를 운운하며 욥을 짓누르고, 그러면서 자신들이 하나님의 일을 하고 있다고 확고하게 믿었다. 하지만 실상은 비방하는 자의 역할을 했던 것이다. 사탄이 그랬던 것처럼.

이것이 우리 모두에게 경고가 되기를 바란다.

6장
모호함

이해할 수 없는 하나님

요나 4장

사사기 4장

사무엘상 14장

사무엘상 25 : 2~42

요나 이야기는 이해할 수 없는 일에 대항하던 한 사람의 이야기다. 요나는 앗수르 왕에게 가서 회개를 선포하라는 명령을 받았지만, 반대쪽으로 도망쳤다. 선지자 요나는 정의의 하나님께서 그분의 백성을 대적하는 자들에게 복수하심을 믿으라고 교육받았다. 그런데 그가 그 대적에게 자비를 베푸는 임무를 맡게 된 것이다. 그 명령은 요나가 알던 하나님과 어울리지 않았다.

요나 이야기는 그가 도망치다가 덩치 큰 (음식을 통째로 삼켜 버리는 경향이 있는) 바다 생물을 만난 내용이 전부인 것처럼 보이지만, 물고기가 해변에 요나를 토하고, 결국 요나가 말씀에 순종하여 니느웨를 향해 돌아선 데서 끝나지 않는다. 요나는 몇 번이나 돌고 돌아 결국 임무를 완수하고는 메시지를 전한 결과가 어떤지 지켜보기 위해 니느웨 성문 밖에 자리를 잡는다. 요나가 따가운 햇볕 때문에 괴롭다고 불평하자 박넝쿨이 솟아나 그늘이 생기지만, 하나님께서는 벌레를 시켜 그 잎을 먹어 치우게 하시고 해가 뜰 무렵 뜨거운 동풍을 예비하셨다(욘 4 : 8). 자신을 사랑하신다는 하나님께서 이처럼 예측할 수 없는 모습을 보이시자, 요나는 화를 낸다. "하나님이 요나에게 이르시되 네가 이 박넝쿨로 말미암아 성내는 것이 어찌 옳으냐 하시니 그가 대답하되 내가 성내어 죽기까지 할지라도 옳으니이다 하니라"(욘 4 : 9). 요나가 관대하거나 수용적인 인물의 모범은 아니지만, 그의 솔직함은 본받을 만하다. 그는 물고기 배 속에서 시 낭송하듯 유려한 말로 회개기도를 드렸지만, 일상에서는 그때처럼 하나님과 대화하지 않았다. 또한 자신을 인내심 많은 사람으로 포장하려 하지도 않았다. 오히려 자신이 여러 사건 때문에 잔뜩 화가 났다고 하나님께 분명히 밝혔다. 확실히 요나는 위선자가 아니었다.

  본문은 니느웨 사람들을 향한 요나의 이기적이고 냉담한 성미를 두고 하나님께서 두 구절의 짧은 말씀을 전하시며 끝난다. 그러한 결말은 이 책의 중심 주제를 드러낸다. 하나님의 방식은 합리적이지 않을 때가 많고, 이해하기 어려우며, 끝까지 그 이유를 모를 수도 있다. 독자가 이 이야기를 역사적 기록으로 보든, 옛 선지자들을 거룩한 방식으로 희화화한 것으로 보든, 어쨌든 요나 이야기는 하나님과의 관계에서 경험하는 일들을 보여준다. 마치 우리는 원하거나 선택하지도 않은 서사에 갇히거나 우리가 이해할 수 없는 규칙 또는 우리가 성장한 문화권과 다른 도덕적 교훈에 매여 있다고 느낄 수 있다.

인간 세상의 혼돈과 불확실성에 반응해 질서를 만들어 내려는 욕구는 언제 어디서나 발견할 수 있다. 삶에서 '무엇을, 어떻게, 왜'를 이해하려는 고민은 규칙을 창조하고, 옳고 그름을 분명하게 나누며, 예측할 수 있는 형태를 만들어 아직 알려지지 않은 것들을 통제하려는 노력으로 이어진다. 분명 그런 노력은 '의로움'을 공고하게 한다. 세상은 흑과 백, 우리와 그들, 옳고 그름으로 구분할 때 이해할 수 있다. 하지만 하나님의 모호한 행동은 우리의 세계관, 편안함, 그리고 정체성 자체를 불안하게 만들 수 있다.

사무엘상 13장에서 사울 왕이 선지자 사무엘을 기다리지 못해 길갈에서 번제를 드렸다가 징계받은 일화에 관한 설교를 한 번쯤은 들어 본 기억이 있을 것이다. 사무엘이 약속했던 대로 일주일 안에 나타나지 않고 군인들이 떠나가기 시작하자, 사울은 전쟁을 앞두고 하나님께 번제를 드렸다. 그 역할은 선지자 사무엘이 담당해야 했음에도 불구하고 말이다. 마침내 사무엘이 도착하고, 사울이 벌인 일을 알게 되자 이렇게 말한다. "왕이 망령되이 행하였도다 왕이 왕의 하나님 여호와께서 왕에게 내리신 명령을 지키지 아니하였도다 그리하였더라면 여호와께서 이스라엘 위에 왕의 나라를 영원히 세우셨을 것이거늘 지금은 왕의 나라가 길지 못할 것이라 여호와께서 왕에게 명령하신 바를 왕이 지키지 아니하였으므로 여호와께서 그의 마음에 맞는 사람을 구하여 여호와께서 그를 그의 백성의 지도자로 삼으셨느니라"(삼상 13 : 13-14).

비슷한 사례로 사무엘하 6장과 역대상 13장에 나오는 웃사 이야기를 떠올릴 수 있다. 블레셋과의 전투에서 승리한 것을 축하하기 위해 언약궤를 예루살렘으로 옮기던 중, 떨어지려는 언약궤를 손으로 잡았던 웃사가 죽임을 당했다. 하나님께서 손대지 말라 명하신 언약궤에 손을 대자 그 자리에서 즉사한 것이다. 이야기는 그것으로 끝난다. 어떤 설교자들은 그때 하나님의 명령대로 언약궤를 나무 막대에 꿰어 옮기지 않고 소가 끄는 수레에 실어서 옮겼기 때문에 하나님께서 진노하셨다고 설명하기도 한다. 어찌 되었든 웃사는 도움이 되고자 했지만, 하나님께서는 그를 치셨다.

웃사의 일화는 적당히 머물고 싶어 하거나 조금 더 많은 자유와 은혜를 바라는 독자들이 받아들이기 힘든 이야기 중 하나이다. 사무엘이 약속된 시간에 나타나지 않은 것은 사울의 잘못이 아니었다. 언약궤를 향해 손을 뻗은 웃사의 의도는 선하지 않았는가? 언약궤가 떨어지려는 것을 보고 반사적으로 반응한 것뿐이었다. 하지만 두 이야기의 결과가 성경에 분명하게 쓰여 있다. 여기서 얻을 수 있는 교훈은 하나님의 명령을 문자 그대로 따라야만 한다는 것, 왜 그래야 하는지 이해할 수 없을 때도 그래야 한다는 것이다. 그렇지 않을 때의 대가는 죽음이다. 몸이 아닌 영적으로 말이다.

율법주의에 뿌리박힌 신학은 이런 성경 본문에 의지한다. 성경의 일부이므로 하나님께서 인간 세상에 관여하시는 방법을 폭넓게 이해할 수 있는 이야기로 여겨야 한다. 하지만 그런 이야기들의 문제점은 종종 신자들을 꼼짝 못 하게 만드는 무기로 사용된다는 것이다. 신자들은 한 번의 잘못된 선택으로 그들을 향한 하나님의 계획을 망치거나 진노를 입게 될까 두려워서 필사적으로 하나님의 뜻을 분별하고자 노력한다. 그러면서 영적으로 앞일을 내다볼 수 없는 상황에 처한다.

지나치게 편협한 설명에 의문을 제기하거나 합리적인 선을 그으려는 사람들을 종교 지도자들이나 다른 신자들이 책망하거나 입 다물게 하는 것은 율법주의를 넘어서는 행동이다. 그것은 전형적인 가스라이팅이다. 사람들을 거룩한 두려움에 가두려고 권력을 남용하는 것이다. 단 한 번의 잘못으로 인생을 망칠 수 있다고 겁주거나, 아니면 그들이 잘못이라고 생각하는 행동을 하나님께서 용서하거나 심지어 용납할 수도 있다고 설득하는 것이다. 이것은 영적 학대나 마찬가지다.

베스의 사례를 보자. 뉴욕 주 북부에서 목회자의 자녀로 성장한 그녀의 교회는 결혼을 중시하며 전통적 성역할을 강조했다. 그런데 베스의 첫 결혼은 경제적 이유로 파탄 났다. 남편은 은행 잔고를 바닥내기 일쑤인 데다가 몰래 베스의 명의로 신용카드를 만들어 최대한도까지 쓰고는 집에 들어오지도 않았다. 몇 주 동안 외박한 적도 있었다. 결국 식료품 찬장은 텅 비었고, 집주인에게 쫓겨날 지경이 되었다. 베스가 이혼하자 부모님은 화를 내면서 교회 회중 앞에서 "너의 죄를 회개하라."고 요구했다. 세월이 흘러 베스는 교회에서 두 번째 남편을 만나 결혼했고, 남편의 직장을 따라 플로리다 주 남부 지역으로 이사했다. 베스는 파트타임으로 일하면서 대학원에 등록했지만, 2008년에 발생한 금융위기가 남편의 건축 사업에 영향을 미치자 남편의 정신 건강은 급속도로 나빠졌고, 행동 또한 점점 이상해졌다.

"저는 그리스도인으로서 완벽한 아내가 되려고 노력했어요. 주변 교인들이 이야기해 준 대로, 또 성경 말씀대로 행동하려고 노력했지요. 외모도 더 예쁘게 가꾸려고 했어요. 하지만 마스카라를 했더니 남편은 제가 바람을 피운다고 생각했어요.

저는 교회 부속 학교에서 교사로 일하면서 하루 종일 나이 드신 여권사님, 여집사님들과 시간을 보냈는데도 남편은 제가 직장에서 바람을 피운다고 확신했어요. 그러더니 폭력적으로 변하더라고요. 제 휴대전화를 빼앗고, 저를 집에 가두더니 머리채를 잡아끌고, 강간했어요. 교회 장로님들께 말씀드렸더니 '하와는 아담을 위해 만들어졌으므로 부인은 남편의 행동을 막지 말라.'고 하더군요. 부부관계에서 강간이라는 것은 있을 수 없다나요? 그들은 남편에게 순종하기 위해 무엇을 하고 있냐고 물으며 늘 똑같은 말을 했지요. '남편을 우선시해라, 더 순종적이 되어라, 성관계를 더 많이 해라, 더 많이 기도해라.' 부모님도 똑같이 말씀하셨어요. 저는 밤마다 방문을 잠갔고, 남편은 밖에서 문을 부수겠다며 고래고래 소리를 질렀죠. 이런 상황에서 어떻게 무엇

———— 모호함

을 더 하라는 것인지 알 수가 없었어요. '순종'이라는 것은 남편이 때려도 가만히 있는 건가요? 하나님께 도와달라고 계속 기도했지만 전혀 변하는 게 없었어요. 경제적으로 남편에게 의존했기 때문에 저만의 공간을 가질 수도 없었고, 부모님은 이혼 전력이 있는 저에게 원인이 있다고 굳게 믿으셨죠.

하나님께 철저히 버림받은 느낌이었어요. 제 신앙과 교회에 완전히 배신당했다고 느꼈죠. 교인들은 늘 단순하게 대답할 뿐, 남편이 바람을 피운 것이 아니기 때문에 제가 그를 떠날 수 없다며 율법주의 이상으로는 생각하지 못했어요. 남편이 너무 폭력적이라 저를 죽일 수도 있다는 생각에 두려웠지만 이혼이 저에게 나쁜 영향을 끼칠 것 같았죠. 제가 근무하는 학교가 교회에 소속된 곳이기에, 거기서 이혼을 '성경적'이 아니라고 보면 직장까지 잃게 될까 걱정됐어요. 역시나 전 교장 선생님의 도움을 받아 남편에게서 도망쳤더니, 결국 직장에서 해고되었어요.

결국 십 년이 넘도록 부모님과 연락을 끊고 지냈는데, 그분들이 사과하겠다며 먼저 연락하셨어요. 그때는 자신들이 좋은 부모의 역할을 하고 있다고 믿었는데, 이제야 딸에게 신앙이라는 이름으로 얼마나 끔찍한 짓을 저질렀는지 깨닫게 되셨다고요."

율법주의는 사람들을 통제하는 한 방법이다. 사람들이 잘못된 행동을 할까 봐 스스로 두려워하게 만들어서 행동을 통제하려는 것이다. 또한 하나님을 통제하려는 것이기도 하다. 남들보다 더 많이 노력하는 사람을 하나님께서 기뻐하신다고 인정하도록 만들려는 것이다. 베스의 경험상 제도적 교회는 그녀의 안전보다 율법을 더 강조했고, 거룩한 것처럼 보이려는 다른 사람의 욕망을 억지로 짊어지게 만들었다. 그것은 가장 은밀한 방식의 율법주의였다.

사무엘상 14장에는 사울에 관해 비교적 잘 알려지지 않은 이야기가 있다. 바로 사울의 아들 요나단과 꿀 이야기다. 블레셋 군대를 상대로 여러 차례 전투가 이어진 끝에 이스라엘 군대가 대승을 거두었다. 지친 군사들은 수풀에 들어가 휴식을 취했다. 그곳에서 꿀이 벌집부터 땅바닥까지 흘러내린 것을 보았는데, 아무도 손끝 하나 대지 않았다. "이는 사울이 백성에게 맹세시켜 경계하여 이르기를 저녁 곧 내가 내 원수에게 보복하는 때까지 아무 음식물이든지 먹는 사람은 저주를 받을지어다 하였음이라"(삼상 14 : 24). 하지만 아버지 사울이 그렇게 맹세할 때 자리에 없었던 요나단은 아무것도 모른 채 꿀을 찍어 먹었다. 그러자 즉시 힘을 얻어 눈이 밝아졌다. 그런 행위가 사울의 맹세를 깨뜨린다는 말에 요나단은 코웃음을 쳤다. "내 아버지께서 이 땅을 곤란하게 하셨도다 보라 내가 이 꿀 조금을 맛보고도 내 눈이 이렇게 밝아졌거든 하물며 백성이 오늘 그 대적에게서 탈취하여 얻은 것을 임의로 먹었더라면 블레셋 사람을 살륙함이 더욱 많지 아니하였겠느냐"(삼상 14 : 29-30).

이스라엘 군사들은 요나단의 말에 일리가 있다고 여겨 금식을 멈추고 전쟁에서 탈취한 짐승을 잡아먹었다. 안타깝게도 너무나 굶주렸던 탓에 고기에서 피가 빠지기를 기다릴 수가 없었다. 레위기 17 : 14에서 짐승을 피 있는 채 먹지 말라고 엄중하게 금지했기 때문에, 사울은 그들이 믿음 없이 행하여 여호와께 범죄하였다고 비난했다.

여기서 잠깐, 이 사례에서 율법주의가 어떤 역할을 했는지 생각해 보자. 첫째로, 사울은 너무 경솔하게 행동했다. 하나님께 이 일을 물어보는 대신 야망과 자아에만 몰두했다. 둘째로, '사울은 백성에게 맹세시켜 경계'함으로써 피곤한 백성들이 필요로 했던 음식물을 섭취하지 못하게 했다. 이 한 구절은 율법주의의 핵심을 찌른다. 율법주의는 하나님께서 시키시지도 않은 일을 강요하고, 어느 한 개인의 문제를 다른 사람들까지 짊어지게 만든다.

그 결과로 전형적인 반역이 발생한다. 백성들은 그들이 처한 상황이 얼마나 터무니없는지 깨닫자마자 경계심을 내던지고, 율법을 거스른다는 것을 알면서도 행했다. 그 뒤에 사울이 보인 반응도 전형적인 율법주의에 해당한다. 사울은 군사들의 행동을 전해 듣고 이렇게 말했다.

"너희가 믿음 없이 행하였도다 이제 큰 돌을 내게로 굴려 오라 하고 또 사울이 이르되 너희는 백성 중에 흩어져 다니며 그들에게 이르기를 사람은 각기 소와 양을 이리로 끌어다가 여기서 잡아먹되 피째로 먹어 여호와께 범죄하지 말라 하라 하매 그 밤에 모든 백성이 각각 자기의 소를 끌어다가 거기서 잡으니라 사울이 여호와를 위하여 제단을 쌓았으니 이는 그가 여호와를 위하여 처음 쌓은 제단이었더라"(삼상 14 : 33-35).

사울이 어떤 단어를 선택했는지 집중해서 보자. "너희가 믿음 없이 행하였도다" 본문 어디에도 사울이 사람들에게 지나친 제한을 두어서 미안하다거나 잘못했다고 인정하는 부분은 없다. 하지만 그는 다른 사람들의 잘못을 지적하는 데는 빨랐다. 35절의 아주 중요한 세부 사항을 놓치지 말자. 사울은 백성들에게 피 먹은 죄를 용서받으라고 제단을 쌓게 했는데, 그가 하나님을 위해 제단을 쌓은 것은 그때가 처음이었다. 사울은 자신의 죄를 용서받으려고 제단을 쌓아 본 적은 없지만, 다른 사람들의 행동을 바로잡기 위해서는 재빨리 제단을 쌓은 것이다.

이야기는 거기서 끝나지 않는다. 사울은 그 즉시 전투를 재개해서 그날 밤 블레셋 군대를 치려고 했다. 사울의 무리는 불평하지 않았지만, 제사장은 "이리로 와서 하나님께로 나아가사이다"라고 제안했다. 사울이 하나님께 자신의 계획이 성공할지 물었지만 침묵만 되돌아올 뿐이었다. (하나님께서) "그날에 대답하지 아니하시는지라"(삼상 14 : 36-37). 곧 사울은 큰 소리로 불평하며 하나님께 죄를 지은 자가 누구인지 색출해 내겠다고 선언한다. "내 아들 요나단에게 (죄가) 있다 할지라도 반드시 죽으리라"(삼상 14 : 39). 그리고 나서 제비를 뽑았는데, 요나단과 사울이 뽑혔다(삼상 14 : 41). 또다시 누구에게 죄가 있는지 가리겠다며 제비를 뽑았더니 요나단이 뽑혔다. 사울이 무슨 짓을 했는지 말하라며 추궁하자, 요나단은 솔직하게 대답했다.

모호함

"내가 다만 내 손에 가진 지팡이 끝으로 꿀을 조금 맛보았을 뿐이오나 내가 죽을 수밖에 없나이다 사울이 이르되 요나단아 네가 반드시 죽으리라 그렇지 않으면 하나님이 내게 벌을 내리시고 또 내리시기를 원하노라 하니 백성이 사울에게 말하되 이스라엘에 이 큰 구원을 이룬 요나단이 죽겠나이까 결단코 그렇지 아니하니이다 여호와의 살아 계심을 두고 맹세하옵나니 그의 머리털 하나도 땅에 떨어지지 아니할 것은 그가 오늘 하나님과 동역하였음이니이다 하여 백성이 요나단을 구원하여 죽지 않게 하니라 사울이 블레셋 사람들 추격하기를 그치고 올라가매 블레셋 사람들이 자기 곳으로 돌아가니라"(삼상 14 : 43-46).

하나님께서 제비뽑기를 통해 사울의 본성을 밝히신 후에도 여전히 율법주의로 일관하는 사울의 모습이 또다시 보인다. 제비를 뽑는 과정에서 사울은 계속 다른 사람의 죄를 지적하는 한편, 자신은 죄가 없다고 항변한다. 요나단은 자신이 아버지의 경솔한 맹세를 범했다고 자백했다. 사울은 말도 안 되는 약속을 남발하면서 하나님께 잘 보이려는 데 집착한 나머지 이스라엘 군사들이 다 아는 진실을 놓치고 말았다. 요나단이 "오늘 하나님과 동역하였음"(삼상 14 : 45)을 말이다. 다행히도 사람들의 합리적 답변 덕분에 요나단은 사울의 무분별한 가식에서 해방된다. 다른 율법주의자들과는 달리, 사울은 자신의 어리석음이 분명한 언어로 표현되었을 때 듣고 깨달을 수 있었던 것 같다. 적어도 이번에는 말이다.

예수님이 가르치실 때 율법주의를 반대하셨던 것도 무리는 아니다. 하지만 흥미롭게도, '팔복'과 같은 설교를 하실 때는 제자들에게 상당한 제한을 가하셨다. "옛사람에게 말한바 살인하지 말라 누구든지 살인하면 심판을 받게 되리라 하였다는 것을 너희가 들었으나 나는 너희에게 이르노니 형제에게 노하는 자마다 심판을 받게 되고 형제를 대하여 라가라 하는 자는 공회에 잡혀가게 되고 미련한 놈이라 하는 자는 지옥 불에 들어가게 되리라"(마 5 : 21-22)라고 말씀하시거나, "또 간음하지 말라 하였다는 것을 너희가 들었으나 나는 너희에게 이르노니 음욕을 품고 여자를 보는 자마다 마음에 이미 간음하였느니라"(마 5 : 27-28)라고 말씀하셨다. 예수님이 요구하시는 짐의 무게와 바리새인 및 사두개인의 요구가 다른 이유가 있다. 예수님이 죄를 폭넓게 정의하신 이유는 개인을 높이시려는 것이 아니라 다른 사람을 보호하시려는 의도였다. 예수님은 사람들이 원한을 품어 폭력으로 이어지지 않도록 노력하셨다. 남성이 정욕을 통제할 책임은 그 자신에게 있다고 말씀하시면서 여성을 존중하셨다. 예수님은 남편이 이혼을 요구할 수 있는 근거를 간음으로 제한하심으로써 다시 한번 여성을 존중하셨다. 이혼의 정의를 확장한 이유는 앞선 베스의 사례처럼 사람들을 안전하지 못한 상황에 묶어 두려는 것이 아니었다. 극도로 가부장적인 사회에서 이런저런 트집을 잡아 여성들이 버림받지 않게, 여성이 은신처나 보호망 없이 유기되지 않게 하시려는 것이었다(마 5 : 31-32). 예수님은 사람들에게 과장하며 맹세하기보다 맹세를 지키는 데 더 신경 쓰라고 하셨다(마 5 : 33-37). 또 이웃을 사랑할 뿐 아니라 원수까지도 사랑하라고 하셨다(마 5 : 43-44). 예수님은 율법을 문자 그대로의 정의보다 더 넓게 적용하셨으며, 자기 자신을 높이는 것이 아니라 다른 사람을 높이셨다. 제자들에게 남을 용서해 주라고, 절제, 정절, 자기 자신을 사랑하라고, 다른 사람에게 죄를 전가하지 말라고 하셨다.

예수님은 '의로움'을 율법주의로 해석하는 종교계의 권력 구조를 무너뜨리기 위해 최선을 다하셨다. 그럼에도 불구하고 오늘날 많은 사람들이 여전히 종교 전통이나 스스로 가하는 도덕적 제약과 씨름하고 있다. 하나님의 뜻이 모호하게 보일 경우, 완고한 율법에서 안정감을 얻을 수 있다. 일부 율법이 선하다면, 더 많은 율법을 두는 것이 낫지 않겠는가? 그래서 우리는 어떤 행동은 해야 하고, 어떤 것은 하지 말아야 한다는 규제와 제한을 더 많이 만들어 내기 시작한다. 하지만 하나님께서 각 단계를 일일이 가르쳐 주시는 것은 아니기 때문에, 우리도 그 과정에서 성급하고 부주의하게 행동하여 웃사 같은 결말을 맞이하게 될까 두려워한다. 그 결과 우리는 순수한 동기와 의도로 쓸데없이 율법의 울타리를 세운다. 그럴 때 우리는 개인 율법주의에 직면하게 된다.

개인 율법주의는 어떤 사람이 자신의 지위나 권력을 확대하려는 방편일 수 있다. 어느 한 개인이 자신을 다른 사람들보다

'훨씬 더 거룩'하다고 여기면서 일반적인 수준보다 더 높은 기준을 적용하는 것이다. 아론의 자손들만 제사장이 될 수 있게 했던 것도 율법을 교만한 방식으로 적용한 것이다. 하지만 이처럼 일반적인 기준보다 더 심하게 규제하는 태도는 지나친 겸손에서, 하나님을 기쁘시게 하려는 진실한 욕구에서 우러나오기도 한다.

목회자의 아내였던 애비는 남편이 여러 차례 바람을 피워 이혼했음에도 불구하고 그런 어려움을 겪었다.

"저 자신을 지나치게 규제했어요. 십 대 때 혹시라도 이혼한다면 절대로 재혼하는 일은 없을 거라고 마음먹었어요. 다른 사람이 그렇게 살아야 한다고는 생각하지 않았지만, 저는 제가 했던 다짐을 지켜야 한다고 생각했어요. 하나님 앞에서 약속했으니까요. 결국 이혼했고, 서약한 대로 살아야겠다고 생각했죠. 그런데 (이혼 후 몇 달이 지나고 나서) 하나님께서 한밤중에 분명하게 말씀하시는 것을 느꼈어요. '더 이상 그런 서약에 매달릴 필요 없다. 성경에 그 율법이 기록된 때였다면 네 남편은 돌에 맞아 죽었을 것이다. 이제 너는 과부로서 보호받아야 한다.' 하나님의 목소리를 들은 것은 아니었어요. 하지만 그분이 제가 스스로 짊어진 짐을 내려놓게 하신다는 것을 분명히 느꼈어요."

애비가 발견한 것처럼 스스로 짊어진 금욕주의를 극복하는 방법은 의도하지 않게 지은 죄 때문에 벌 받을까 두려워하고, 긴장하며, 불안해하는 대신 하나님 안에서 자유와 기쁨을 찾는 데 집중하는 것이다.

———— 모호함

우리는 누가복음 17장에서 동화 속 복수심 가득한 요정과 상반되는 하나님의 이야기를 본다. 짧은 이야기지만 내포하는 것이 많다.

"예수께서 예루살렘으로 가실 때에 사마리아와 갈릴리 사이로 지나가시다가 한 마을에 들어가시니 나병환자 열 명이 예수를 만나 멀리 서서 소리를 높여 이르되 예수 선생님이여 우리를 불쌍히 여기소서 하거늘 보시고 이르시되 가서 제사장들에게 너희 몸을 보이라 하셨더니 그들이 가다가 깨끗함을 받은지라 그 중의 한 사람이 자기가 나은 것을 보고 큰 소리로 하나님께 영광을 돌리며 돌아와 예수의 발아래에 엎드리어 감사하니 그는 사마리아 사람이라 예수께서 대답하여 이르시되 열 사람이 다 깨끗함을 받지 아니하였느냐 그 아홉은 어디 있느냐 이 이방인 외에는 하나님께 영광을 돌리러 돌아온 자가 없느냐 하시고 그에게 이르시되 일어나 가라 네 믿음이 너를 구원하였느니라 하시더라"(눅 17 : 11-19).

그 나병환자들은 제사장 앞에 도착할 때까지 기다릴 필요도 없었다. 가는 길에 병이 다 나았기 때문이다. 그런데 그중 한 사람은 무슨 일이 벌어졌는지 깨닫자마자 예수님에게 돌아왔다. 제사장들에게 가기 전에, 먼저 예수님에게 감사드리려고 했던 것이다. 예수님은 그가 불순종했다고 꾸짖기보다 회복을 기뻐하고, 감사하며, 진실하게 예배하고자 했던 그 사람의 즉각적인 행동을 칭찬하셨다. 한술 더 떠서 다른 사람들은 왜 돌아오지 않느냐고 묻기까지 하셨다.

자, 이 이야기에서 우리가 얻어야 할 교훈은 무엇인가? (이제는 깨끗해진) 나병환자가 돌아와 감사함으로써 "하나님의 말씀을 더했다."일까? 엄밀히 말하면, 그는 예수님의 명령에 곧이곧대로 순종하지 않았다. 아니면 이것을 가능한 가장 솔직한 방식으로 하나님과 관계 맺으려는 순수한 동기에서 찬양하는 사례로 여겨야 할까?

이 본문에서 흥미로운 점은 대열에서 빠져나온 그 남성이 이스라엘 사람이 아니었다고 굳이 두 번이나 설명한다는 것이다. 우선 본문에서 "그는 사마리아 사람이라"(16절)라고 하였고, 또 예수님은 "이 이방인 외에는 하나님께 영광을 돌리러 돌아온 자가 없느냐"(18절)라고 하셨다. 사마리아인은 북부 지역에 거주하는 셈족 계열의 민족이었다. 하지만 야훼(YHWH)라는 유일신을 섬긴다는 공통점이 있음에도 불구하고 민족적·종교적 차이 때문에 기원전 3~4세기경 주류 이스라엘 민족에게서 떨어져 나갔다. 사마리아인과 유대인의 결정적인 차이는 사마리아인이 유대인의 구약성경 중 모세오경만 거룩하다고 인정한다는 점, 특히 다윗 왕에 관한 내용을 거부한다는 점이다. 그 이유는 다윗이 유대인의 수도를 사마리아의 세겜에서 예루살렘으로 옮겼기 때문이다. 다시 말해, 이 '이방인'은 사무엘하 또는 역대상에 나오는 웃사 이야기를 알지 못한다는 말이다. 물론 이것은 추측에 불과하다. 하지만 이 남성만 혼자 대열에서 빠져나올 수 있었던 이

모호함

유는 그가 남들과 동일한 문화적 배경을 공유하지 않았기 때문일 수도 있다. 그는 '무언가에서 벗어나기' 위해 또는 규칙을 무시하기 위해 예수님의 가르침을 율법주의적으로 해석하지 않았다. 예수님의 친절한 마음을 인정하고, 하나님을 찬양하기 위해, 그리고 감사한 마음을 표현하기 위해 자연스럽게 우러나는 대로 행동했다. 감사에서 우러난 그의 불순종은 그렇게 존중받았다.

30대 교사인 마르코는 문화적 배경 때문에 겪는 고충을 아래와 같이 설명한다.

"저는 무슨 말이든 '하나님의 뜻이라면'으로 끝맺는 가족에게서 태어났습니다. 어떤 상황이든 가능한 모든 관점에서 살펴보지 않으면 어떤 결정도 내릴 수 없었죠. 제가 계획적인 사람이거나 생각이 깊은 사람이라는 말이 아닙니다. 하지만 어떤 결정을 내리기 전에 모든 관점에서 상상해야 하는 상황이 너무 답답했습니다. 햄릿에게 '결정 장애'가 있었다는 것을 아시지요? 햄릿은 어떤 결정을 내리기 전에 기나긴 독백을 하며 앞으로 해야 할 일을 중얼거리지 않습니까? 저도 그와 같았습니다. 본능적으로는 옳은 일이라고 생각하면서도, 내 결정이 하나님을 화나게 할까 두려운 나머지 모든 상황을 이리저리 살펴봐야 할 것 같았습니다. '만약 ······라면?'이라는 가정이 수없이 저를 둘러싸고 압박해서 막상 해야 할 일을 하지 못한 적도 있었지요. 가만히 들여다보면 하나님 앞에 문제 될 만한 이유를 늘 발견할 수 있었고, 문제되는 행동을 하면 제가 하나님의 뜻 바깥으로 나가게 되니까요.

늘 기드온과 양털(삿 6 : 36-40) 이야기를 생각하곤 했습니다. 기드온이 하나님의 뜻을 확신하기 위해 하나님께 매번 다른 증거를 보여 달라고 요청하던 이야기 말입니다. 저도 할 수만 있다면 기드온처럼 하나님의 뜻을 분명히 알 때까지 그렇게 하고 싶었습니다. 적어도 나 자신은 그런 증거들이 무엇을 말해 주는지 확신할 수 있을 테니까요. 하지만 하나님께서는 그런 식으로 역사하지 않으신다는 것이 문제입니다."

마르코는 다른 사람들과 마찬가지로 "우리가 알아서 하는 행동이 어떨 때 하나님의 뜻을 거스르고, 어떨 때 영감을 받은 행동이 되는가?"를 고민했다. 이런 때 많은 이들은 창세기 16장을 언급하곤 한다. 이는 아브라함과 사라가 여종 하갈을 첩으로 삼는 장면으로, '여호와 기다리기'에 실패해서 곤란에 처한 사례이다. 이 책 7장에서 볼 수 있듯이, 애초에 아브라함은 그의 자손이 태어난다는 약속만 받았을 뿐, 사라는 언급되지 않았다. 아브라함은 아이의 아버지가 될 것이라는 말을 들었지만, 사라는 이미 완경을 했으므로 그 약속을 이루기 위해 그들의 문화권에서 흔히 행하는 다른 방법을 찾았다(종의 소유권과 동의 같은 문제가 있었음에도).[8] 그 결과 가족 내부에 큰 불화가 생겨 두 민족이 서로 반목하게 되었다. 하지만 성경 어디에서도 이스마엘이 태어나지 말았어야 할 아이라거나 하나님의 계획이 아니었다고 이야기하지 않는다. 사실대로 말하자면, 하나님께서는 창세기 21장에서 이스마엘의 목숨을 살리기 위해 특별히 애쓰신다. 그렇다면 우리의 기도와 행동은 언제 하나님과의 관계를 좋게 만들고, 언제 우리를 실패로 몰아넣는가?

안타깝게도, 마르코가 보여주듯 우리는 하나님과 강경한 논쟁을 벌일 때 그분의 뜻을 존중하고 두려워한 나머지 아무것도 하지 않는 것이 우리의 유일한 선택지라고 여길 수 있다. 하지만 그런 식으로 두려워하면서 아무것도 하지 않는 모습은 요한복음 10장에서 약속하는 '풍성한 삶'이라고 하기 어렵다. 우리는 살아가면서 결정을 내려야 한다. 자신이 옳다고 생각한 대로 행동한 결과, 값비싼 대가를 치러야 했던 사람들도 많았던 반면, 자신이 속한 사회를 다스리던 종교 조직을 와해시키는 대담한 선택을 내리고도 괴로워하지 않았던 사람들도 많다. 이들은 사람들을 통제하는 데 활용되는 율법주의를 두려워하지 않고, 자신이 내린 결정에 하나님께서 복을 주시리라고 확신하며 행동했다.

사사기 4장은 매 순간 용감하게 행동한 한 사람을 칭찬한다. 이스라엘의 사사였던 드보라는 납달리족의 바락을 불러내 하나님께서 그를 장군으로 선택하셔서 이스라엘 군대를 이끌고 가나안 군대의 장관 시스라에 맞서게 하셨다고 선포한다. 그러나 바락은 적군을 그의 손에 넘기시겠다는 하나님의 약속과 전투 계획을 듣고 나서도 하나님께서 맡기신 임무를 조건부로 받아들이면서 망설임 가득한 목소리로 대답한다. "만일 당신이 나와 함께 가면 내가 가려니와 만일 당신이 나와 함께 가지 아니하면 나도 가지 아니하겠노라"(삿 4:8). 그러자 드보라가 말했다. "내가 반드시 너와 함께 가리라 그러나 네가 이번에 가는 길에서는 영광을 얻지 못하리니 이는 여호와께서 시스라를 여인의 손에 파실 것임이니라"(삿 4:9). 바락은 단호하게 행동하는 대신 주어진 임무에 망설이며 얼버무렸다. 그 때문에 '이번에 가는 길'에서 영광을 누리지 못했다. 이스라엘은 승리할 것이지만, 그것이 바락의 승리는 아니었다.

그 대신 겐 사람 헤벨의 아내 야엘이 그 영광을 누리게 된다. 그들은 두 영토 사이에 낀 경계인이었다. 가나안과도 우호적이었고, 이스라엘과는 멀리 모세의 장인과 연결된 관계였다. 하지만 야엘과 헤벨은 가까운 지역의 가나안 왕과 우호적인 관계에 있었기에 다른 겐 사람들과 멀리 떨어진 지역에 살고 있었다. 때문에 시스라가 전장에서 빠져나와 야엘의 장막에 숨었고, 야엘은 그에게 두꺼운 이불을 덮어 주며 우유를 내주었던 것이다. 그러고는 그가 잠들기를 기다린 뒤에 장막의 말뚝을 그의 관자놀이에 박아 버렸다. 드보라는 야엘의 용기를 보고 "다른 여인들보다 복을 받을 것"이라며 칭찬한다(삿 5:24).

현대 독자들은 잔인한 이 본문에 깜짝 놀랄 것이다. 하지만 고대의 독자들은 오늘날과 사뭇 다른 이유로 깜짝 놀랐을 것이다. 야엘이 손님을 접대하는 문화적 규율을 어겼기 때문이다. 그리스어로 '제니아'(xenia)라고 불리는 이 규율은 고대 근동과 지중해 지역에서 보편적으로 시행되었다. 낯선 사람을 환영하고, 그가 집에 손님으로 남아 있는 경우, 주인은 그를 보호하고 위험을 막아야 했다. 레위기 19 : 33~34, 신명기 10 : 19, 에스겔 47 : 22 등의 말씀도 이방인을 잘 대접하라고 명령한다. 아브라함이 그의 장막에 자주 찾아왔던 천사들을 잘 대접하려고 했던 장면도 이러한 문화적 규율로 설명된다. 창세기 19장에서 문제가 되는 소돔 성 이야기와 하나님의 분노도 마찬가지다. 롯의 집에 손님으로 머물던 천사들을 넘기라고 요구하던 소돔 성 남자들은 거룩한 규율인 제니아를 위반했고, 그 결과 눈이 멀게 되었다(창 19 : 11).

시스라가 야엘에게 물을 달라고 청하자, 야엘은 물 이상으로 귀한 우유를 대접했다. 다음 장에서 드보라는 야엘을 찬양하며 그런 행동이 얼마나 중요했는지를 말한다.

"시스라가 물을 구하매 우유를 주되 곧 엉긴 우유를 귀한 그릇에 담아 주었고"(삿 5 : 25).

시스라는 문화적 규율에 따라 자신을 존중받는 손님으로 여겼다. 야엘이 자기를 가족처럼 대접하고 있다고 여겼기에 장막 문 앞에 서서 망을 보게 했던 것이다. 야엘이 자신을 가족처럼 보호해 주리라고 기대했던 것이 분명하다.

야엘은 제니아라는 문화적 관습을 어기고 성경에서 금하는 행동을 함으로써 하나님을 분노하게 하지 않을까, 어떤 대가를 치르게 될까 고민하는 대신, 자신이 무슨 일을 해야 하는지 바로 알아채고 그대로 행동한다. 사사기는 이스라엘의 율법과 질서의 역사를 기록한 책이다. 그런 사사기를 쓴 기자가 문화적 관습과 율법 모두를 위반하는 야엘의 행동을 칭찬한 것에는 중요한 의미가 있다. ("살인하지 말라.") 그럼에도 불구하고 야엘은 이 사건의 영웅으로 칭송받고, 뒤이은 노래에서도 칭찬받는다. 바락이 망설이지만 않았다면 그 영광을 누렸으리라.

사무엘상 25장에 나오는 아비가일도 율법을 따르기보다 필요에 따라 재빠르고 지혜롭게 처신한 사례를 보여준다. 다윗은 바란 광야에서 지내다가 나발이라는 부자에게 사람을 보낸다. 나발의 아내였던 아비가일은 지혜롭고 아름다운 여성이었다. 다윗이 보낸 사람들은 나발에게 왕이 최근 나발의 사람들을 돌보아 주었다는 사실을 상기시키며 왕과 그 사람들을 대접해 달라고 요청했다. 하지만 나발은 본문에서 묘사된 대로 '완고하고 행실이 악한' 사람이었다(삼상 25 : 3). 따라서 다윗의 사람들에게 큰 소리로 모욕을 주었다.

당연히 왕은 그처럼 모욕적인 말을 전해 듣고 화가 잔뜩 났다. 그는 나발의 가족 중 남성을 모두 죽이기 위해 자기 사람 사백 명을 준비시켜 떠나는 것으로 경솔하게 과잉 반응했다. 참으로 다윗다운 방식이었다. 이때 나발의 하인이 아비가일에게 무슨 일이 있었는지 모두 고하자, 아비가일은 한 치의 망설임도 없이 행동에 나섰다. 순종적인 아내라면 잠잠히 앉아서 고민만 했을 것이다. 하지만 아비가일은 먹을거리를 푸짐하게 준비해서 다윗을 만나러 떠난다. 남편에게는 그런 사실을 말하지도 않았다(삼상 25 : 18-19). 마침내 왕을 만난 아비가일은 왕 앞에 꿇어앉아 통곡한다. "원하옵나니 내 주는 이 불량한 사람 나발을 개의치 마옵소서 그의 이름이 그에게 적당하니 그의 이름이 나발이라 그는 미련한 자니이다"(삼상 25 : 25). 그러고는 재빨리 다윗을 찬양하며 그런 식으로 경솔하게 행동하는 것이 부당하다고, 나중에 하나님께서 그를 후대하실 때 "내 주께서 무죄한 피를 흘리셨다든지 내 주께서 친히 보복하셨다든지 함으로 말미암아 슬퍼하실 것도 없고 내 주의 마음에 걸리는 것도 없으시리니"(삼상 25 : 31)라고 간청했다.

이 여성은 창피한 줄도 모르고 뻔뻔하게 사람들 앞에서 남편을 깎아내린 데다가, 왕을 향해 무모하며 성급하다고 했다. 다윗은 어떤 반응을 보였는가?

"오늘 너를 보내어 나를 영접하게 하신 이스라엘의 하나님 여호와를 찬송할지로다 또 네 지혜를 칭찬할지며 또 네게 복이 있을지로다 오늘 내가 피를 흘릴 것과 친히 복수하는 것을 네가 막았느니라"(삼상 25 : 32-33).

다윗은 아비가일의 불순종이나 순종을 칭찬하지 않았다. 하나님의 마음에 합한 자였던 그는 이렇게 말했다. "네 지혜를 칭찬할지며" 아비가일은 자신의 지혜와 본능을 따라 재빠르게 행동했다. 율법에 얽매이거나 문화적 관습을 추종하지 않았다. 그러고는 칭찬을 받았다.

누가복음 5장과 마가복음 2장에서도 우리는 침상을 메고 온 친구들 덕분에 예수님에게 고침을 받았던 한 남성의 이야기를 본다. "한 중풍병자를 사람들이 침상에 메고 와서 예수 앞에 들여놓고자 하였으나 무리 때문에 메고 들어갈 길을 얻지 못한지라 지붕에 올라가 기와를 벗기고 병자를 침상째 무리 가운데로 예수 앞에 달아 내리니"(눅 5 : 18-19). 그 남성과 친구들은 소심하게 행동하지 않았다. 새치기를 하고, 남의 집 천장에 구멍을 뚫은 데다가 예수님의 코앞에 사람을 던져 놓으면서 남을 불편하게 해 놓고도 미안하다고 말하지 않았다. 그 친구들은 무슨 일을 해야 하는지, 감당할 수 있는 일이 어디까지인지 알아채고는 그대로 행동했다. 예수님은 거기에 반응하셨다.

가끔 우리는 정답이 없을 때 성령님이 우리를 인도하시도록 믿고 맡기는 대신, 신실한 그리스도인이 되려는 열망이 본능인 이성을 억누른다고 느낄 때가 있다. 당신이 성장한 문화권에서 애매모호한 이야기로 율법주의적인 결론을 끌어내거나, 특정한 행동양식을 엄격하게 따르도록 성경에서 끌어온 이야기로 주의를 주는 경향이 강하다면(그런 이야기들은 예수님의 가르침에 어긋나는 경우도 있다.), 당신은 스스로 내린 결정이 무가치하다고 느끼거나 자신감을 잃게 될 정도로 폄하될 수 있다. 행여 옳고 그름의 이분법을 벗어날까 봐 행동하기를 두려워한다면, 우리는 하나님의 형상 안에서 지속적으로 성장하며 성숙하기보다, 더듬거리는 멍청이가 되기 쉽다.

우리는 왜 웃사가 죽어야 했는지 그 이유를 모른다. 하나님께서 요나와 이스마엘을 향해 궁극적으로 어떤 계획을 갖고 계셨는지도 알지 못한다. 하지만 중요한 것은 그것을 이해하지 못한다 해도 우리가 구원받았다는 사실은 달라지지 않는다는 점이다. 하나님께서 모호하시다는 이유로 우리가 행동하지 못할 것은 없다. 그리스도인이라고 해서 매 순간 올바른 선택을 내려야 하는 것도 아니다. 그리스도인은 하나님과의 관계 그리고 주변 사람들과의 관계 안에서 성장해야 한다. 우리 자신에게, 그리고 남들에게 완벽을 요구한다면, 늘 웃음거리가 되고 말 것이다. 누구의 기준에서 '완벽'해야 한다는 말인가? 누가 어떤 기준으로 평가한다는 말인가? 게다가 은혜를 무시하게 된다. 우리는 삶으로 부르심을 받았다. 이것은 선택을 할 때나 행동을 취할 때 정답이 없더라도 그렇게 해야 한다는 말이다. 우리가 할 수 있는 것은 율법주의가 두려워 우물쭈물하면서 결국 아무런 결정도 내리지 않고 가만히 있는 것이 아니라 그 순간 가능한 최선의 선택을 내리는 것이다. 올바름에만 집착하면 선을 행할 기회를 놓치게 될지도 모른다.

요나 끝부분을 보면, 요나는 니느웨 성 바깥에서 여전히 뾰로통해 있다. 앞으로 성안에 사는 수천 명의 사람들이 맞이하게 될 미래가 신경 쓰여서라기보다 자신에게 편안함을 제공했던 박녕쿨이 없어졌다는 사실에 화가 났기 때문이다. 그 이야기의 결말이 어떻게 되었는지 더 이상의 설명은 없다. 성안의 사람들에게 무슨 일이 벌어졌는지도 알 수 없고, 요나가 변화되어 구원받았다는 말도 없다. 그냥 그렇게 이야기는 끝이 난다. 우리의 마음이 율법주의에 매여 있다면, 요나의 이야기는 만족할 만한 피날

레가 아닐지도 모른다. 우리가 의로움에 너무 집착한 나머지 눈앞의 인간성을 놓쳐 버린다면, 하나님께서 우리에게 하실 일이 없고, 우리는 바람직하게 성장하거나 발전하지도 못할 것이다.

모호함

7장
방치

더 이상 곁에 계시지 않는 것 같은 하나님

창세기 17장

역대하 32 : 27~31

요한복음 11 : 1~44

성경은 하나님께서 절대 우리를 떠나지 않으실 거라고, 그분의 백성을 저버리지 않으실 거라고 수백 번도 넘게 이야기한다. 그럼에도 불구하고 우리는 살아가면서 하나님께 버림받고 방치된 듯한 고통을 피할 수 없다. 그럴 때 우리는 '조금 더 믿음이 있었다면, 죄를 덜 지었다면, 더 많이 기도했다면, 더 많이 나누었다면 하나님의 임재를 느낄 수 있었을 텐데.' 하고 생각한다. 야고보도 이렇게 말하지 않았던가. "하나님을 가까이하라 그리하면 너희를 가까이하시리라"(약 4 : 8). 하지만 아무리 금식하거나 기도해도, 죄를 자백하고 정화하려고 해도 상황이 바뀌지 않을 때가 있다. 하나님께 우리를 내버려 두지 마시기를 간절히 기도하지만, 풀벌레 소리만 되돌아올 뿐이다.

다윗 왕은 평생 그런 느낌에 시달려야 했다. 다윗은 시편에서 마음을 쥐어짜는 구절을 쓰면서 느낀 비참한 감정을 깊은 수렁에 비유한다. 이것은 수많은 사람이 고통에 시달릴 때 느끼는 감정과 놀랍도록 흡사하다. 시편 13편에서 다윗은 다음과 같이 흐느낀다.

"여호와여 어느 때까지니이까 나를 영원히 잊으시나이까 주의 얼굴을 나에게서 어느 때까지 숨기시겠나이까 나의 영혼이 번민하고 종일토록 마음에 근심하기를 어느 때까지 하오며 내 원수가 나를 치며 자랑하기를 어느 때까지 하리이까"(시 13 : 1-2).

시편 42편에서도 다윗은 비슷한 감정을 표현한다.

"내 반석이신 하나님께 말하기를 어찌하여 나를 잊으셨나이까 내가 어찌하여 원수의 압제로 말미암아 슬프게 다니나이까 하리로다 내 뼈를 찌르는 칼같이 내 대적이 나를 비방하여 늘 내게 말하기를 네 하나님이 어디 있느냐 하도다"(시 42 : 9-10).

사실 시편에 개인의 애도가 등장하는 횟수는 서른 번에 달하며, 공동체의 애도는 열두 번이 넘는다. 138편에는 흥미로운 구절이 보인다.

"여호와께서 나를 위하여 보상해 주시리이다 여호와여 주의 인자하심이 영원하오니 주의 손으로 지으신 것을 버리지 마옵소서"(시 138 : 8).

언뜻 보기에 이 구절은 결국 하나님께서 승리하실 것을 재확인하는 것처럼 보인다. 주님 안에서 완전한 확신을 가질 수 있다고, 본문에서 바로 그렇게 말하고 있다! 하지만 이 문장은 "주의 손으로 지으신 것을 버리지 마옵소서"라는 애원으로 끝맺는다.

마치 저자가 방금 앞 문장을 쓰고서 스스로 설득하려는 듯하다. "하나님은 그분의 뜻을 따라 제 상황을 헤아려 주실 겁니다. 그렇지요? 설마 저를 잊지는 않으시겠지요?" 이 말은 그다지 위로가 되지는 않는다. '하나님의 마음에 합한 자'라는 다윗도 하나님께 버림받은 기분을 많이 느껴 본 듯하다.

하나님의 임재를 느끼기 위해 열심히 기도하고 금식했는데도 침묵만 돌아올 때, 우리는 어떻게 반응하는가? 우리는 "하나님께서 멀리 계시는 것처럼 느껴지면, 누가 멀어진 거겠어?"(역자주 : 멀어진 건 우리지, 하나님이 아니라는 의도)라고 말하는 사람들에게 어떻게 대답하는가? 예레미야 33 : 3의 "너는 내게 부르짖으라 내가 네게 응답하겠고"와 같은 약속이 고통스러워하는 우리를 조롱하는 것처럼 보인다면 어떻게 해야 할까?

"하나님께서는 우리를 절대 혼자 내버려 두지 않으신단다." 주변 사람들이 선한 의도에서 위로하는 말을 한 번쯤 들어 본 적이 있을 것이다. 하지만 재미있는 사실은 하나님께서 신실한 종들에게 한동안 물리적으로 거리를 두시는 장면이 성경에 여러 번 나타난다는 것이다. 첫 번째 사례는 창세기 17장에 나온다. 하나님께서 할례의 언약을 세우시고 아브람의 이름을 아브라함으로, 사래의 이름을 사라로 바꾸시면서 그의 후손에 관한 이전의 약속을 재확인하시는 장면이다. 이전의 약속은 오직 아브라함만 대상으로 했지, 그의 아내는 언급되지 않았다. 단지 이렇게 말씀하셨을 뿐이다. "그 사람이 네 상속자가 아니라 네 몸에서 날 자가 네 상속자가 되리라"(창 15 : 4). 상속자는 아브라함의 씨에서 나올 것이었지만, 사라에게 그 약속이 주어지지는 않았다. 하나님께서는 그로부터 13년이 지나 여종 하갈을 첩으로 들인 뒤 문제가 발생하고 나서야 상속자가 될 아이에 관한 설명을 보태신다. 그런데 이때 주신 약속은 더더욱 가능성이 희박해 보인다. 이미 완경기를 지난 사라의 몸에서 아이가 태어난다니.

   이 이야기는 그로부터 40세대(역자주 : 한 세대를 30년으로 치면 대략 1,200년)나 지나서 선포되는 예수님의 탄생과 거울처럼 맞닿아 있다. 예수님의 탄생도 아브라함과 사라처럼 불가능한 상황이었는데, 이번에는 결혼하지 않은 어린 처녀가 언약의 아이를 낳게 된다는 것이었다. 복음서에서는 마리아가 그러한 선포를 듣자마자 메시야를 잉태했다고 한다. 하나님께서 인간 중에 나타나신다는, 오랫동안 기다려 온 예언이 마침내 이루어지는 순간이었다. 하지만 창세기에서는 그 반대 상황이 벌어진다. 전능자께서 선택받은 인간의 몸에 거하시는 것이 아니었다. "하나님이 아브라함과 말씀을 마치시고 그를 떠나 올라가셨더라"(창 17 : 22). 다시 말해, 하나님께서 떠나셨다. 여기서 '떠나 올라가셨다'라는 원문은 여러 가지로 해석될 수 있다. '동틀 때(창 19 : 15)의 아침 해'처럼 위로 떠오른다거나 '옹기 가마의 연기같이'(창 19 : 28) 치솟을 수도 있다. 아니면 "아브람이 애굽에서⋯⋯ 네게브로 올라가니"(창 13 : 1), 혹은 소알을 떠난 롯(창 19 : 30)의 동작을 설명하는 데 쓰이기도 한다. 원문의 개념으로 이해하자면, 이전의 어떤 상태에서 떠나는 동작이다. 창세기 17장의 경우, 하나님께서 아브라함과 함께 계시다가 자리를 뜨셨다. 바로 다음 장에서 하나님께서 다시 아브라함에게 나타나신 것을 보아 공백은 매우 짧았을 것으로 보인다. 하지만 하나님께서 아브라함에게 나타나셨다가 갑자기 떠나셨다는 사실, 게다가 너무나도 별난 약속을 하시고 나서 곧바로 떠나셨다는 사실이 흥미롭다. 그 약속이 어찌나 충격적이었는지, 아브라함도 웃고 말았다(창 17:17). 몇 구절 뒤(창 18:12)에 그 약속이 다시 선포될 때 사라도 듣고 웃을 정도였다. 그렇다면 하나님께서 아브라함과 사라를 '떠나 올라가셨'던 이유는 우스울 정도로 어처구니없는 상황에서 하나님의 종들이 어떻게 반응하는지, 그들의 믿음이 어떠한지 시험하시려는 의도였을 수 있다.

하나님께서 잠시 자리를 비우셨던 이야기에서 신학적 교훈을 이끌어 내는 것이 지나친 억지라고 생각된다면 또 다른 본문을 들여다보자. 역대하 32장은 운이 참 좋아 보이는 히스기야 왕의 이야기다. 성경은 그를 두고 "부와 영광이 지극한지라"(대하 32:27), "히스기야가 그의 모든 일에 형통하였더라"(대하 32:30)라고 한다. 그런데 복을 받은 삶의 전형으로 보이는 히스기야조차 방치되는 시간을 경험해야 했다. 히스기야가 바벨론에서 온 공식 사절단을 만나야 했을 때였다(당시 바벨론은 주변 지역에서 가장 강력하고 두려운 제국이었다). 신경이 곤두설 정도로 중대한 시기였지만 하나님께서는 그에게 힘을 더 보태거나 든든하게 후원하지 않으셨다. 오히려 그 반대였다. "하나님이 히스기야를 떠나시고 그의 심중에 있는 것을 다 알고자 하사 시험하셨더라"(대하 32 : 31). 본문의 이 구절은 모호함 없이 분명하게 동사를 사용한다. 이 동사는 시편 22 : 1 "내 하나님이여 내 하나님이여 어찌 나를 버리셨나이까"에서 사용된 것과 동일한 어원이다. 예수님이 십자가 위에서 하셨던 말씀과도 동일하다. 하나님께서는 잠깐 옆으로 물러나 계셨던 것이 아니었다. 히스기야를 완전히 떠나셨다.

그렇다면 우리는 하나님께서 절대 우리를 떠나지 않으신다는 우리 주변의 선한 목소리들을 어떻게 이해해야 할까? 상황은 그 반대로 보이는데 말이다. 하나님의 임재를 약속하는 말씀들이 허무하게 들릴 때, 우리는 어떻게 반응해야 할까? 무엇보다 하나님께서 언제 우리를 시험하시는지 또는 거부하시는지를 어떻게 알 수 있을까? 특히 그 두 가지가 비슷해 보일 때 말이다. 사랑의 하나님과 우리를 홀로 내버려 두시는 하나님의 이미지를 조화시키기란 어려운 일이다. 이것을 아이의 자전거에서 보조 바퀴를 떼어 내고 혼자 내달리게 하는 부모와 같다고 단순하게 설명할 수는 없다. 자전거가 삐걱대면 근육을 쓰기 어렵고, 아이는 쓰러져 도로에 부딪힌다. 하나님께서는 정말로 우리의 모든 필요를 아시는, '참새도 먹이시는' 친절한 부모가 맞을까? 아니면 우주를 창조하신 절대자이자 유일신으로서 모든 사물을 움직이게 하시고는 정해진 규칙대로 잘 돌아가는지 한 발 뒤로 물러서서 지켜보시는 것일까?

아마도 당신은 스스로 이런 질문을 던지고는 반항심이나 죄책감을 느꼈을지도 모른다. 복음주의 전통에서 자란 우리에게 하나님이 어딘가 부족하다는 생각은 삶의 모든 세세한 부분까지 다 아신다는 하나님 개념을 부정하는 것과 마찬가지로 여겨진다. 50대 전업주부인 리타는 자기 경험을 다음과 같이 설명한다.

"몇 년 전 제가 너무 힘든 상황에 처했을 때 다른 신자들과 의논했던 적이 있어요. 하나님의 뜻을 따르려고 아무리 애를 써도 제가 하는 일이 다 잘 풀리지 않았어요. 뺨을 맞은 기분이었죠. 그래서 하나님께 버림당한 기분이라고 말했더니 사람들이 기분 나빠 하면서 말하더군요. '그런 말을 하면 안 되죠! 그건 성령님을 모독하는 거라고요. 하나님께서 성령님을 주시면서 절대로 우리를 떠나지 않겠다고 약속하셨잖아요.' 성경에서 비슷한 사례를 찾아 보여주어도 그들이 생각하는 하나님의 모습과 달라서 그런지, 그렇게 생각해 보려는 시도조차 하지 않더라고요. 너무 두려웠나 봐요. 그 사람들은 힘든 시기를 보내고 있던 저를 도와주기보다, 제 감정으로 저를 판단했어요."

리타의 이야기에 공감이 된다. 그녀가 하나님에 대해 잘못 이해한 것이 아니라 그런 감정을 느끼는 게 문제라는 것이다. 하지만 이것은 전형적인 편파적 사례다. 대화의 중심 화제에서 벗어나 문제를 제기하는 사람에게로 시선을 돌리는 교묘한 화법이다. 그러면서 가해자의 책임을 피해자에게 전가한다. 리타의 주변인들은 리타가 경험하던 고민과 풀리지 않는 문제들, 성경에서 말씀하는 언약과 현실의 괴리를 인정하는 대신 리타에게 화살을 돌렸다. 영적 고민을 들어주겠다면서 대화를 시작했다가, 뭐가 문제인지 짚어 내는 것으로 대화의 주제가 변해 버렸고, 다른 신자들은 그 문제의 원인이 리타에게 있다고 주장했다. 솔직하게 질문하는 리타를 마치 인성에 문제가 있는 사람처럼 취급한 것이다. 이것은 일부 사람들이 신학 또는 하나님을 이해하는 데 거슬리고 위협이 되는 질문을 처리하는 방식이다. 그야말로 전형적인 가스라이팅이다.

때로는 쉬운 답이 없을 수 있다. 하나님의 위대한 계획 뒤에 무슨 일이 벌어지고 있는지 전혀 알 수 없을 때도 있다. 하나님과 우리의 관계나, 우리의 믿음에 대한 이해가 다른 이들의 빈축을 살 때도 있다. 하지만 예수님도 지극히 절망적인 순간에 "어찌하여 나를 버리셨나이까?" 하고 물으셨기에 우리도 똑같이 질문하면서 비판받지 않을 자격이 있다.

"왜?"라는 끝없는 질문에 답을 찾을 수 없다면, "어떻게?"라는 질문을 통해 답을 찾을 수 있을지도 모른다. 하나님을 이해하던 이전의 방식 때문에 방치되었다고 느꼈다면, 하나님께서 다른 형태로 우리 주변에 존재하시는 것은 아닌지 살펴볼 수 있다. 불타는 떨기나무, 구름 기둥과 불 기둥, 씨름하는 천사, 비둘기, 구유에 놓인 가난한 아기처럼 하나님께서는 우리가 예상하지 못한 방식으로 나타나시는 데 능숙하다.

어쩌면 우리의 세계가 뿌리부터 흔들리고, 삶이 통째로 바뀐 나머지 과거로 되돌아갈 수 없다면 "왜?"라고 묻기보다 "어떻게?" 하나님과 다시 관계를 시작할 수 있는지 묻는 편이 더 나을 것이다. 2020년 코로나19 팬데믹이 전 세계를 뒤덮은 이후 우리가 마주해야 했던 현실이 그와 같았다. 단 몇 주 안에 모든 사회가 단절되었다. 교회와 학교는 필요를 충족시키기 위해 온라인으로 활동 영역을 바꿔야 했다. 몇 년 동안 운영해 온 상점들은 문을 닫았고, 병원은 밀려드는 환자를 수용하려 애썼다. 그런 고통의 현장 가운데 하나님께서는 어디 계셨을까? 우주를 창조하셨다는 분이 어떻게 그런 식으로 전 인류를 등지실 수 있을까? 그분이 가장 필요한 그 순간에 말이다. 전 세계에서 얼마나 많은 이들이 구해 달라고 그분께 기도했던가?

하지만 하나님께서는 이웃에게 식사를 가져다주는 사람의 모습으로, 기꺼이 마스크를 쓰고자 했던 사람들의 마음에, 요양병원 방문을 자제하는 등 가장 취약한 계층을 특별히 보호하려고 노력했던 사람들의 마음에 나타나셨다. 하나님께서는 과학계에도 등장하셨다. 서둘러 백신을 개발했던 과학자들에게 나타나신 것이다. 하나님이라고 늘 드라마틱한 신의 모습으로 등장하시는 것은 아니다. 누군가의 마음속에서 연민이 일어날 때, 하나님의 창조물인 다른 사람에게 사랑의 행위를 실천할 때 그분의 임재가 드러난다.

물론 지나치게 낙천적인 소리로 들릴 수도 있다. 당신이 거주지에서 퇴거해야 하는 데다 자립할 수 있을 때까지 도와줄 봉사

자도 없는 상황이라면, 절실하게 친구가 필요하지만 거부당할 뿐이라면, 직장을 구하려고 몇 달이나 기도했지만 아무도 당신에게 기회를 주지 않는다면 답을 찾기 어려울 것이다. 그럴 때 왜 하나님께서 나타나시지 않는지, 만족할 만한 답을 내놓을 수 있는 사람은 없다. "하나님께서 무엇을 하고 계시는지 모르겠다." 혹은 "성경은 하나님의 부재가 영원하지 않다는 사실 외에 다른 설명은 하지 않는다."라는 말은 영적으로 불안감을 키울 수 있다. 어떤 사람들은 답이 없는 영적 문제가 있다는 사실에 매우 불안해한다. 그렇지만 우리가 이해하기 어려운 문제들이 존재하고, 말로는 치유할 수 없는 깊은 트라우마가 존재한다.

노아는 그런 사실을 정말 잘 알고 있었다. 그의 모든 것이 물에 떠내려갔다. 노아가 방주 밖으로 나와 발을 내디뎠을 때, 이전과 비슷해 보이는 것은 아무것도 없었다. 그런 큰 비극을 겪고 난 뒤 어떻게 삶을 재건할 수 있을까? 어떻게 세상을 재건할 수 있을까? 우리가 이해하던 세상이 돌아가는 방식이 갑자기 바뀌어 버릴 때 어떻게 대처해야 할까? 우리가 알던 하나님께서 갑자기 달라 보일 때는? 이전에 알던 하나님께서 영원히 우리를 떠나 버리신 나머지 신에 대한 개념을 완전히 새롭게 바꿔야 하거나 그냥 공백으로 남겨야 한다면 어떻게 해야 할까?

노아가 방주를 떠나서 가장 먼저 했던 비기독교적인 행동은 포도나무를 심고, 그 포도주를 마시고 취해 벌거벗은 것이었다 (창 9 : 20-21). 성경에는 노아의 성격을 드러내는 사건이 연달아 제시된다. 우선 망가진 지구에서 적극적으로 농사를 지으며 새로운 생활의 터전을 일구는 노아의 모습이 보인다. 성경은 노아를 '흙으로 지은 사람'이었다고 말하는데, 그런 표현은 창세기 2장의 하나님께서 아담을 포함한 모든 생물을 흙으로 만들어 내시던 장면에서 사용되었다. 실상 이 포도원을 일구는 것은 새로운 지구가 창조되는 순간이었다.

다만 완전히 백지에서 시작하는 것은 아니었다. 새로운 시작의 순간이라 해도 이전의 트라우마가 남아 있기 때문이다. 현대적인 시각에서 본문을 들여다보면, 노아가 술에 취한 이유는 외상 후 스트레스 장애(PTSD : Post Traumatic Stress Disorder)였을 수도 있다. 그는 유일하게 살아남도록 선택받은 생존자로서 죄책감을 견뎌 내며 괴로워했을 것이다. 창세기 19장에도 비슷한 패턴이 반복된다. 롯이 딸들과 함께 소돔과 고모라에서 도망친 뒤 동굴에 숨어 있을 때였다. 지구상에 그들 외에 다른 생존자가 없다고 여겼던 롯의 딸들은 아버지를 통해 후손을 잇기 위해 롯에게 술을 먹여 취하게 하고 그와 동침했다. 하나님께서 처음 창조 때 주신 말씀과 노아에게 약속하신 번성을 지키려는 의도였다(창 19 : 30-35). 그녀들은 아버지를 잔뜩 취하게 하는 데 성공했고, 롯은 딸들과 동침한 사실을 전혀 알아차리지 못했다. 현대적인 시각에서도 굉장히 문제가 될 만한 해당 본문을 들여다보면, 롯이 그렇게 술에 취했던 이유는 얼마 전에 겪은 재앙에 대한 기억과 거기서 살아남은 데 대한 죄책감을 잊기 위해서였을 수 있다. 노아는 포도나무를 심었고, 롯은 아이를 낳았다. 하나님의 임재는 새로운 성장이라는 기적에 파편처럼 존재한다. 하나님을 재발견하는 방법은 폐허 속에서 삶의 파편을 찾아내는 것일지도 모른다.

퇴역 군인인 조는 2010년 봄, 다섯 번째 해외 파견 근무에서 돌아온 뒤 버려진 듯한 기분을 경험했다. 그가 어릴 때부터 가졌던 신앙이 모두 무너져 내리는 것 같았다. "마치 하나님이 무언가를 사러 밖으로 나간 뒤 돌아오지 않는 것처럼 느껴졌죠." 그는 집으로 돌아와 다시 생활에 적응하려 애쓰던 경험을 설명하며 말했다.

그가 전쟁터에서 돌아온 뒤 환경이 바뀌었다. 전쟁터에서 전우의 죽음을 경험했고, 그가 위안을 얻곤 했던 자연이 원유 유출 사고로 망가지는 것을 보았다. 그도 노아처럼 땅에서 생명을 끌어내려 했지만, 삶을 재건하기 위해 시작한 블루베리 사업에서도 어려움을 겪었다.

"'선한 사람들이 나쁜 일을 당한다.' 교회에서 늘 들었던 이야기지만 정말 그럴 거라고 생각하지 않았어요. 기도가 부족한 사람들에게 안 좋은 일이 생긴다고 믿었지요. 하나님께서 나쁜 사례로 삼기를 원하는 그런 사람들 말이에요. 제게 그런 일이 생길 거라곤 생각하지 않았어요. 저와 하나님 사이의 관계는 좋았으니까요. 하지만 어릴 때부터 알아 온 하나님은 더 이상 존재하지 않는 것 같았어요."

조는 전쟁터에서 트라우마를 겪고 돌아온 뒤 또다시 자연계의 무질서와 심각한 파괴를 경험했으니 환멸을 느낄 만도 하다. 질서정연한 생활을 뒤로하고 전쟁터에 다녀왔는데, 그 뒤에 또 다른 혼돈을 마주해야 했으니 말이다.

개인적 편견이나 문화적 색안경을 끼고 무엇인가를 기대하면서 하나님께 다가가는 순간, 우리는 전능자가 누구인지, 그분이 어떻게 일하시는지 제한하게 된다. 조가 설명했던 과정은 현대의 복음주의에 끼어든 '풍요의 복음'이 와해되는 과정이다. 교회 강단에서는 목회자들이 TV에 등장하는 설교자들만큼 노골적으로 "하나님께서는 당신이 잘되기를 바라십니다. 그러니 큰 믿음을 가지면 물질적으로 더 풍성해질 것입니다."라는 메시지를 전하지는 않겠지만, 상당수의 교회가 그런 종류의 신학을 전제로 하고 있다. 만약 당신이 어떤 일을 하면 일이 잘 풀릴 것이다. 그렇지 않다면 믿음이 부족하거나, 기도가 부족하거나, 하나님의 은총을 입기에 부족하다는 뜻이다. 간단히 말해, 악인에게 나쁜 일이 생기는 이유는 그럴 만하기 때문이다. 선한 사람(우리 자신)에게 좋은 일이 생기는 이유는 하나님께서 우리에게 빚을 지셨기 때문이다. 하나님의 임재가 느껴지지 않는다면 우리가 그분의 관심을 끌거나 복을 받기에 부족하기 때문이다. 그럴 때 하나님을 느낄 수 없다고 말하는 신자는 더 큰 죄를 짓게 된다. 교회에 더 많은 자원과 에너지, 시간을 쏟아야만 이 악의 고리를 끊어낼 수 있다고 생각하기 때문이다. 쉽게 말하자면 이것은 하나님께 투자한다는 악한 생각이다.

성경은 우리의 세계관을 형성하는 약속으로 가득하다. 우리는 우리 소망이 진실하다고 믿으면서 그런 약속의 구절들이 특정한 (우리가 원하는) 방식대로 펼쳐지리라고 기대하는 신학을 추구한다. 그러고는 생각대로 일이 풀리지 않을 때 깊이 환멸을 느낀다. 우리의 형상대로 하나님을 만들어 내고, 우리가 마땅하다고 여기는 방식대로 하나님께서 행하지 않으실 때 배신당했다고 생각한다. 이런 문제는 하나님께서 우리 삶에 개입하는 방식이 기대했던 바와 다르다고 생각될 때 더욱 어려워진다. 우리는 하나님의 침묵을 부재로 느끼지만, 막상 하나님께서는 우리를 더 좋은 곳으로 나아가게 하시려고 우리를 불편하게 하시는 것일 수도 있다.

어떤 바닷가 근처 마을에서는 바다거북이 알을 낳는 시기에는 불빛을 환하게 밝히지 않는다고 한다. 해변의 밝은 불이 새끼 거북들을 유혹해 안전한 물가를 벗어나게 하기 때문이다. 바닷가 주민들이 그 기간에 불빛을 꺼 두면 새끼 바다거북들은 안전하게 바다로 갈 수 있다. 다른 방식으로 설명해 보자. 목이 마를 때 컵이 비어 있다면 물병을 찾을 것이고, 물병이 비어 있다면 수도꼭지를 찾을 것이다. 수도꼭지가 고장 났다면, 파이프나 저수조를 확인할 것이다. 컵이나 물병이 비어 있다고 해서 벌을 받는 것은 아니다. 그저 그 근원으로 다시 인도하는 것일 뿐이다. 마찬가지로 하나님께서 정말로 부재하시거나 침묵하시는 것처럼 보인다면, 사실은 우리가 적절하지 않은 장소에서 벗어나도록 은혜를 베푸시는 것일지도 모른다. 우리에게 어울리지 않는 곳에서 벗어나 더 좋은 곳으로 이동하도록 말이다.

그것이 바로 조가 겪었던 일이다. 그 일을 통해 조는 어렸을 때부터 배웠던 하나님과는 완전히 다른, 새로운 하나님과의 관계를 시작하게 되었다.

"그러니 생각대로 일이 풀리지 않을 때 더 열심히 일하고, 더 믿음을 키우고, 더 많이 기도하고, 더 많이 헌금하고, 더 많이 봉사해 보세요. 하늘에 계신 하나님께서 그런 사람에게 더 큰 상을 주시니 말이에요. 그러나 그건 하나님을 완전히 잘못 이해하는 거예요. 그렇게 치면 암에 걸린 사람들, 아픈 배우자를 둔 사람들, 정신질환을 앓는 사람들은 어떻게 되는 건가요? 그건 그들의 잘못이 아니에요. 믿음이 부족해서, 행함이 부족해서 그렇게 된 게 아니에요. 내가 돈이나 성공을 바라봤던 관점은 목수이신 예수님이 가르쳤던 것과 관계가 없었다고 생각해요.

제가 어릴 때 배웠던 하나님은 이제 없어요. 저는 성숙하지 못한 방식으로 하나님을 이해해 왔어요. 모조품이나 부적같이 하나님을 믿었던 것 같아요. 입으로는 신앙을 이야기했지만 그저 들은 대로 따라 했을 뿐이죠. 제가 누렸던 것들을 복이 아니라 타고난 권리라고 여겼던 것 같아요. 하나님께 버림받는 것과 하나님에 대해 성숙하게 이해하지 못하고 배신당하는 것은 완전히 달라요."

●

요한복음 11장에는 나사로의 죽음 이야기가 나온다. 마리아와 마르다는 예수님에게 전갈을 보내 오빠가 매우 아프다는 사실을 알린다. 하지만 예수님은 이틀이나 시간을 끌고 나서야 그들을 찾아가셨다. 예수님이 도착했을 때 나사로는 이미 무덤에 들어간 지 나흘이나 되었다. 자매는 각자 예수님을 맞이하면서 똑같이 말했다. "주께서 여기 계셨더라면 내 오라버니가 죽지 아니하였겠나이다"(요 11 : 21, 32). 흥미롭게도, 예수님은 그 두 사람에게 각기 다르게 응답하셨다. 일 중심주의자였던 마르다에게는 결국 "주여 그러하외다 주는 그리스도시요 세상에 오시는 하나님의 아들이신 줄 내가 믿나이다"(요 11 : 27)라는 대답을 끌어내신 반면, 감정에 충실했던 마리아에게는 다른 방식으로 대하셨다. 마리아는 예수님이 마을로 오고 계신다는 소식을 듣고는 그를 위로하던 유대인들과 함께 머물러 있던 집을 떠나 길가로 달려 나와서 예수님을 보고는 엎드려 그분을 탓했다(요 11 : 31-32). 마르다는 예수님의 부재를 통해 새로운 깨달음을 얻게 되었다. 곡하는 사람들로 가득한 집을 떠나 길가에 온 마리아는 감정을 자극하는 주변 상황을 벗어나 자신의 언어로 예수님에게 대답해야 했다. 그러고 나서 마리아는 예수님을 무덤으로 안내했다. 거기서 기적이 나타났다. 두 사람 모두 예수님의 부재를 힐난했다고 해서 꾸중을 듣지는 않았다. 그러나 모두 예수님을 새롭게, 더 깊이 이해할 수 있는 곳으로 각각 이끌려 갔다.

 주님이 우리가 생각하는 방식대로 행하지 않으시는 것처럼 보인다고 해서 우리가 거절당하거나 우리의 믿음이 그분의 관심을 끌기에 충분하지 않은 것이 아니다. 하나님께서 (일시적으로)

우리를 시험하기 위해 한 발짝 물러나 계시거나, 또 다른 곳으로 부르시는 것이다. 하나님의 임재가 예전과 다르다고 느끼거나 그런 사실을 솔직하게 말할 용기가 있다는 것은 믿음이나 지식, 지혜가 부족하다는 뜻이 아니다. 당신의 인성이 잘못된 것도 아니다. 하나님의 침묵은 당신이 우주를 창조하신 분을 기대한 유치함을 떠나보내고 전보다 더 깊이 있는, 새로운 하나님의 모습을 대면할 만큼 성숙하다는 증거일 수 있다.

당신이 고통이나 트라우마, 상실을 겪는 중이라면 이런 말이 큰 위로가 되지는 못할 것이다. 하지만 모든 상황이 하나님의 부재를 증명하더라도, 하나님의 눈은 여전히 우리를 향하고 있다고 말하고 싶다. 결국 시험이란 시험 치르는 사람을 관찰하기 위한 것이다. 따라오는 사람이 있는지 돌아보지 않는 안내인이 무슨 소용이란 말인가? 안타깝게도 이 시험이 얼마 동안 이어질지, 우리가 이 새로운 장소를 얼마 동안 탐색해야 할지는 알 수 없다. 상황이 너무 끔찍해서 그 이유를 설명할 수 없을 때도 있기 마련이다. 하지만 그렇다고 해서 하나님께서 우리를 영원히 버려두시는 건 아니다. 충분히 입증되지 않은 것은 하나님에 대한 우리의 옛 이해뿐이다. 하나님께서는 우리를 저버리지 않으셨다. 그저 우리가 그분을 잘못 알고 있던 점, 오래되어 낡은 생각을 버리도록 격려하고 계신다.

8장
부재

우리가 알던 것과 다른 하나님

마태복음 11 : 2~15

"도저히 이해할 수가 없어요." 주일 저녁 소그룹 모임에서 내 친구가 말했다. "직장 동료와 석 달 넘게 성경공부를 하고 있는데, 여전히 하나님을 믿지 않겠다며 거부하네요. 성경공부에 애정도 있고, 적절한 질문도 잘하고, 참 좋은 사람인데 말이죠. 왜 그렇게 고집부리는지 이해할 수가 없어요."

나는 슬픔에 고개를 저으면서 아직 구원받지 못했거나 신앙을 저버린 기도 대상자 목록에 친구의 비기독교 동료를 추가했다. 하지만 당시 나눈 대화가 오래도록 기억에 남았는데, 왜 그런지 그때는 이유를 몰랐다. 참 딱하다고 생각했다. 어떤 것도 쉽게 확신하지 못하는 사람들이 당연히 있기 마련이지만, 왜 이렇게 애써 하나님과 거리를 두려는 걸까?

몇 년이 지나서 왜 당시 대화에 큰 영향을 받았는지 깨달았다. 그 친구는 신앙이 없는 사람들이란 일부러 반항하기로 마음먹은 사람들이라고 속단했다. 내가 다녔던 교회들도 그 친구와 마찬가지였다. 우리와 다른 신앙을 가진 사람들은 그저 잘못된 길을 걷고 있으며, 예수님에게로 되돌아와야 한다고 여겼다. 하지만 무신론자들은 또 다른 이야기다. 다른 이들이 진리로 받아들이는 사실을 의도적으로 거부하는 사람들이었다. 왜 그럴까? 죄책감 없이 죄를 짓기 위해? 남보다 더 지적이고 똑똑해 보이려고? 비뚤어진 방식으로 부모님이나 사회에 저항하기 위해? 아마 그 모든 이유에 다 해당할 것이라고, 우리는 생각했었다.

지금 와서 인정하기에는 부끄럽지만, 나는 삼십 대 중반이 되어서야 신앙은 선택이 아니라는 사실을 깨달았다. 모든 사람이 기본적으로 세상에 신이 있다는 믿음을 받아들이는 것은 아니다. 또다시 십 년이 지나서야 모든 사람이 신이라는 존재의 문제로 씨름하는 건 아니라는 사실을 깨달았다. 사람들은 의심하기 때문에 고민하지 않을 수도 있다. 의심은 전염병처럼 퍼지지 않고, 영혼의 짐이 되지 않을 수도 있다. 어떤 사람들은 의심한다는 행위 자체로 만족하고, 어떤 사람들은 의심하지도 않는다.

그래도 교회는 의심하는 것을 두려워하고, 싫어하며, 의심하는 사람은 인성이 잘못되었다고 본다. 아니면 일시적으로 지나가는 저항쯤으로 여긴다. 하지만 모든 인류가 기본적으로 신앙을 갖도록 설계되지 않았다면? 절실하게 (믿음의 싸움을) 싸우는 도중에 믿음을 잃어버린 것처럼 느껴 그저 붙들고만 있다면? 단 한 번도 믿음에 대해 확신해 본 적이 없는 사람들이 있다면? 결국 두드리고, 찾고, 부르짖는 모두가 하나님을 발견하는 것이 아니라면, 어떻게 해야 할까?

세례 요한은 처형을 기다리면서 예수의 명성이 점점 더 커져 간다는 소식을 들었고, 제자 두 명을 보내 직접 물어보게 했다. "오실 그이가 당신이오니이까 우리가 다른 이를 기다리오리이까"(마 11 : 3). 요한의 질문은 예수님이 누구라고 스스로 주장하는 말에 품은 의심을 여과 없이 드러낸다. 상황을 보면 그럴 만하다. 또 다른 기적이 나타날 거라고 기대한다면, 그건 세례 요한일 법했다. 하지만 요한은 소시오패스 같은 두 파당 사이의 정치적 논쟁에 휘말려 감옥에 갇힌 상태였다. 그러니 요한이 예수님에게 물어볼 만도 하다. 요한이 처한 상황은 그가 기대했던 것과 전혀 달랐다.

의심은 누구에게나 찾아올 수 있다. 하지만 우리가 배운 것과 달리, 연약함의 증거로 볼 수는 없다. 세례 요한은 신약성경에서 가장 용감했던 사람 중 하나였다. 그런 그도 의심하며 질문했다. 그가 연약하거나 반항했기 때문이 아니라, 자신이 삶과 죽음에 정직한지 확인하기 위해서였다. 의심하려면 용감해야 한다. 자기 생각이 틀릴 수도 있다고 인정해야 하기 때문이다. 당신 삶의 기반이 되는 체제에 오류가 있다면? 결국 처음부터 하나님께서 존재하지 않으셨다는 것이 밝혀지면 어떻게 될까?

의심하는 방법도 여러 가지인 듯하다. 시간이 지나면서 점점 더 많은 질문을 던지는 사람도 있고, 한순간에 모든 믿음을 저버리는 사람도 있으며, 늘 의심하는 사람도 있다. 어떤 사람들은 의심을 믿음의 일부로 받아들이고 하나님을 신뢰하고 기도하며 찬양하는 것과 같은 요소로 여긴다. 그러나 어떤 사람들은 의심 때문에 완전히 다른 길로 들어서게 된다. 그때부터 신앙은 해체되기 시작하고, 다시는 이전의 토대 위에 세워질 수 없다.

나의 대학 시절 룸메이트였던 아바는 거의 평생을 믿음의 문제로 씨름했다. 독실한 가정에서 성장했던 그 친구는, 어릴 때 의심을 어떻게 해결해야 할지 몰랐다. 그러다가 수의사가 되면서 직업 때문에 의심하며 질문을 던지게 되었다고 했다. "나는 과학적인 두뇌를 가졌거든. 그게 내가 세상을 바라보고 이해하는 방식이야. 나는 증거가 필요해. 화학으로 뇌를 변하게 할 수 있다는 사실을 생각하면 신앙도 화학으로 변할 수 있는지 궁금해져. 가끔은 내가 정말로 하나님을 믿는 건지, 아니면 약 때문에 하나님을 믿는 건지 확신할 수 없을 때도 있어."

사춘기 시절 내내 지속되었던 아바의 의심은 성인기에 이르기까지 지속되었다. 아바는 오랫동안 자신이 의심한다는 사실이 두려웠던 나머지 그와 정반대로 행동해서 의심을 억누르려 했다. "부끄럽기보다 늘 두려웠어. 목사님이 강단에서 신앙을 고백하라고 할 때마다 불편하고 이상한 기분이었지만 앞에 나간 적이 얼마나 많았는지 몰라. 누군가를 전도해 본 적도 몇 번 있었어. 그래야 내 믿음을 증명할 수 있으니까 말이야."

결국 아바는 (그 친구의 표현에 의하면) '예수님과 잘 지내기'를 포기했다. 대신 이제는 동물들을 치료하고 그 가족을 돌보며 고통

———— 부재

을 줄이고 생명을 보존하는 데 모든 힘과 애정을 쏟고 있다. 그렇게 함으로써 답을 찾을 수 없는 질문에 매달리기보다, 다른 이들의 필요를 채우는 데 에너지를 쏟기로 방향을 전환했다. 아버는 말했다. "그게 내가 성장하고 열매 맺는 방식이라고 생각해." 아버는 자신에게 억지로 믿음을 강요할 수 없다는 사실을 인정하기로 하는 한편, 하나님께는 그것만으로도 충분할 것이라는 희망과 적어도 믿음을 원하는 마음은 유지할 수 있다는 사실을 받아들이기로 했다.

아버는 의심했기 때문에 모호함을 받아들였고, 미스터리를 불편해하지 않았으며, 주일마다 "예수를 나의 구주 삼고" 찬송가를 부르면서도 진심으로 노래할 수 없다는 사실을 겸손히 인정하게 되었다. 아버는 의심 때문에 더 큰 믿음을 갖게 되었다. 그럼에도 불구하고 버티기로 결심했기 때문이다. 하지만 어떤 사람들은 의심 때문에 사뭇 다른 결과를 맞이하게 된다.

우리는 히브리서에서 정의하는 대로 믿음을 배우며 자랐다. "믿음은 바라는 것들의 실상이요 보이지 않는 것들의 증거니"(히 11 : 1). 하지만 그렇게 확신하기 위해서는 여전히 근거가 필요하다. 믿음은 아무것도 없는 데서 갑자기 생기지 않는다. 믿음을 가지려면 그 바탕이 되는 기본이 있어야 한다. 애초에 우리가 특정 대상을 믿도록 동기를 부여한 어떤 '첫 번째 원인'이 존재해야 하는 것이다. 그때 가졌던 희망이 사라지거나 실망시킨다면 어떻게 할 것인가?

해리슨은 일주일에 세 번이나 교회에 나가던 독실한 신자였다. 삶의 대부분을 교회에 헌신했지만, 약 십 년 전부터 믿음의 문제로 씨름하기 시작했다. 해리슨은 신앙의 여러 측면을 천천히 점검하기 시작했고, 신앙에서 가장 중요한 부분, 즉 사랑, 정의, 억압받는 자들을 일으켜 세우는 일을 기독교에서만 중요하게 여기는 것은 아니라는 사실을 깨닫게 되었다. 하나님 없이도 그런 진리가 존재할 수 있다면, 왜 굳이 기독교에 소속을 두고 유지해야 하는가? 기독교는 그가 믿지 않는 다른 많은 것을 옹호하는데도 말이다. 해리슨이 말했다.

"제가 기독교 신앙을 포기하게 된 이유는 사회적이기보단 철학적이었던 것 같습니다. 가끔 그리스도인들에게 제가 더 이상 신자가 아니라고 말하면 그들은 '누가 상처를 줬나요?'라고 묻곤 합니다. 그들은 사람들이 교회를 떠나는 이유가 죄를 지으며 거칠게 살기 원하거나, 아니면 교회의 누군가가 상처를 주었기 때문이라고 생각합니다. 떠난 사람을 붙잡기 위해, 그 사람이 무엇 때문에 상처받았는지 알아내 고치려고 합니다. 하지만 정말로 교회의 누군가가 저에게 상처를 주지는 않았습니다. 상처를 받았다는 사람들은 많이 봤지만, 나 자신은 그렇지 않았습니다. 오히려 제가 떠난 이유는 이해할 수 없는 도덕률을 더 이상 맹목적으로 수용할 수 없었기 때문이고, 그 때문에 신자들과 겪는 불협화음을 더 이상 유지할 수 없었기 때문입니다. 제 경험과 과학과 세계관이 서로 충돌하지 않고 일관성이 있기를 원합니다."

부재

해리슨은 자신이 불가지론자라는 사실을 아내에게는 숨기지 않았지만, 부모님께 알리는 데는 3년쯤 걸렸다. "그분들이 부모로서 실패했다고 느끼게 하고 싶지 않았습니다." 결국 해리슨의 어머니는 그의 입장을 받아들이셨다. "비록 동의하지는 않으셨습니다만." 해리슨이 말을 이었다. "반면에 아버지는 거의 부정에 가까운 반응을 보이셨죠. 제가 '영혼의 어두운 밤' 또는 '의심의 시기'를 지나고 있다고 보셨습니다. 결국 제가 터널을 지날 때쯤이면 다시 좋은 그리스도인이 되어 있을 거라고 말이지요. 언젠가 신앙을 되찾을 거라는 가능성도 배제하지는 않지만, 현재로서는 제가 서 있는 자리가 건강하다고 생각합니다. 돌아가고 싶다는 생각도, 그럴 필요도 못 느낍니다."

신앙의 해체를 경험한 사람이라면 해리슨의 이야기가 친숙하게 들릴 것이다. 그들은 오래된 믿음의 제도를 해체하면서 더 이상 그것이 자신의 가치관과 맞지 않음을 깨닫는다. 교리와 가치 사이에서 선택권을 가진 이상, 자신에게 더 도덕적이라고 생각되는 길을 택하는 것이다. 어떤 사람들은 신앙이 해체될 때 기독교나 유일신 개념에 대한 분노와 좌절을 겪기도 하지만, 사실 많은 이들이 이처럼 의심한 결과 전보다 더 자유롭고 건강하다고 느낀다. 해리슨이 바로 그런 경우였다. 그는 하나님을 반대하지도 않고, 성경에 나오는 예수님을 공격하지도 않으며, 과정보다 결과에 초점을 두는 실용주의적 관점을 취한다. "저는 신자는 아니지만 희망하는 사람입니다. 만약 하나님께서 존재하시고 예수님이 그분의 아들이라면, 그것으로 좋다고 생각합니다. 정의가 이루어질 것이고 모든 것이 바르게 될 거라는 뜻이니까요. 그 점이 마음에 듭니다. 하지만 대다수 그리스도인은 의심을 불편하게 여기면서 '하나님께서 다 아신다.'라고만 말할 뿐, 더 깊이 생각하려 하지 않습니다."

대다수 그리스도인이 의심을 불편해하는 것은 사실이다. 많은 이들이 손을 내저으며 무시하거나, 의심이 더 깊어지기 전에 뿌리를 뽑아내려 할 것이다. 하지만 그런 식으로 반응하면 역효과만 낳을 뿐이다. 다이앤은 홈스쿨링에 열성인 엄마이자 공립도서관의 후원자인데, 의심을 죄악시하는 종교에서 성장한 나머지 솔직한 질문마저도 종교의 모든 것을 거부하는 타락으로 이어진다고 여겼다. 결국 다이앤은 자신의 감정을 부인하다가 신앙을 의심하게 된 자신의 모습을 발견했다. 교회나 '종교적인 사람들'은 누군가의 신앙이 돌처럼 단단하지 않다는 징조에 당황하는 경향이 있다. 따라서 영적인 성장에 언제나 변화가 따른다는 사실을 인정하기보다 그들이 생각해 낼 수 있는 모든 성경 구절을 찾아내고, 기도하며 대응한다. 다이앤은 이렇게 말했다. "의심한다고 해서 반드시 신앙에 재앙이 닥치는 건 아니에요. 그렇다고 신앙의 위기를 겪지도 않은 사람에게 억지로 신앙의 위기를 주장하는 것은 잘못이에요."

다이앤은 자신의 신앙이 해체되고 재건되는 것을 보면서 초기에는 교회 사람들과 같은 반응을 보였다. "처음에 질문을 던지기 시작했을 때는 반드시 정답을 찾아야 한다고 생각했어요. 그렇지 않으면 모든 것이 무너진다고 생각했죠. 모든 문제들이 영원히 중요할 것만 같았어요. 이전에는 의심해 본 적이 없었기 때문에 그 느낌이 너무 벅차고 위협적이었죠." 하지만 시간이 지날수록 그녀는 자신이 고민하던 신앙의 문제에 대해 전혀 고민할 필요가 없다는 사실을 깨달았다. 그런 고민들이 그녀의 존재 자체를 위협하는 것도 아니었다. 의심에 대한 두려움을 내려놓자, 갑자기 의심이 힘을 잃고 덜 위협적으로 보였다. "의심한다는 것이 더 이상 특별하게 느껴지지 않았어요. 하나님 자체를 의심한다기보다, 제가 쌓은 신앙의 탑에서 어떤 부분이 약하고 튼튼한지 점검하기 위해 탑을 무너뜨리는 것 같았어요. 어떤 신학 사조에 연관된다고 생각하지 않으니 제가 틀릴 수도 있다는 두려움이 사라졌고, 거리낌 없이 질문할 수 있었어요. 제가 믿는 하나님께서는 의심이라는 참으로 인간적인 감정에도 은혜를 베푸실 테니까요."

●

아바와 해리슨, 다이앤은 각각 다른 방식으로 의심에 대처하는 방법을 찾아냈다. 아바는 신앙을 실천함으로써 고민을 해결했다. 해리슨은 고민 자체를 내려놓았다. 다이앤은 이해할 수 없는 미스터리를 포용하는 법을 배웠다. 하지만 그들은 모두 의심을 변명하거나 부끄러워하기보다 의심에 솔직해져야 한다는 사실을 깨달았다. 그들 중 누구도 의심을 '치유'하지 못했다. 그저 가장 현실적이고 애정 어린 방식으로 끌어안고 살아가야 할 어떤 것으로 의심을 전환시켰다.

고린도전서 13장은 '사랑장'으로 유명하다. 사도 바울이 사랑을 강조하며 선언하기 때문이다. "그런즉 믿음, 소망, 사랑, 이 세 가지는 항상 있을 것인데 그중의 제일은 사랑이라"(고전 13 : 13). 여기서 '믿음'(pistis)이라고 번역된 단어는 '어떤 것이 참되다고 설득되다, 믿는다'라는 뜻이다. 이 단어는 사실 신약성경에서 '신앙'과 '믿음'으로 가장 많이 번역되는 기본 어휘다. 그런데 '소망'(elpis)이라는 단어는 기대한다는 뜻이다. 아마 우리가 의심하는 동안 붙들어야 할 단어가 이것이 아닐까 싶다. 진짜다 가짜다 싶은 느낌이 아니라, 우리의 감정과 이해를 초월하는 무언가가 있다는 기대감 말이다. 우리가 믿음을 갖기 위해 고군분투하고 있다면, 하나님께서 존재한다고 소망하는 데 믿음을 둘 수 있을 것이다. 아니면 적어도 하나님이 표상하는 이상이 여전히 이 세상에서 가장 선하다는 데 소망을 둘 수 있을 것이다.

그러나 사도 바울은 전통적인 신앙에서 말하는 소망보다 사랑이 더 뛰어나다고 말한다. 여기서 말하는 '사랑'(agapē)은 자비 또는 사람들 사이의 선의를 뜻하는 그리스어다. 이것은 로맨틱한 사랑이나 형제자매 간의 사랑이 아니다. 종교적인 신념에 관계없이 다른 사람을 배려하는 마음이다. 가장 위대한 기독교 신학자이자 변증론자로 널리 인정받는 사도 바울은 하나님의 영감으로 된 성경에서 직접적으로 말했다. 우리가 믿는 대상이 누구인지보다 우리가 남을 대하는 방식이 더 중요하다고 말이다.

갈라디아서 5장에서도 같은 말이 반복된다. 여기서 바울은 예수님이 율법주의로부터의 자유를 상징한다고 설명한다. "그리스도 예수 안에서는 할례나 무할례나 효력이 없으되 사랑으로써 역사하는 믿음뿐이니라"(갈 5 : 6). 여기서 '역사하는'이란 부분이 성경마다 조금씩 다르게 번역된다. 영어로는 '에너지'(energy)로 번역되는 'energeō'의 어근은 무언가를 성취하거나 활동하는 모습이 가시적으로 드러남을 의미한다. 현대인의 성경에서는 이 구절을 "사랑으로 표현되는 믿음만이 중요합니다."라고 하고, 새번역성경에서는 "믿음이 사랑을 통하여 일하는 것입니다."라고 한다. 다시 말해, 결국 하나님께서는 우리가 전통적인 방식을 따라 외면의 거룩함으로 믿음을 드러내기를 원하시는 것이 아니다. 하나님을 기쁘시게 하는 유일한 방법은 사랑을 통해 실천되는 믿음/설득이지, 믿음을 통해 드러나는 사랑이 아니다.

현대 복음주의 교회들이 믿음 대 행위를 너무 강조한 나머지 우리는 그 둘을 이분법적으로 생각하기 쉽다. 행위로 구원받지 못한다는 사실을 분명히 하기 위해 다음 구절을 먼저 떠올린다. "너희는 그 은혜에 의하여 믿음으로 말미암아 구원을 받았으니 이것은 너희에게서 난 것이 아니요 하나님의 선물이라 행위에서 난 것이 아니니 이는 누구든지 자랑하지 못하게 함이라"(엡 2 : 8-9). 하지만 그 결과로 나타나게 될 영향을 충분히 고려하지는 않는다. 위 구절을 다시 생각해 보자. 은혜가 우선인가, 믿음이 우선인가? 말씀을 원문 그대로 읽어야 한다고 강조하는 사람들이 있으니 자세히 살펴보자. 은혜가 구원의 궁극적인 동기이고, 믿음은 도구일 뿐 최종 목적이 아니다. 진짜 능력은 은혜이며, 선함과 복을 의미한다. 우리를 향한 하나님의 자비가 더 강력한 힘으로 작용하는 것이다. 우리가 신앙을 단순히 있다/없다라는 선택 대상으로 격하시킨다면 신앙은 행하거나 행하지 않는, 또는 실천해야 할 행위가 된다. 에베소서 2장은 믿음만이 하나님을 기쁘시게 한다고 이야기하지 않는다. 우리가 일상생활을 통해 하나님을 기쁘시게 한다고 자랑할 것도 없다. 그러나 교회 전통에서 '오직 믿음으로'(sola fide)라는 말처럼 기독교 신앙의 시작과 끝이 믿음은 아니다. 바울은 말했다. "내가 예언하는 능력이 있어 모든 비밀과 모든 지식을 알고 또 산을 옮길 만한 모든 믿음이 있을지라도 사랑이 없으면 내가 아무것도 아니요"(고전 13 : 2). 야고보서와 동일한 개념이다. "하나님 아버지 앞에서 정결하고 더러움이 없는 경건은 곧 고아와 과부를 그 환난 중에 돌보고 또 자기를 지켜 세속에 물들지 아니하는 그것이니라"(약 1 : 27). 여기서 '경건'으로 번역된 단어를 직역하면 '종교 의례를 따라 예배하다'라는 뜻이다. 믿음은 하나님과 맺는 관계이자 그분의 명령이다. 우리의 지식이 변화해야 하듯, 믿음도 변화해야 하는 역동적인 과정이다. 우리가 교회에서 배웠던 것과 달리, 믿음은 단순히 믿는 상태가 아니다. 당신이 소유하거나 거부하거나 선택할 수 있다고 하기에는 너무 복잡하고 미묘한 어떤 것이다. '믿음' 자체는 어떤 상자를 받은 것과 같다. 믿음은 우리가 세상과 관계 맺는 방식으로 표현될 때 의미가 있다.

결국 가장 중요한 건 믿음의 색채일 것이다. 믿음을 가질 수 없다면, 적어도 소망할 수는 있다. 소망이 없다고 느낀다면, 적어도 최선을 다해 사랑할 수는 있다. 우리가 남을 대하는 방식에서, 다른 사람을 판단하지 않고 도와주는 방식에서, 목소리를 낼 수 없는 사람을 지지하고, 정치나 교리보다 인간성을 중시하며, 다른 사람에게 힘을 보태기 위해 내게 있는 모든 능력을 사용하는 것. 결국 그것이 가장 중요하다.

우리가 하나님을 의심하거나 그분이 정말 우리가 배운 대로인지를 확인할 때, 우리는 불확실한 느낌을 감추거나 부인하지 않고 솔직하게 반응한다. 바로 그런 사례를 마태복음 11장에서 볼 수 있다. 감옥에 갇힌 세례 요한이 예수님에게 사람을 보내 물었을 때 말이다. 요한은 의심을 숨기거나 자책하지 않았다. 그저 당사자를 찾아가 솔직하게 물었다. 자신의 믿음이 틀릴 가능성도 부끄러워하지 않았고, 깊은 고민 끝에 믿음을 수정해야 할지 궁금해하기도 했다. 이것은 우리에게 모범이 되는 모습이다. 우리는 묻고, 기다리고, 소망하며, 우리가 처한 상황에서 선을 행하기 위해 최선을 다해야 한다.

9장
독단

결승점을 옮겨 버리는 하나님

창세기 22 : 1, 23 : 3

"하나님께서는 당신이 행복하기보다 거룩하기를 바라십니다." 일주일 전 소셜 미디어에 공유했던 그 문장이 네 번째로 뜨자, 앓는 소리를 내며 노트북을 닫아 버렸다. 똑같은 문장을 되풀이해서 보았기 때문이다. 그 문구는 해 질 녘 야생화 가득한 들판의 어스름한 빛 위나 지하철 터널 벽면에 부착된 검은색 간판 위에 흰 글씨로 쓰여 있었다. 배경과 문구가 무슨 관계인지는 정확히 모르겠지만 뜻은 명백하다. 개인적인 문제보다 하나님의 뜻이 중요하고, 삶에서 만족하지 못하는 부분이 있다면 나의 이기적인 욕심 때문이라는 것이다. 기독교 소셜 미디어에 딱 어울리는 문구다. 도발적이고, 강렬하고, 문화에 역행한다.

  이런 문구의 의미는 분명하다. 우리 자신을 비판적으로 돌아보고 동기와 욕망을 살피라는 것이다. 특히 우리의 뜻과 하나님의 뜻이 일치하지 않는다면 하나님의 뜻이 우선해야 한다는 점을 상기시킨다. 이것은 마치 현자의 조언이나 엄한 훈계처럼 들린다.

그 문구는 이런 뜻으로 해석되곤 한다. "성경을 따르기만 하면 당신이 행복하든 그렇지 않든 하나님께서는 상관하지 않는다. 100%의 의를 행하지 않는다면 절대 행복해질 수 없을 것이다." 그런 말을 들을 때면 우리는 본능을 억누르거나, 현재 상황(직업, 관계, 생활방식)이 하나님께서 베풀어 주신 최선이 아닐 수도 있다는 목소리를 무시하게 된다. 어릴 때부터 교회학교에서 늘 '만족하라'고 배웠기 때문이다. 결국 중요한 건 현재의 삶이 아니므로 좋은 그리스도인들은 어떤 상황이든 견뎌 낸다. 우리가 관심을 두어야 하는 것은 '하늘나라의 보물'이 아닌가? 이 땅에서 심하게 고난받을수록 그곳에서 받는 보상이 클 것이다. 그렇기에 늘 행복보다 거룩함이 먼저다.

하지만 그렇지가 않다.

레위기 18:5은 말한다. "너희는 내 규례와 법도를 지키라 사람이 이를 행하면 그로 말미암아 살리라 나는 여호와이니라" 이 구절을 근간으로 하는 유대인의 율법이 있다. '생명의 구원'이라는 명칭이다. 어떤 법이든 우상 숭배나 금지된 성행위를 제외하고는 사람의 생명 구원을 최우선으로 한다는 것이다. 예를 들면 유대교 율법은 안식일에 누군가에게 전화를 거는 행위는 금지하지만, 생명을 살리기 위해 소방서에 신고할 수는 있다. 또 어떤 사람이 굶주렸다면, 유대교 방식을 따라 정결하게 만든 음식이 아니더라도 먹을 수 있고, 그런 음식을 먹는다 해도 더럽혀지지 않는다. 율법의 목적은 생명을 살리기 위함이지, 죽음을 앞세우는 게 아니기 때문이다.

사실 유대교에서는 그런 식의 율법 위반 행위를 허용할 뿐 아니라 율법을 지키는 것보다 더 거룩하게 여긴다. 하나님께서는 종교적 순수함을 유지하려고 생명 구제를 기피하는 사람보다 우선하는 사람을 더 기뻐하신다.

이는 개인에게도 마찬가지로 적용된다. 당뇨병을 앓거나 특정 식품 또는 음료를 처방받는 사람이 있다면, 금식 기간이라 해도 생명이 종교적 율법보다 우선한다. 이러한 논리는 상식에 기반한다. 하나님께서는 율법의 사소한 내용보다 사람들의 건강을 더 중요하게 생각하신다. 건강을 유지하기 위해 음식이 필요하다면, 물어볼 필요도 없이 적당량의 음식이 허락된다.

'생명 구원'의 원리는 최소 삼천 년 이상 유대 기독교 전통의 일부였다. 사무엘상 21장에서 다윗과 그의 사람들이 사울 왕에게 쫓길 때 너무 굶주린 나머지 제사장을 위해 구별된 거룩한 떡을 먹은 사례에서 볼 수 있다. 그로부터 천 년 뒤 예수님과 제자들이 안식일에 손으로 밀 이삭을 잘라 먹었다는 이유로 정죄당하자, 예수님은 사무엘상의 그 사례를 말씀하시며 호세아를 인용하셨다(마 12 : 1-8). "나는 자비를 원하고 제사를 원하지 아니하노라"(마 12 : 7).

예수님이 이 원리를 말씀하신 사례는 또 있다. 마태복음 12장과 마가복음 3장에서 예수님은 회당에 들어가 손이 마른 자를 치유하셨다. 그 때문에 바리새인들이 시비를 걸자 예수님은 "안식

일에 선을 행하는 것과 악을 행하는 것, 생명을 구하는 것과 죽이는 것, 어느 것이 옳으냐"(막 3 : 4)라고 되물으셨다. 누가복음 13장에서도 똑같은 패턴이 반복된다. 예수님은 18년이나 등이 굽은 여인을 치유하시느라 안식일을 지키지 않으셨다. 예수님은 시비 거는 바리새인들에게 이렇게 물으셨다. "너희 중에 누가 그 아들이나 소가 우물에 빠졌으면 안식일에라도 곧 끌어내지 않겠느냐"(눅 14 : 5). 또 소녀를 일으키기 위해 시체를 만지지 말라는 유대교의 율법을 어기셨을 때(마 9 : 25, 막 5 : 41, 눅 8 : 54), 나병환자를 고치기 위해 그에게 손을 대셨을 때(마 8 : 3, 막 1 : 41, 눅 5 : 13)도 마찬가지였다.

예수님이 요한복음 8장에서 간음하다 붙잡힌 여인에게 보이신 태도는 '생명 구원'의 원칙을 가장 뚜렷하게 상기시키는 장면일 것이다. 율법 교사들이 그 여인을 처형해야 한다고 주장하자, 예수님은 모여 있던 군중에게 그 유명한 말씀을 던지셨다. "너희 중에 죄 없는 자가 먼저 돌로 치라"(요 8 : 7). 이 말을 듣고 모든 사람이 그 자리를 떠나자, 예수님은 여인을 향해 말씀하셨다. "나도 너를 정죄하지 아니하노니 가서 다시는 죄를 범하지 말라"(요 8 : 11). 예수님은 그 여인의 목숨부터 구하셨고, 그러고 나서야 거룩함을 추구하라고 격려하셨다. 생명이 거룩함보다 앞서기 때문이다.

하나님께서는 우리가 거룩하기를 바라시는가? 물론이다. 하지만 거룩보다는 건강하기를 더 바라신다고 말하는 편이 안전해 보인다. 예수님은 종교적 확신을 갖기보다 우선 몸과 마음이 건강해야 한다고 여러 번 말씀하셨다. 생명을 살리는 것은 어쩌다 할 일이 아니라 반드시 지켜야 할 명령이다. 우리가 긍정적인 미래를 고려해서 결정하도록 도전하는 것이다. 우리는 율법주의자들처럼 법을 고수하기보다 생명을 선택함으로써 하나님께 영광을 돌린다.

따라서 교회들은 치명적인 바이러스의 전파를 막으려고 온라인 예배로 전환하기도 한다. 그런데 이 같은 '생명 구원'의 원리가 성경과 예수님이 주신 교훈의 뿌리라면, 더군다나 오늘날 교회 운영 원리에도 적용될 수 있다면, 왜 수많은 현대 신학에서는 그 원리를 무시했던 것일까?

아마 그 이유는 '그리스도와 함께 못 박히는 삶'과 '풍성한 삶' 사이의 본질적인 갈등 때문일지도 모르겠다. "십자가를 지고 나를 따르라."라는 예수님의 명령은 고난을 암시하는데, 우리는 그 명령을 받아들인다. 고난을 견디면 그 자체로 일종의 성화가 되고, 투쟁은 거룩을 추구하는 삶의 핵심이 된다. 우리는 베드로전서 4 : 13 같은 구절을 들먹이곤 한다. "오히려 너희가 그리스도의 고난에 참여하는 것으로 즐거워하라 이는 그의 영광을 나타내실 때에 너희로 즐거워하고 기뻐하게 하려 함이라" 이 구절은 구체적으로 '복음을 위해' 순교하고 목숨을 바치라는 이야기다. 하지만 우리는 이 고난을 삶에서 경험하는 '모든' 종류의 고난으로 받아들이는 경우가 많다.

우리는 행복과 거룩을 구분한다. 마치 진정한 거룩은 고통스럽고 행복을 부인해야만 얻을 수 있는 것처럼 말이다. 하지만 이때도 다시 세속적이고 순간적인 '행복'과 천국을 향한 초월적인 '기쁨'을 칼같이 구분한다. 행복을 어떤 즐길 거리에서 얻는 신기루쯤으로 여기는 반면, 기쁨은 하나님께서 주신 영원한 약속에서 느낄 수 있는 깊은 만족과 평화, 즐거움으로 여긴다. 행복이 솜사탕이라면 기쁨은 세 종류의 디저트가 곁들여진 추수감사절의 저녁 만찬처럼 여긴다.

다만 그런 식의 구분이 인위적이라는 점이 문제다. 성경에서 '기쁨' 또는 '즐거워하다'라고 번역된 열세 단어 중 어느 것도 즐거움이 지속되는 기간을 의미하지 않는다. 게다가 히브리어나 그리스어에는 '행복'이라는 단어가 '기쁨'과 별도로 존재하지도 않는다. 그 단어들의 차이는 기쁨이나 즐거움이 표현되는 방식일 뿐, 그것이 얼마나 지속되는지, 무엇 때문에 그런 감정을 느끼게 되는지에는 차이가 없다. 성경을 기록한 사람들이 그 두 단어를 구별하지 않았는데도 현대 그리스도인들은 그 둘의 차이점을 만들어 내서는 그리스도인의 삶이 고난과 기쁨의 역설을 핵심으로 한다고 변명하려 한다. 행복을 얄팍하고, 사소하고, 일시적인 어떤 것으로 여기게 되면 행복이란 세속적인 것을 추구하는 것이며, 고통보다 중요성이 떨어진다고 무시하게 된다. 고통은 거룩함과 동일하니까. 그렇지 않은가?

우리는 행복 자체가 나쁜 것은 아니라고 주장하면서도 행복을 거룩함과 동일시할 수는 없다고 생각한다. 거룩은 현세의 즐거움과 어떻게든 완전히 구별되어야 한다고, 성화의 길을 걷는 사람이라면 내세에서나 즐거움을 느낄 수 있다고 생각한다. 하지만 이처럼 의도적으로 즐거움을 거부하는 것이 얼마나 불합리하고 청교도 같은 논리인가.

삶에서 고통스러운 순간을 이겨 내기 위해 마음 깊은 곳에서부터 우러나는 즐거움을 추구하는 것은 칭찬받아 마땅한 일이다. 하지만 그렇다고 하나님께서 우리가 일상에서 행복을 느끼든 말든 상관하지 않는다는 말이 아니다. 복음을 위해 얼마나 고난받았는지, 날마다 죄에 맞서 싸우느라 얼마나 고생했는지, 얼마나 지칠 정도로 헌신했는지가 영혼의 성공을 측정하는 기준이 된다면, 즐거움이라는 거룩한 선물을 스스로 걷어차는 꼴이 된다.

분명 그리스도인들은 근본적인 것을 추구하기 위해 피상적인 쾌락을 포기하도록 부르심을 받았다. 하지만 그렇다고 하나님께서 우리의 장·단기적 행복에 관여하지 않는 것은 아니다. 우리는 '자기를 부인하는' 헌신과 주님께 온전히 복종하겠다는 선한 의도 때문에 우선순위를 잘못 설정하곤 한다. 행복을 두 번째 또는 세 번째 순위의 부차적인 복으로 여기면, 하나님께서 이 세상에 창조하신 선한 것들을 부인하게 된다. "하나님께서는 당신이 행복하기보다 거룩하기를 바라십니다."라는 가짜 이분법 대신, 아래처럼 서로 연결된 세 문장처럼 말이다.

거룩하지 않은 행복은 쾌락주의(hedonism)다. 즐거움만을 위한 즐거움이 된다.

건강하지 않은 거룩은 광신주의(fanaticism)다. 검증되지 않은 집착이다.

행복하지 않은 건강은 아무런 가치도 없다(pointless). 무엇을 위해 생명을 보존하는가?

이 세 문장은 하나님께 영광을 돌리고자 하는 사람들에게 어떤 의미인가? 우리도 다윗과 예수님처럼 생명과 건강에 먼저 집중하고, 율법을 지키는 것은 그 후에 고민해야 한다는 뜻이다. 우리는 어떤 상황이나 관계가 건강하지 않은지, 또는 어떤 행동이 우리를 억압하는지 인식할 필요가 있다. 그것이 그리스도인이라는 명성에 어떤 영향을 끼치든지, 그런 상황이나 관계가 우리 삶의 어떤 부분을 차지하든지 말이다.

'건강한' 관계는 파괴적이지 않다.
'건강한' 교회는 권력을 남용하지 않는다.
'건강한' 지도자는 폭력적이지 않고, '건강한' 근무 환경은 해롭지 않다.
'건강한' 사람은 자신을 해치지 않는다.
음식에 관한 문제가 있거나, TV를 몰아보거나, 몇 시간이고 게임에 몰두하는 것은 건강하지 않다.

성관계에 제한을 두지 않는 것은 건강하지 않다.

약물을 복용해서 고통을 줄이는 쾌락적인 삶은 건강하지 않다.

알코올 의존증, 쇼핑 중독 등 어떤 중독이든 건강하지 않다.

질투를 억제하지 못하는 것은 건강하지 않다.

우울증을 치료하지 않는 것, 충동을 제어하지 못하는 것, 누군가 당신에게 "기도를 통해 힘을 낼 수 있어야 한다."라고 말했기 때문에 불안해하거나 당황하는 모습은 건강하지 않다.

먼저 자신이 건강한지 확인하지도 않은 채 거룩해지려고 노력한다면 불안과 두려움, 수치심에 기반한 신앙으로 빠지기 쉽다. 우리는 복음이 먼저 굳건하게 자리를 잡아야 치유가 일어난다고 배웠다. 비참한 지경에 처한 사람들은 먼저 그리스도를 받아들이고 의로움에 초점을 맞춘 뒤에야 삶의 고통이나 엉망인 부분이 치유될 수 있다고 말이다. 개인 간증이나 설교에서 자주 듣던 메시지다.

"예수님을 만나기 전까지 저는 엉망이었어요. 십자가를 받아들이고 난 뒤에야 다시 일어설 수 있었죠."

많은 사람들에게 해당되는 이야기겠지만, 꼭 그래야 하는 것은 아니다. 어떤 사람들이 의로움으로 나아가는 길에는 건강하지 못한 장애물이 쌓여 있다. 그들은 '건강'을 해치는 장애물을 깨끗이 치우고 나서야 더욱 거룩한 삶으로 나아가는 길을 찾을 수 있다. 거룩함이 치유의 필수 요소라고 주장하는 사람은 굶주린 사람들에게 '세례를 받아야만' 음식을 가져다주겠다고 약속하는 선교사와 비슷하다. 그릇된 생각일 뿐 아니라 비도덕적이다.

그렇다면 이미 복음을 삶의 최우선 목적으로 확고하게 붙드는 사람들은 어떨까? 거룩해지려는 선한 의도가 그들을 건강하지 않은 삶에 얽매이게 한다면? 생명공학 전문가인 타메이카는 그런 식으로 생각했던 적이 있다고 이야기한다.

"저의 부모님은 통제가 너무 심한 분들이었어요. 학교에서 모범생이 되거나 교회에서 좋은 아이가 되는 것으로는 부족했지요. 그분들은 제가 제일 똑똑하고 인기 있고 행실이 바른 아이가 되기를 원하셨어요. 저는 대학이나 진로도 부모님이 원하는 방향으로 선택했어요. 티셔츠 색깔을 고르는 것처럼 사소한 일에도 부모님이 부정적인 의견을 밝히면 그분들이 좋아하는 쪽으로 바꾸곤 했지요. 그것이 주님에 대한 의무라고 생각했기 때문에 그런 압박을 기꺼이 감당했어요. 부모님을 존중하는 것이 하나님을 존중하는 거니까요. 그런데 부모님이 저를 의존적인 성인으로 만드셨다는 것, 그 과정에서 제가 비참했다는 것은 미처 깨닫지 못했어요."

타메이카에게 부모님과의 건강하지 못한 관계가 영적 여정에 어떤 영향을 미쳤다고 생각하는지 묻자, 그녀는 잠깐 생각한 뒤 대답했다.

"모태신앙인을 향해 '못해 신앙'이라고 하는 말을 들어 보셨나요? 하나님과 직접 관계를 맺는 대신 부모님의 신앙을 물려받은 사람을 말하지요. 제가 바로 그런 사람이었어요. 늘 다른 누군가의 신앙이라는 우산 아래 살아가면서 그게 저의 신앙이라고 스스로 설득하곤 했어요. 제가 하나님과의 관계를 올바르게 한다고 믿었던 방법, 즉 부모님의 바람에 순응하는 건 건강하지 않았어요. 제가 뭘 좋아하는지, 저의 영적 은사가 뭔지도 모르게 되었으니까요. 그저 그분들의 신앙을 물려받았어요. 그 부작용까지도요. 그런데도 제 삶에서 부족한 점이 보이면 저와 하나님과의 관계가 올바르지 않기 때문이라고 생각했어요. 그런 관계가 건강하지 못하다는 것도 깨닫지 못했어요. 제가 성인이 된 뒤에도 어른들을 존중해야 할 의무가 있다는 문화적 압박을 느꼈어요. 많은 설교와 성경에서도 그렇게 말했기 때문이에요."

"그러면 언제부터 본인의 건강을 우선순위에 두기 시작하셨나요?"라고 물어보았다.

"솔직하게 말할까요? 겨우 이 년쯤 됐어요." 창피함을 가리려는 듯, 타메이카는 손으로 얼굴을 쓸어내렸다.

"사십 대가 되어서야 모든 걸 부모님께 허락받기를 그만두었다고 솔직하게 말씀드리니 너무 씁쓸하네요. 하지만 저는 그분들의 견해가 제 삶과 관계에 얼마나 부정적인 영향을 끼치는지 깨닫기 시작했어요. 결국 꼬리를 물고 이어지는 죄책감을 끊어버렸지요. 그런데도 부모님의 통제를 벗어났다고 하나님께서 분노하시지는 않을까 내내 걱정했어요. 하지만 어느 순간 갑자기 분노 대신 위로와 편안함을 느끼게 되었어요. 제 믿음과 의심조차 말이에요. 오랜 시간 동안 마스크를 쓰고 있다가 마침내 벗어던지고 맨얼굴로 하나님을 마주 보는 기분이었어요. 스스로 결정을 내리면서 이전처럼 고민하지 않았어요. 하나님과 나 사이에서 내리는 결정에 부모님의 의견을 고려할 필요가 없었으니까요."

타메이카처럼 다른 사람과 건강하지 않은 관계에 거리를 두는 것은 우리가 건강함을 추구하기 위해 할 수 있는 가장 효율적인 방법일지도 모른다. 상담이나 행동치료 요법, 강한 의지, 또는 집 주소나 직장을 바꾸는 물리적 변화는 파괴적인 행동에서 자신을 분리하는 가장 효율적인 방법이며, 폭력을 끝내는 방법이다.

성경의 사라를 생각해 보자. 창세기 22장에는 이삭이 제물로 바쳐진다. 그리고 23장은 다음 구절로 시작된다.

"사라가 백이십칠 세를 살았으니 이것이 곧 사라가 누린 햇수라 사라가 가나안 땅 헤브론 곧 기럇아르바에서 죽으매 아브라함이 들어가서 사라를 위하여 슬퍼하며 애통하다가 그 시신 앞에서 일어나 나가서 헷 족속에게 말하여 이르되 나는 당신들 중에 나그네요 거류하는 자이니 당신들 중에서 내게 매장할 소유지를 주어 내가 나의 죽은 자를 내 앞에서 내어다가 장사하게 하시오"(창 23 : 1-4).

그런데 이 구절에서 우리는 중요한 세부 사항을 놓치기 쉽다. 사라가 죽을 때 아브라함과 동거하지 않았다는 것.

사라는 어느 시점에 아브라함과 대략 56km 떨어진 곳, 그들과 다른 족속이 거주하는 곳을 거주지로 선택했다. 그녀의 남편은 두 번이나 권력자에게 아내를 팔았다(창 12, 20장). 남편이 다른 여자를 통해 아이를 낳는 것과 자신의 외아들을 제물로 바치려고 끌고 가는 모습을 본 사라는 남편을 떠나 거리를 두었다. 아브라함과 롯이 가축을 두고 다툼이 벌어져 장막과 소유를 옮겨 서로를 떠났던 모습을 반영하듯(창 13 : 5-13), 사라와 아브라함도 어느 시점에 결별을 택했던 것으로 보인다.

이십 대 후반의 사회복지사 매켄지도 그와 비슷한 상황에 처했다.

"결혼 뒤 남편에게 학대당했어요. 하지만 처음에는 그것도 깨닫지 못했어요. 다만 제가 교회에서 이 남자와 결혼을 유지하기로 서약했다는 것, 그리고 '하나님께서는 이혼 자체를 미워하신다'(말 2 : 16)라고만 알았지요. 그래서 계속 그렇게 지냈어요."

매켄지는 소매를 걷어 올려 팔을 보여주었다. 수많은 가로줄의 붉은 상처가 팔을 뒤덮고 있었는데, 마치 트라우마를 기록하기 위한 표식 같았다.

"늘 불안했어요. 고등학교 때는 자해를 했죠." 매켄지가 설명했다.

"자해는 제가 고통을 견디는 유일한 방법이었어요. 그래서 남편이 저를 때리거나 욕하거나 고함을 칠 때마다 그걸 견디느라 팔을 베기 시작했어요. 가장 중요한 건 서약을 충실히 지키는 거라고 생각했어요. 그래야 하나님께 진실할 수 있고, 이 고통을 감내해야 더 나은 그리스도인이 될 거라고 여겼어요. 친구들은 남편이 저를 죽일 거라고 말했지만, 남편이 바람을 피운 건 아니니까 제가 남편을 떠나는 건 하나님의 계획이 아닌 제 이기심을 따르는 거라고 생각했어요. 게다가 어릴 때 저의 부모님이 이혼했기 때문에 저는 무슨 일이 있어도 절대 결혼에 실패하지 않겠다고 다짐했죠. 직장 동료가 저한테 자해 문제를 치료받으라고 설득하고 나서야 하나님의 말씀을 최대한 지키려 했던 노력이 오히려 저를 해치고 있다는 사실을 깨달았어요. 마치 눈앞의 안개가 걷힌 것 같았어요. 하나님께서는 제가 스무 살 때 교회에서 했던 서약에 매여서 고문당하기보다 건강하게 살기를 바라신다는 사실을 알게 된 거예요."

"그러면 하나님께서 당신이 거룩하기보다 건강하기를 더 바라신다는 건가요?" 내가 물었다.

매켄지는 단호하게 고개를 끄덕이며 대답했다. "그럼요. 껍데기만 존재한다면 거룩해질 수 없어요. 아니면 죽어서나 거룩하게 될걸요?"

유대교의 '생명 구원' 원칙은 우리의 건강을 위협하는 파괴적인 행동과 거리를 두게 해 준다. 건강이라는 문제를 해결하지 않고서 거룩을 행복의 앞자리에 두면 자해하기 딱 좋은 조건이 된다. 고통이 우리를 연단한다고 믿으면 위험한 상황에서 벗어나지 않으려 하고, 고통을 반복적으로 선택하게 된다. 하나님의 뜻을 율법주의식으로 따르지 않으면 치유받을 수 없다고 믿는 사람은 건강하지 않다. 그리스도께 헌신한 사람이라면, 거룩함을 깊이 추구하기 전에 우선 건강해야 한다.

하지만 건강과 거룩, 그 둘 사이의 경계를 어떻게 설정해야 하는가?

『제인 에어』에는 유부남 로체스터가 제인에게 도망가자고 유혹하는 장면이 나온다. 이때 제인이 고민하는 문제가 그것과 유사하다. 로체스터의 정부로 남아 달라는 제안을 받아들이고 싶지만, 그렇게 하면 감정적 동요를 겪기 전 스스로 세웠던 도덕적 선을 넘게 된다. 제인은 로체스터에게 "하나님께서 주셨고, 사람이 승인한 율법을 지키겠노라."라고 답한다. 내가 지금처럼 사랑에 눈멀기 전에 받아들였던 그 원칙을 고수하겠노라고. 율법과 원칙은 유혹이 없을 때를 위한 것이 아니라 몸과 영혼이 서로 대립하는 바로 지금 같은 순간에 필요한 거라고 말이다.

다시 말해, 정신이 안정됐을 때 가졌던 종교적 확신이 혼란으로 시야가 흐려졌을 때 길잡이가 되어 준다는 이야기다. 이것은 개인의 정신 건강이 현실 인식과 판단력에 영향을 미칠 수 있다는 점을 인정하는, 매우 간단명료한 조언이다. 당신이 건강할 때 내린 판단을 고수하면 확신을 갖고 유지할 수 있다. "나는 지금 너무 외롭지만 전 남자친구/여자친구에게 절대로 연락하지 않을 거야." 또는 "오늘 너무 힘든 날이었지만 저녁때 와인은 딱 한 잔만 마실 거야."와 같이 말이다.

우리는 성경과 우리 영혼의 경계선이 일치하는지 주기적으로 점검해야 한다. 결국 영적 성장은 선택할 수 있는 문제가 아니다. 우리는 모두 성장해야만 한다. 따라서 우리가 입장을 바꿔야 할 필요도 있다.

그러나 그렇지 않을 때도 있다. 우리가 의지하는 진리는 불변한다. 우리는 그 믿음의 반석 위에 우리의 영혼을 걸고 삶을 일군다. 하나님을 이해하는 데 그것이 절대적이기 때문이다. 그런 믿음으로 결단한 선택은 무조건적이다.

때로는 건강과 거룩 사이의 경계가 아니라 그 둘 사이에서 갈등을 유발시키는 조건이 문제가 될 때도 있다. 당신은 건강한 눈으로 상황을 볼 수 있는 정신적, 정서적 힘이 있는가? 어떤 선택을 내리면 그 후에 어떤 여파가 있을지 폭넓게 살필 수 있는가? 안정적이고 분명한 정신 상태에 기반해서 행동하고 평가할 수 있는가?

고통스러운 상황에서 어려운 결정을 내려야 할 때, 제인 에어가 활용했던 의사결정 원리를 시도해 볼 것을 제안한다(다음의 표 참고). 먼저 자신의 결심이나 문제가 되는 대상을 명시한다. 그리고 핵심 질문을 따라간다.

표를 따라가면 길이 나타날 것이다. 당신이 건강한지, 삶에 유익한 결정을 내릴 만큼 관점이 분명한지 살펴보라. 아니라면 당신에게는 거룩하고 신뢰할 만한 안내자가 필요하다.

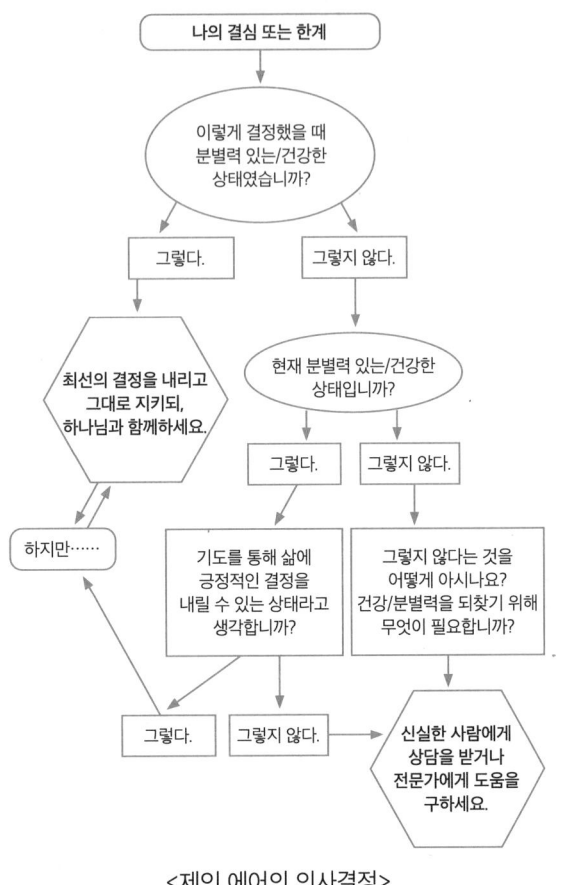

<제인 에어의 의사결정>

하나님의 충만한 임재를 경험하려면, 개인의 기호나 종교적 사명보다 건강을 우선해야 한다. 생명이 먼저 보존되어야 하기 때문이다. 건강해질수록 자연히 더 거룩해질 것이다.

모욕적이고, 폭력적이고, 수치심에 기반한 관계에서 벗어날 때 하나님과의 관계에서 당신이 소중한 가치임을 느낄 수 있다.

교회가 권력 대신 그리스도를 중심으로 할 때 영적으로 성장할 수 있다.

양심을 거스르게 하는 직장이나 피곤하게 하는 직장 동료를 떠난다면, 신념이나 자아를 굽히지 않으면서 하나님께서 주신 은사에 집중할 수 있다.

자해를 그만둔다면, 몸으로 하나님께 영광을 돌릴 수 있다.

올바른 식사와 운동을 병행한다면, 하나님께서 주신 몸을 관리해서 삶을 잘 감당할 수 있다.

건전한 방식으로 성생활을 존중한다면, 스스로를 존중하는 것이며 하나님께서 주신 친밀함이라는 선물을 귀하게 여길 수 있다.

약물로 자살할 생각을 더 이상 하지 않는다면, 몸과 마음을 통제하고 결정할 수 있으며, 하나님 안에서 온전함으로 나아가게 된다.

빚지지 않고 생활비를 충당하면서 '도둑이 들고 좀 먹는 곳'에 재물을 쌓지 않는다면, 고통에서 벗어날 수 있는 자원과 정의를 위해 싸울 수 있는 자원, 세상을 발전시킬 자원을 가진 것이다.

정신 건강을 위해 치료받거나 그럴 수 있는 방법을 찾았다면, 해로운 생각과 진정한 신념을 분별해 낼 수 있다는 자신감을 갖게 된다.

건강을 먼저 선택한다면 거룩이 따라올 것이다. 하지만 건강하지 않으면 진정으로 거룩해질 수 없다. 하나님께서는 당신의 거

———— 독단

룩과 행복을 돌보시지만, 당신의 건강에도 관심이 있으시다. 예수님이 교사이자 치유자이신 것은 우연이 아니다. 하나님께서는 늘 부정적인(-하지 말라) 말씀만 하신다는 소셜 미디어의 문구를 믿지 말라. 당신이 먼저 건강하지 않으면 진정으로 거룩해질 수 없고, 거룩해지는 것을 즐거워할 수 없다면 서글픈 짐이 될 뿐이다.

건강, 거룩, 행복. 이 순서다.

10장
적대감

혼돈의 하나님

창세기 4 : 1~17

창세기 27 : 1~45, 31, 33 : 1~17

성경은 혼돈에서 질서를 이루어 가는 이야기로 가득하다. 그런 개념을 문자 그대로 볼 수 있는 곳이 창세기인데, 첫머리에서부터 창조가 순서대로 이루어진다. "땅이 혼돈하고 공허하며 흑암이 깊음 위에 있고 하나님의 영은 수면 위에 운행하시니라 하나님이 이르시되 빛이 있으라 하시니 빛이 있었고 빛이 하나님이 보시기에 좋았더라 하나님이 빛과 어둠을 나누사 하나님이 빛을 낮이라 부르시고 어둠을 밤이라 부르시니라 저녁이 되고 아침이 되니 이는 첫째 날이니라"(창 1 : 2-5). 이런 식으로 닷새 동안 하나님께서 구조와 디자인을 뽑아내시자 세상이 모습을 드러냈다. 그리고 여섯째 날, "하나님이 지으신 그 모든 것을 보시니 보시기에 심히 좋았더라"(창 1 : 31)라고 하신다. 이처럼 창세기 본문에는 혼돈에서 질서를 창조하는 이야기가 반복된다. 그런데 그 질서는 다시 와해되어 혼돈으로 되돌아간다(에덴 동산, 제사, 안락한 가정, 도시의 발달, 장자권, 유혹, 살인, 사기, 질투 등으로 인해 가족 구조가 무너짐). 그다음에는 하나님께서 새로운 방식으로 회복시키시고, 다시 균형을 잡으시면서 이야기를 새로운 방향으로 이끌어 가신다. '창세기'라는 단어는 '세상의 시작'을 의미하며, 하나님께서 무질서에서 이전보다 나은 무언가를 계속해서 만들어 가시는 이야기이다. 창세기의 끝부분에서는 아버지 야곱의 총애를 받던 요셉이 형들 때문에 노예로 팔려 가 죄 없이 억울하게 감옥에 갇히지만, 결국 이집트 전국에서 둘째가는 권력자로 승진한다. "당신들은 나를 해하려 하였으나 하나님은 그것을 선으로 바꾸사 오늘과 같이 많은 백성의 생명을 구원하게 하시려 하셨나니"(창 50 : 20).

혼란스러운 상황에서 질서가 잡혀간다는 주제로 성경을 들여다보면 위로와 확신을 얻을 수 있다. "우리가 알거니와 하나님을 사랑하는 자 곧 그의 뜻대로 부르심을 입은 자들에게는 모든 것이 합력하여 선을 이루느니라"(롬 8 : 28). 하지만 하나님께서 우리가 '질서'라고 이해하는 것과 너무나도 다른 원칙에 따라 행동하신다면 어떻게 해야 할까? 세상을 다스리시는 하나님께서 로마서 8장에서 묘사하는 대로가 아니라 이사야 55 : 8과 같다면?

"이는 내 생각이 너희의 생각과 다르며 내 길은 너희의 길과 다름이니라 여호와의 말씀이니라"(사 55 : 8).

하나님께서 이해할 수 없는 원칙을 일관되게 적용하지 않거나 의도적으로 혼란을 일으키시는 것 같은 상황에서, 우리는 어떻게 질서를 찾아낼 수 있을까?

성경 속 가인과 아벨 이야기의 하나님은 상호이해의 법칙을 완전히 벗어나신 것처럼 보인다. 필로와 요세푸스, 중세 시대의 랍비와 르네상스 학자들, 빅토리아 시대의 신학자들, 현대의 설교가들이 수백 년간 가설을 세우고 연구했음에도 불구하고, 하나님께서 가인의 제사를 기뻐하지 않으셨던 이유를 우리는 여전히 알지 못한다. 성경 본문에서도 그에 관한 단서를 찾기 어렵다. 그나마 가장 가까운 구절이 요한1서 3:11~12이다. "우리는 서로 사랑할지니 이는 너희가 처음부터 들은 소식이라 가인같이 하지 말라 그는 악한 자에게 속하여 그 아우를 죽였으니 어떤 이유로 죽였느냐 자기의 행위는 악하고 그의 아우의 행위는 의로움이라" 하지만 가인의 어떤 행동이 악했는지, 아벨의 행동은 어떤 점에서 의로웠는지, 여전히 설명이 부족하다.

많은 학자들이 수천 년간 열심히 들여다보고 연구했음에도 왜 가인이 거절당했는지 확실한 답을 찾지 못했으니, 독자들은 각자 나름대로 결론을 내리게 된다. 결국 우리는 하나님의 논리 이해하기를 포기한 채 가인이 동생을 살해하고 추방당하는 모습만 본다. 하지만 그러면 두 가지 중요한 세부사항을 놓치게 된다. 첫째, 가인이 쫓겨날 때 하나님께서 자비와 보호를 베푸셨다는 것(창 4:15), 둘째, 내쫓긴 가인이 영원히 홀로 남지는 않았다는 것(창 4:16-17)이다.

우리가 배웠던 것과 달리, 하나님께서는 가인에게 죄를 물으실 때 모든 것을 싸잡아 비난하지 않으셨다. 동생의 피를 흘린 것은 분노하셨지만, 그렇다고 가인이 생존을 위해 싸우도록 내버려두지는 않으셨다. 대신 이렇게 말씀하셨다.

"네가 밭을 갈아도 땅이 다시는 그 효력을 네게 주지 아니할 것이요 너는 땅에서 피하며 유리하는 자가 되리라 가인이 여호와께 아뢰되 내 죄벌이 지기가 너무 무거우니이다 주께서 오늘 이 지면에서 나를 쫓아내시온즉 내가 주의 낯을 뵈옵지 못하리니 내가 땅에서 피하며 유리하는 자가 될지라 무릇 나를 만나는 자마다 나를 죽이겠나이다 여호와께서 그에게 이르시되 그렇지 아니하다 가인을 죽이는 자는 벌을 칠 배나 받으리라 하시고 가인에게 표를 주사 그를 만나는 모든 사람에게서 죽임을 면하게 하시니라 가인이 여호와 앞을 떠나서 에덴 동쪽 놋 땅에 거주하더니"(창 4 : 12-16).

가인의 표식이 무엇인지에 대한 논쟁이 수백 년간 지속되었고, 학자들은 이를 왜곡하기도 했다. 성경을 옮겨 쓰던 필경사들이 가인(Cain)의 이름을 노아의 셋째 아들 함(Ham-아버지를 존중하지 않아 저주받은 아들)과 혼동해 잘못 표기(Chaim)해서 그랬는지, 신학 서적이나 종교 미술에서는 '가인의 표식'을 저주로 묘사해왔다. 그런 전통 때문에 현대의 독자들도 가인의 표식은 처벌이 아니라 실상 그를 보호하기 위한 하나님의 자비로운 조치였다는 사실을 무시한다. 비록 가인이 자기 부족에서 쫓겨나긴 했지만, 하나님께서는 그를 그냥 버려두지 않으셨다. 오히려 그를 죽이려는 자에게 '일곱 배의 벌'을 주겠다고 약속하시면서 가인과의

적대감

연대를 강화하는 것처럼 보인다.

이처럼 큰 은혜를 입은 가인은 세상에 발을 들여놓을 수 있었고, 창세기 4 : 17을 통해 가인의 말년이 어떠했는지 알 수 있다. "가인이 성을 쌓고 그의 아들의 이름으로 성을 이름하여 에녹이라 하니라" 유대교 전통에 의하면 이 성은 지구상에 세워진 첫 도시이다. 이 구절은 가인의 이야기에서 핵심이 되는 역설을 이야기한다. 가인은 어느 날 갑자기 집에서 쫓겨나 방황했지만, 궁극적으로는 '선택받은 백성'과 그들의 공동체, 문명의 아버지가 되었다. 가인의 이야기는 하나님께 거부당하거나 고립된 데서 끝나지 않았다. 오히려 인류 공동체가 다시 시작되는 이야기로 끝맺는다.

가인을 통해 우리는 알 수 있다. 하나님께서는 우리가 전능하신 그분의 방식을 이해하지 못하거나 예측 못할 그분의 감정과 씨름한다 해도 우리를 외면하지 않으신다는 것 말이다. 그것이 논리적이거나 공정하지 않아 보여도, 개인이 어떤 상황에서 벗어난다고 해서 꼭 하나님의 은혜에서 벗어나는 것은 아니다. 창세기에는 이런 이야기가 반복된다. 쌍둥이 야곱과 에서 이야기는 가인과 아벨 이야기와 유사하다. 하나님께서 명확한 이유 없이 동생을 편애하신 결과, 형은 동생을 향해 살의를 느낀다. 하지만 야곱과 에서 이야기에서 추방당한 쪽은 동생이었다.

해당 이야기에서 가정의 역기능 구조를 불평할 사람이 있다면 그건 바로 에서다. 부모가 쌍둥이를 각각 편애하는 바람에 아들 둘을 심각한 라이벌 관계로 만들었다. 먼저 에서는 팥죽 한 그릇에 충동적으로 장자권을 팔아 버렸고, 야곱은 어머니의 부추김을 따라 눈멀고 아픈 아버지를 속여 장자가 받아야 할 복을 가로챘다. 에서가 가슴을 찢으며 분노하고, 자신의 미래를 위해 어떤 것이라도 빌어 달라고 아버지에게 매달릴 만하다. 에서는 아버지에게 복을 달라고 세 번이나 빌었다. 결국 이삭은 사랑하는 아들에게 마지못해 이렇게 말한다.

"네 주소는 땅의 기름짐에서 멀고 내리는 하늘 이슬에서 멀 것이며 너는 칼을 믿고 생활하겠고 네 아우를 섬길 것이며 네가 매임을 벗을 때에는 그 멍에를 네 목에서 떨쳐 버리리라"(창 27 : 39-40).

이삭이 복을 기원할 때 도입부는 암울하게도 가족들의 풍부한 재산에서 에서를 배제하지만, 마지막이 중요하다. 언젠가 에서가 동생의 영향력에서 벗어나리라는 것. 결국 에서가 성공하는 그날에는 야곱의 멍에를 벗어던지고 자유로워질 것이었다.

그것이야말로 진정한 복이다. 이삭은 장남 에서에게 그가 어떠한 고난과 소외를 겪게 되더라도 결국 그 고통을 이겨 내리라고 말한다. 에서는 야곱 때문에 받게 된 저주를 벗어날 것이고, 그동안 겪은 상실 때문에 쓰러지지 않을 것이다. 다시 말해, 이삭은 에서에게 고난을 견뎌 낼 수 있는 능력을 복으로 빌어 준다. 남아 있는 복을 떨이하듯 처분한 게 아니라 엄청난 자비를 베풀었다. 이삭이 가장 아끼는 자녀에게 베풀 수 있는 위대한 소원인 것이다.

하지만 그 복은 바로 눈에 보이지 않았다. 의심스러운 계약 때문에 장자권을 빼앗긴 에서는 불공정한 상황에 여전히 분노로 가득 차 있었고, 야곱을 죽이려고 했지만 어머니 리브가가 어린 아들이 도망칠 수 있게 도왔다. 성경의 본문은 20년이 지나 이삭이 에서에게 빌어 주었던 복이 실현되었음을 보여준다.

야곱은 조상들의 땅으로 감히 되돌아오려는 마음을 먹은 뒤, 형의 마음을 누그러뜨리려고 막대한 양의 선물을 앞세워 보냈다. 아마 자신의 힘을 과시하려는 의도도 있었을 것이다. 하지만 야곱은 에서가 400명의 남자들과 달려오고 있다는 소식을 듣고는 "심히 두렵고 답답하여"(창 32 : 7) 하나님께 간구했다. "내가 주께 간구하오니 내 형의 손에서, 에서의 손에서 나를 건져 내시옵소서 내가 그를 두려워함은 그가 와서 나와 내 처자들을 칠까 겁이 나기 때문이니이다"(창 32 : 11). 분명 야곱의 머릿속은 에서에 대한 생각으로 가득했다. 잘 알려진 대로 야곱은 형과 다시 만나기로 한 전날 밤, 하나님과 씨름하고 나서 또 다른 복을 요구했다. 그리고 다음 날, 에서의 무리가 다가오자 야곱은 앞으로 나아가 몸을 일곱 번 땅에 굽히며 형 에서에게 가까이 갔다(창 33 : 3). 그는 불안으로 압도된 상태였다.

그런데 에서는 어땠는가? "에서가 달려와서 그를 맞이하여 안고 목을 어긋 맞추어 그와 입 맞추고 서로 우니라"(창 33 : 4). 에서가 웬 선물을 이렇게 많이 가져왔느냐고 묻자, 야곱은 그에게 잘 보이기 위해서라고 설명했다. 그러나 에서는 말했다. "내 동생아 내게 있는 것이 족하니 네 소유는 네게 두라"(창 33 : 9). 이제 에서는 야곱의 소유를 더 이상 질투하지 않는다.

그렇다. 에서는 과거를 떠나보냈다. 하지만 본문에서 이야기하는 내용은 '용서의 힘'을 훨씬 뛰어넘는다. 이삭이 에서에게 빌어 준 복은 언젠가 동생을 향한 분노를 누그러뜨리는 것이 아니었다. 비유하자면, 마치 황소가 등에 짊어진 짐의 무게를 이겨 내고 오직 자신의 근력으로 굴레를 벗어던지는 모습과 비슷하다. 이삭은 에서가 동생의 주권에 굴복하기를 바라지 않았다. 오히려 언젠가 매임에서 벗어나 멍에를 '떨쳐 버리라'고 했다. 이것은 고통에 복종하지 않고 벗어던지는 모습이다. 에서는 과거의 무질서하고 혼란스러워 보이는 율법에서 자신을 해방시켰다. 그것이 에서가 받은 복이었다는 사실을 기억하자.

우리는 에서의 모습에서 과거의 잘못을 떠나보내는 것 그 이상을 볼 수 있다. 상처와 실망감을 거부하고, 주변 상황이나 사람들이 자신에게 전가한 한계를 뛰어넘어 자신을 위해 새로운 세상을 창조해 낸 사람의 모습이다. 그는 건강하지 못한 관계를 청산하고, 짊어져야 했던 쓰라린 감정도 내려놓았다. 부모의 잘못으로 그런 어려움을 당하게 되었다는 가스라이팅의 논리를 거부했다. 에서는 무거운 짐을 벗어던짐으로써 과거의 원수를 자신이 원하는 방식으로 맞이할 수 있었다.

형제는 각자 받은 복을 같은 날에 온전히 깨닫게 되었다. 야곱은 그날 새벽에 하나님께 복을 달라고 요구하면서 깨달았고, 에서는 에돔 땅 얍복 강가에서 동생을 마주할 때 야곱이 더 이상 자신에게 영향을 끼치지 못한다는 사실을 깨달았다. 쌍둥이가 받았던 복이 나란히 이루어진 것이다.

당신도 그렇게 느낀 적이 있는가? 세상은 무질서하고 혼란하며 마치 누군가가 나에게 원한을 품은 것처럼 보인다고 말이다. 질문을 하려 해도 되려 저격당하거나 내쫓길 뿐이다. 결국 공동체에 받아들여질 수 있는 장자권을 빼앗겼다고 느끼게 된다. 때로는 특정한 사람들만 하나님의 은혜를 누리고, 나는 해당하지 않는 것처럼 보여 고통스럽다.

에서의 이야기는 거절당한 경험이 있는 사람들에게 복된 이야기다. 우리는 다른 사람들의 통제 아래 살아갈 필요가 없다. 우리에게 상처를 주는 사람과 영원히 관계를 끊든 언젠가 다시 만나든, 중요한 것은 우리가 다른 누군가의 영향력을 끊어 낼 수 있는 복을 받았다는 점이다. 에서는 젊을 때 겪었던 거절의 고통을 내려놓는 방법을 터득했다. 비록 시간이 걸리고 마음으로는 고통스러웠지만, 결국 주변 사람들의 배신으로 인한 분노와 고통의 짐을 벗어던지는 데 성공했다.

에서와 같이 불복종에 기반한 용서라는 개념을 더 잘 이해하려면 성경 본문에 쓰인 단어를 살펴보아야 한다. 헬라어 동사 '아피에미'(aphiēmi)를 직역하면 '보내다'라는 뜻이다. 신약성경에서는 '용서하다'라는 의미로 가장 많이 쓰였는데, 용서라는 맥락과 하나님께서 우리 죄를 사해 주신다는 배경에서 동사 또는 명사 형태로 65회 이상 쓰였다. 하지만 두 번째 의미로 논의를 확장해 보면, 방임이나 분리를 의미하기도 한다. 예를 들어 예수님의 제자들은 고기 잡던 배와 그물을 '버려두고' 예수님을 따랐다(마 4 : 20, 막 1 : 18-20, 눅 5 : 11, 18 : 28). 여행이나 임무를 위해 떠나는 사람을 묘사할 때(막 12 : 12), 예수님이 혼자만의 시간을 위해 무리를 떠나실 때(막 8 : 13), 선한 사마리아인의 비유에서 강도들이 사람을 때려눕히고 떠날 때(눅 10 : 30), 예수님이 광야에서 시험당하실 때 마귀가 마지막 꾸중을 듣고 떠나는 장면에서도 쓰였다(마 4 : 11). 바울은 고린도전서 7 : 11~13에서 이 단어를 '이혼'의 뜻으로 사용하기도 했다. 다시 말해 이 단어는 제거, 배제, 분리, 물리적 거리두기 등을 포괄적으로 의미한다. 하나님께서는 죄와 혼돈을 제거하시면서 질서를 회복하신다.

따라서 이 '용서'라는 의미의 헬라어는 구약성경에서 용서를 뜻하는 단어 '나사'(nasa), '카파르'(kaphar)와 약간 다르게 기능한다. '나사'는 '들어 올리다, 짊어지다'라는 뜻으로, 가인이 하나님께 "내 죄벌이 지기가 너무 무거우니이다"라고 항변할 때 쓰였다. 창세기 50 : 17에서 형들이 요셉에게 "아버지는 네가 형들의 잘못을 들어 올려 주기를 바라셨다."라고 말할 때도 쓰였다. 반면 '카파르'는 '뒤덮다, 달래다, 제거하다'라는 뜻이다. 야곱은 창세기 32 : 20에서 형 에서를 만날 준비를 하며 이 두 단어를 모두 사용한다. "야곱이 말하기를 내가 내 앞에 보내는 예물로 형의 감정을 푼(카파르) 후에 대면하면 형이 혹시 나를 받아 주리라(나사) 함이었더라"

두 단어 모두 죄의 상태가 변화되어 더 이상 존재가 드러나지 않는 것을 의미한다. 따라서 용서를 의미하는 단어로 쓰인다. 하지만 예수님 시대의 용서라는 개념은 죄를 들어 올리거나 가려 준다는 의미에서 죄를 떠나 물리적으로 거리를 둔다는 의미로 바뀌었다. 다시 말해 예수님이 가르치신 용서의 의미는 죄라는 짐의 무게를 줄이거나 들어 올린다는 의미를 포함할 뿐 아니라 죄를 없애 버린다는 의미도 포함한다. 양측 사이에 거리를 두는 것이다. 화해는 해도 좋지만, 다시 관계를 맺을 필요는 없다. 용서는 무언가를, 누군가를 뒤로하고 떠난다는 의미가 될 때도 있다.

이처럼 우리는 창세기 31장에서 '거룩한 분리'라는 개념을 보게 된다. 야곱의 이야기에서는 평화롭게 경계가 세워지지만, 굳이 사이좋게 지낼 필요는 없다. 야곱이 라반을 떠나 집으로 돌아가기 위해 아내와 자녀와 함께 재물을 가지고 떠났을 때, 라헬은 아버지 라반이 가신으로 소중히 여겼던 우상을 훔쳤다. 우상이 사라진 것을 깨달은 라반은 일주일 동안 달려 무리를 따라잡았다. 그러나 하나님은 그를 막으셨다. "밤에 하나님이 아람 사람 라반에게 현몽하여 이르시되 너는 삼가 야곱에게 선악간에 말하지 말라 하셨더라"(창 31 : 24). 라반은 그 말씀에 정면으로 불복종하면서 바로 다음 날 야곱을 찾아가 말했다. "너를 해할 만한 능력이 내 손에 있으나 너희 아버지의 하나님이 어제 밤에 내게 말쏨하시기를 너는 삼가 야곱에게 선악 간에 말하지 말라 하셨느니라"(창 31 : 29). 오히려 야곱은 라반이 거짓말을 하며 속임수를 쓴다고 반박했다. 이렇듯 야곱의 삶에서는 역기능 가정에서 발생하는 혼란이 반복적으로 나타난다.

두 사람은 마침내 돌을 쌓고 그곳을 '미스바'(파수대)라고 부르기로 동의했다. 라반은 엄중하게 맹세했다.

"라반의 말에 오늘 이 무더기가 너와 나 사이에 증거가 된다 하였으므로 그 이름을 갈르엣이라 불렀으며 또 미스바라 하였으니 이는 그의 말에 우리가 서로 떠나 있을 때에 여호와께서 나와 너 사이를 살피시옵소서 함이라 만일 네가 내 딸을 박대하거나 내 딸들 외에 다른 아내들을 맞이하면 우리와 함께할 사람은 없어도 보라 하나님이 나와 너 사이에 증인이 되시느니라 함이었더라 라반이 또 야곱에게 이르되 내가 나와 너 사이에 둔 이 무더기를 보라 또 이 기둥을 보라 이 무더기가 증거가 되고 이 기둥이 증거가 되나니 내가 이 무더기를 넘어 네게로 가서 해하지 않을 것이요 네가 이 무더기, 이 기둥을 넘어 내게로 와서 해하지 아니할 것이라 아브라함의 하나님, 나홀의 하나님, 그들의 조상의 하나님은 우리 사이에 판단하옵소서 하매 야곱이 그의 아버지 이삭이 경외하는 이를 가리켜 맹세하고"(창 31 : 48-53).

다시 말해 '미스바'란 두 사람 사이에 세워진 거룩한 경계였다. 둘 중 누구도 그 경계를 넘어 상대방을 해칠 수 없다는 서약을 하나님께서 인정하셨다는 의미였다. 그 서약 때문에 메소포타미아

적대감

지역은 복수 혈전으로 혼란에 빠지는 상황을 피했고, 서로 거리를 둔다는 법칙을 세웠으며, 질서가 회복되었다.

우리도 살아가면서 미스바를 어디에 세워야 할지 자문하는 순간을 맞이할 것이다. 관계를 거부하지는 않지만 엄격하게 제한하며 협상할 수 있게 해 주는 상징적 경계를 어디에 세워야 할까? 어떤 사람과의 관계나 특정한 상황, 행동을 끊어 냄으로써 고통에서 질서를 창조할 수 있을까?

가인과 에서, 두 사람 모두 고통스러운 과거에서 벗어나 새로운 삶을 선택하는 아름다운 모습을 보여준다. 가인은 혈연관계의 부족사회에서 벗어나 각자 공동체에 기여하는 바에 따라 살아가는 최초의 도시를 세운 공로자로 인정받는다. 에서가 위대한 이유는 그가 자신의 짐을 벗어던졌을 뿐 아니라 바로 야곱에게 다가가 지지하며 안전을 보장했기 때문이다. 물론 자신의 힘을 과시하기도 했다. 이삭과 리브가의 아들들이 아무리 풍성한 삶을 살았다고 하더라도, 20년이라는 기간 안에 400명의 남자를 친족으로 거느렸을 리는 없다. 분명 그중에는 아들과 사위, 종들이 포함되었겠지만, 나머지는 주변 도시 거주민이거나 에서와 친분이 있던 에돔 지역 주변의 이웃 부족민이었을 것이다. 어쨌거나 에서는 가인과 마찬가지로 공동체를 꾸렸다. 전통적으로 그 두 사람은 사람들이 공감하는 주인공(아벨과 야곱) 또는 영웅의 대적으로 묘사되었다. 자기 형제와 대적한 두 사람은 하나님께도 대적하는 모습으로 그려졌다. 하지만 그들의 이야기는 자수

성가한 이들의 복 받은 삶으로 끝난다.

우리는 과거의 어려움을 극복함으로써 힘과 복을 얻게 된다. 가인처럼 스스로 혼란을 자초하더라도 극복하지 못할 것은 없다. 공동체를 형성하는 것은 그런 어려움을 극복해 낼 수 있는 최선의 방법이기도 하다. 사실 아수라장 속에서 의미를 끌어내고, 무질서에서 질서를 창조해 낼 수 있는 가장 중요한 방법 중 하나다. 가인과 에서, 모두 그들이 처했던 어려운 상황을 극복한 뒤에야 복을 받았다는 사실을 기억하자. 혼란스러움과 역기능에서 벗어나는 것이 반드시 하나님을 떠난다는 의미는 아니다. 질서와 평화를 회복하는 첫 번째 단추는 출구를 찾기 위해 하나님을 향해 돌아서는 것일 수 있다.

공동체는 안전과 사람들과의 관계, 그들로부터의 지지를 제공한다. 어떤 사람이 조직에서 원만하게 생활하지 못해 고립감을 느끼거나 오해를 받게 되면 폭력적으로 행동할 수 있다. 약물 중독의 악순환에 대한 격언이 있다. "중독의 반대말은 맨정신이 아니라 사람들과 연결되는 것이다." 인간관계는 혼란에서 질서를 창조해 내는 작업의 가장 기초다. 비영리 단체들이 위험에 처한 청소년 알코올 의존자를 위해 후원자와 멘토를 모집하는 이유는 공동체를 형성하기 위해서다. 그렇다면 가인과 에서가 이전의 역기능적 삶에서 떨어져 나온 뒤 자신의 공동체를 적극적으로 형성한 것은 당연한 일이다.

그러므로 우리는 하나님에 관해 겸손히 대화할 사람들을 주

적대감

변에 두기 위해 주의를 기울여야 한다. 앞서 보았듯이, 욥의 친구들처럼 의도는 좋지만 방향이 틀렸던 사람들, 마치 자신이 하나님의 대리인이라도 되는 것처럼 여기는 사람들을 피해서 말이다. 건강하지 못한 상황에서 또 다른 비슷한 상황으로 도피한 나머지 하나님을 시야에서 놓치는 것도 안 될 일이다. 우리가 맺는 관계 때문에 혼란이 가중되는 것이 아니라, 창세기의 축소판처럼 무질서했던 세계가 '보시기에 좋았더라'고 할 만큼 제자리를 찾아야 할 것이다.

우리가 하나님의 길을 이해할 수 없다면, 우리는 점점 더 벌어지는 혼란과 상처의 틈새를 헤치며 앞으로 나가기 위해 하나님의 형상으로 빚어진, 우리와 비슷한 사람들을 찾아가야 한다. 하나님의 다스림이 질서에서 벗어나는 것처럼 보인다면, 그렇게 엉망진창이 된 상황에서 의미를 끌어내도록 도와주는 건강한 공동체를 찾아가 스스로 질서를 창조해 내야 한다. 두려움의 대상이라고 배웠던 하나님과 대적하는 것처럼 느껴진다면, 우리를 판단하거나 조종하는 대신 있는 모습 그대로 인정해 주는 사람들 사이에서 하나님을 찾아야 한다. 우리가 혼란스럽고 엉망이 된 상황에서 찾아내려는 질서를 존중하고 솔직하게 관계 맺을 수 있는 사람들 말이다. 우리의 목표는 답을 찾는 것이 아니라 우리를 고립시키겠다고 위협하는 무거운 짐을 벗어 버리는 것이다. 마치 가인과 에서가 그랬던 것처럼 공동체를 통해 우리의 과거를 지울 수는 없지만, 공동체는 복과 장자권에서 멀어진 것처럼 느껴질 때 우리가 길을 찾아 앞으로 나아갈 수 있게 도와준다. 하나님께서는 인간관계를 통해 우리가 그분의 자비와 사랑을 나누고, 연결되고, 초대하고, 확신하고, 끌어안을 수 있게 하신다.

적대감

11장
책임

우리가 행동하기를 기다리시는 하나님

룻기 1장

예레미야애가 3장

2005년 7월, 나는 연구 보조원으로 일하며 미국 유명 대학의 인종차별 폐지에 관한 책을 준비하고 있었다. 당시 시민운동에 참여한 사람들을 인터뷰하기 위해 도시 주변의 오래된 가게에 공고문을 붙였다. 그러던 중 이발소에서 만난 노신사가 "당시 버밍엄 지역의 인종차별에 관해 이야기하고 싶으면 크리스 맥네어를 찾아가게. 지금도 여기서 출장 연회 서비스 사업을 하고 있네."라고 말했다.

다음 날, 구글에서 찾아낸 번호로 맥네어 씨의 사업장에 전화를 걸었고, 혹시 이번 주말에 만나 줄 수 있는지 물었다. 그는 "지금 시간이 있는데 방문하지 않을래요?"라고 했다.

그로부터 한 시간도 채 지나지 않아 나는 건물 지하실 문을 두드렸다. 지하실에는 상업용 식기세척기 몇 대가 늘어서 있었고, 짧은 복도를 따라가니 큼직한 주방이 나왔다. 맥네어 씨가 물었다. "지금 빨래가 건조됐는데, 괜찮다면 이야기하는 동안에 빨래를 개도 될까요?"

덩치가 큰 맥네어 씨는 문 열린 건조기 앞에 접이식 철제 의자를 놓고 앉아 냅킨을 접기 시작했다. 그러면서 사회정의를 구현하기 위해 1960~1970년대에 참여했던 운동을 회고하기 시작했다. 그로부터 어떤 발전이 있었는지, 아직도 가야 할 길이 멀다는 점도 이야기했다. 지금 사업을 하게 된 것이 무척 자랑스럽다고도 했다. 1960~1970년대에는 2005년의 성공을 상상조차 하기 어려웠다고도 말했다. "저는 사진작가이기도 합니다. 작품 좀 보실래요?" 그가 물었다.

냅킨을 다 접은 뒤, 맥네어 씨는 버밍엄의 아름다운 풍경을 담은 사진이 걸린 복도로 나를 안내해 주었다. 흑백사진 속에는 피곤해 보이는 얼굴들이 줄지어 있기도 했고, 도로에서 줄넘기하는 아이들의 모습이 담겨 있기도 했다. 그 옆으로 시민운동 시절의 오래된 사진들이 보였다. "이 사진이 가장 자랑스럽습니다." 그가 마틴 루터 킹 주니어 목사의 사진 앞에서 멈추며 말했다.

"킹 목사님 사진을 찍으셨어요?" 나는 놀라서 물었다. "정말 멋져요!"

"제 딸의 장례식에 목사님이 와 주셨죠." 맥네어 씨가 조용히 대답했다.

그 순간, 할 말을 찾지 못해 어색한 침묵이 흘렀다. "죄, 죄송합니다."

"제 딸은 드니스 맥네어랍니다. 1963년 교회 폭파 사건 때 사망한 여자아이들 중 가장 어렸지요."

내가 위로하기 위해 할 말을 찾으려 애쓰고 있다는 것을 맥네어 씨도 눈치챘을 것이다. 그 사건을 알고 있긴 했지만, 눈앞에 서 있는 사람과 연결하지는 못했다. "위층에 그 애의 유품을 전시하고 있어요." 그가 부드럽게 말했다. "나가시는 길에 한번 둘러보는 게 어때요?"

"시간 내주셔서 고맙습니다."라고 인사한 뒤 1층으로 올라와 보니, 작은 전시관에 드니스의 사진이 커다란 액자에 걸려 있었다. 방 한가운데에는 아이 몸집만 한 재봉틀이 놓여 있었고, 드니스가 만들다 만 인형 옷이 재봉틀 바늘 아래 그대로 꽂혀 있었다. 그 옆에는 사건 당일 드니스가 교회 갈 때 신었던 구두와 성경, 교회학교 공과 교재가 놓여 있었다. 드니스가 교회학교를 마치고 예배당으로 이동할 때 폭탄이 터졌는데, 그때 들고 있던 공과책이었다. 그 작은 신발과 성경, 교재에 피가 묻어 있었다. 드니스의 유물은 한 소녀의 일생을 증언할 뿐 아니라 상상 못 할 만큼 끔찍하고 의도적인 악과 대면해야 했던 공동체가 존재했다는 사실도 증언하고 있었다.

●

때로 하나님께서는 전혀 하나님처럼 보이지 않는 행동으로 배신감을 느끼게 하신다. 인신매매, 아동학대, 노인학대, 편협성, 인종차별, 성차별, 장애인차별, 범죄 등을 보면 하나님께서 이 세상을 다스리시는 것 같지 않다. 전지전능하시고 사랑이 많으시다는 하나님께서 그렇게 세상을 다스리실 리가 없다.

죄의 문제('고통의 문제'라고 하기도 한다.) 가운데 하나님께서 어디 계시는가 하는 문제는 수천 년 동안 논쟁의 대상이었다. 기원전 4~7세기 사이에 기록된 욥기는 바로 그 주제를 다루고 있다.

2,700년 동안이나 논쟁의 대상이 된 주제를 여기서 간단히 정리하기란 불가능하겠지만, 그렇다고 우리가 그 비슷한 질문을 던지지 말란 법은 없다. 그러나 서문에서 이야기했듯이, 이 책은 어떤 답을 제시하려 하지 않는다. 다만 우리의 질문이 중요하다는 사실, 그리고 하나님께서 우리에게 그런 질문을 던질 자유를 주셨다는 사실, 우리의 질문을 신앙 공동체가 거부하거나 우리를 부끄럽게 하는 일이 없어야 한다는 점을 인정한다. 우리는 진리를 사수하기 위해 부르심을 받았다. 예수님이 그랬던 것처럼 눈도 깜짝하지 않고 증오를 이기기 위해서 말이다.

불복종은 복음의 한 부분이기도 하다. 그 점에서 성경 인물 두 사람을 살펴보자. 고난도의 어려움을 경험했던 이들의 반응을 통해 자연 세계와 인간 사회에서 고난에 대처하는 방식을 알 수 있다.

먼저 나오미를 살펴보자. 나오미는 "전능자가 나를 심히 괴롭게 하셨음이니라"(룻 1 : 20)라고 선언하며 하나님께 불만을 숨기지 않았던 사람이다. 그녀는 유다 땅에 기근이 닥치자 남편, 두 아들과 함께 베들레헴을 떠나 모압(현재 요르단)으로 이주했다. 그런데 남편을 잃고, 두 아들마저 잃었다. 나오미는 여러 가지 면에

책임

서 욥과 비슷하다. 하지만 욥과 달리 재를 뒤집어쓴 채로 앉아 있지 않았다. 유대 땅에 기근이 멈추었다는 소식을 듣자, 나오미는 10년 전에 떠나온 고향으로 돌아가기로 마음먹는다. 과부가 된 며느리들에게 자신을 따라 이스라엘로 가자고 할 수도 있었지만 (당시 결혼한 여성은 남편의 가족 또는 부족의 권위에 순종해야 했다.), 그들을 모압 땅으로 돌려보낸다. "너희는 각기 너희 어머니의 집으로 돌아가라 너희가 죽은 자들과 나를 선대한 것같이 여호와께서 너희를 선대하시기를 원하며"(룻 1 : 8). 나오미는 그들에게 두 번이나 돌아가라고 말했다. 여기서 우리는 나오미가 고통의 문제에서 벗어나기 위해 첫 번째로 취한 방법을 읽어 낼 수 있다. 나오미는 혼자가 되면 더 힘들고 외로워질 것을 알면서도, 자신의 뜻을 며느리들에게 강요하지 않았다. 오히려 그들을 집으로 돌려보내면서 젊은 며느리와 그 어머니들을 향한 공감대를 보여준다. 나오미는 자식과 떨어져 지내야 하는 부모의 아픔을 충분히 이해했고, 다른 사람이 그런 고통을 겪지 않기를 바랐다. 그것이 나오미의 첫 번째 불복종이다. 나오미는 문화적 관습에 연연하지 않으며, 자신이 경험한 고통을 다른 사람이 겪지 않도록 용감하게 행동했다.

나오미의 불복종은 거기서 끝나지 않았다. 며느리 중 한 명은 집으로 돌아갔지만, 나머지 한 명인 룻은 나오미와 남겠다고 고집부렸다. 그래서 나오미는 룻과 함께 새로운 삶을 이루기 위해 고난의 땅을 떠나 이스라엘의 옛집으로 돌아갔다. 고난이 나오미에게서 모든 것을 앗아 갔지만, 그녀의 주체성은 건드리지 못했다. 아마도 이제는 돌봐야 할 남편이나 아들이 없기에 모압을 떠나 이스라엘로 돌아가겠다고 자유롭게 결정할 수 있었던 것 같다. 나오미는 사회경제적 약점을 자신에게 유리한 방식으로 뒤집은 것이다. 고향에 도착해서는 자신의 이름을 바꾸기도 했다.

"나를 나오미라 부르지 말고 나를 마라라 부르라 이는 전능자가 나를 심히 괴롭게 하셨음이니라"(룻 1 : 20).

사실 나오미는 본문 앞부분에서 자기가 세 번이나 큰 고난을 당했다고 이야기한다(룻 1 : 13, 20, 21). 하지만 그녀는 과거를 단순히 극복해야 할 어떤 것으로 여기지 않았고, 오히려 그것이 현재 미치는 영향을 이야기한다. 나오미는 친척 중에서 유력한 사람을 찾아내 후원받을 계획을 강구했다. 나오미는 현재 처한 상황보다 한 발짝 더 앞서 생각하는, 결단력 있고 강한 사람이었다.

예레미야도 나오미처럼 하나님께 불만이 있었다. 그런데 예레미야의 경우는 하나님의 말씀에 순종하기를 반복할 때마다 핍박과 조롱을 받고 수치를 당하는 바람에, 영혼이 지쳐 버린 상황이었다. 그는 결국 벼랑 끝에 선 심정으로 하나님께 대들었다.

"여호와여 주께서 나를 권유하시므로 내가 그 권유를 받았사오며 주께서 나보다 강하사 이기셨으므로…… 여호와의 말씀으로 말미암아 내가 종일토록 치욕과 모욕 거리가 됨이니이다(렘 20 : 7-8).

결국 예레미야의 불평은 찬양과 복종으로 마무리되지만, 어쨌든 그 시작은 깨진 약속에 대한 비난과 적대감으로 가득했다. 예레미야의 슬픔은 자신의 고통뿐 아니라 이스라엘 사람들의 고통을 위한 것이었다는 점이 특징이다. 이 때문에 예레미야를 '눈물의 선지자'라고 부른다. 시스티나 성당 천장화에는 그가 구부정한 어깨에 머리를 기대고 있는 지친 모습으로 그려져 있다. 나오미가 주체성과 행동의 본보기라면, 예레미야는 탄식의 초상이다.

우리는 나오미와 예레미야를 통해 하나님과의 갈등을 드러내 놓고 이야기하는 신자의 모습을 본다. 그들은 그저 상황을 받아들이는 대신 불만을 표출하고 저항의 행동을 취했다. 나오미는 율법과 인간의 본성을 잘 이해하고 있었기 때문에 가족들의 상황을 바꿀 만한 계획을 세울 수 있었다. 예레미야는 예술적인 형식으로 항의를 표현했다. 예레미야애가는 기원전 586년 멸망한 예루살렘을 위해 자비와 회복을 구하는 내용으로, 시적으로 표현되었다. 나오미와 예레미야 모두 하나님의 주권을 인정하지만, 그렇다고 고통을 숙명으로 받아들이지는 않았다. 드니스 맥네어의 가족이나 버밍엄 교회 폭파 사건의 희생자들, 그들의 공동체도 그렇게 하지 않았다. 그들은 '평화를 유지하기 위해' 조용히 순복하기보다는 드니스의 피 묻은 유품을 전시함으로써 사람들이 악의 결과에 주시하도록 의도적으로 관심을 끌었다. 그들과 나오미, 예레미야가 우리에게 보여주는 것은 불복종이라는 영적 훈련이다.

사실 예수님이 산상수훈에서 전달하신 메시지의 핵심은 권위와 관련이 있다. "또 눈은 눈으로, 이는 이로 갚으라 하였다는 것을 너희가 들었으나 나는 너희에게 이르노니 악한 자를 대적하지 말라 누구든지 네 오른편 뺨을 치거든 왼편도 돌려대며 또 너를 고발하여 속옷을 가지고자 하는 자에게 겉옷까지도 가지게 하며 또 누구든지 너로 억지로 오 리를 가게 하거든 그 사람과 십 리를 동행하고"(마 5 : 38-41).

이 본문이 그리스도인의 복종과 나약함의 표지로 해석되곤 하지만, 사실 훨씬 더 전복적인 메시지를 전한다. 수많은 학자들이 지적했듯이,[9] 왼뺨을 돌려대는 것은 공격을 받아 준다는 의미가 아니다. 희생자는 여전히 우뚝 서서 물러서기를 거부하는 모양새다. 공격에 맞받아치지는 않지만, 전혀 움츠러들지도 않는다. 마찬가지로 속옷을 빼앗으려고 하는 자에게 겉옷까지 준다는 것도 조용한 불복종이 아니다. 이것은 주변 환경과 기후의 오르내림을 이겨 낼 수 있을 정도로 강인하다는 점을 의미한다. 오 리를 넘어 십 리를 동행한다는 것도 마찬가지다. 로마 군인들은 마을 주민에게 잘 닦인 로마 도로의 오 리를 걸어서 무기를 옮기도록 명령했다. 이는 현지 주민들에게 로마 군대의 힘을 과시할 수 있는 편리한 방법이었다. 하지만 이때 무기를 들고 십 리를 더 가서 옮긴다는 것은 군인에게 이렇게 말하는 것과 다름없었다. "저는 이보다 더 오래 걸을 수 있을 만큼 튼튼합니다. 이 정도는 아무것도 아닙니다."

이것이 싸우자는 의미는 아니지만 복종한다는 의미도 아니다. 나 자신이나 타인을 향한 불공정 앞에 불복종하는 것은 용인되어야 할 뿐 아니라 격려받아야 한다. 산상수훈의 말씀은 도전에 굴복하라는 명령이 아니라 담대하게 대응하라는 명령이다. 산상수훈은 본문 자체가 역설로 시작된다. 애통하는 자가 위로를 받을 것이요, 온유한 자가 땅을 기업으로 받을 것이요, 의에 주리고 목마른 자가 배부르게 될 것이라고 말이다. 우리가 희생당할 입장에 처했을 때, 고개 숙이고 조용히 입 다문다고 해서 더 나은 그리스도인이 되는 것은 아니다. 우리는 기대에 저항하고 현 상태를 유지하려는 흐름을 뒤집도록 부르심을 받았다. 우리는 어려운 상황에 처했다고 해서 보호받아야 할 약한 존재가 아니다. 우리를 향한 기대를 뛰어넘어 계속 나아갈 수 있는 힘을 가진 사람들이다. 예수님은 우리에게 잠잠하기보다 불복종하라고 격려하신다.

바울은 그 점을 잘 알고 있었다. 그는 로마서 12장에서 이렇게 말한다. "네 원수가 주리거든 먹이고 목마르거든 마시게 하라 그리함으로 네가 숯불을 그 머리에 쌓아 놓으리라 악에게 지지 말고 선으로 악을 이기라"(롬 12 : 20-21). 다른 사람의 머리 위에 숯불을 쌓는 모습은 수동적이고 점잖다고 하기 어렵다. 바울은 독자들에게 언제나 상냥하게 행동해야 한다고 말하지 않는다. '이기라'로 번역된 그리스어 동사는 말 그대로 전쟁에서 상대편을 무찌른다는 의미이다. 점잖게 설득하는 것이 아니라 악을 상대로 벌이는 전쟁이며, 선의 힘으로 악을 제압하는 것이다.

우리는 억압하는 사람들, 가해자들을 불러내는 데 부르심을 받았다. 우리를 위해서만 그러는 것이 아니다. 다른 사람들을 희생시키는 제도나 사람들에게 반발하며 부정부패를 드러내는 것이다. 약자 보호는 성경을 관통하는 주요 주제 중 하나이다. 야고보서에도 이렇게 쓰여 있다. "하나님 아버지 앞에서 정결하고 더러움이 없는 경건은 곧 고아와 과부를 그 환난 중에 돌보고 또 자기를 지켜 세속에 물들지 아니하는 그것이니라"(약 1:27). 심지어 신명기 16:20은 조건부 복을 이야기한다. "너는 마땅히 공의만을 따르라 그리하면 네가 살겠고 네 하나님 여호와께서 네게 주시는 땅을 차지하리라" 공의를 따르는 자들만 하나님의 선물을 온전히 받을 수 있다고 분명히 선을 긋는다.

다른 사람들의 경험이나 비극이 우리와 무슨 상관이 있는지 이해하지 못하는 사람들을 위해, 실망스럽고 무력감이 느껴지는 상황에서 어떻게 대응해야 할지 모르는 신자들을 위해, 우리는 억압과 고통을 초래하는 것들에 저항하도록 부르심을 받았다. 하나님께서는 우리가 행동하기를 기대하신다. 우리는 개인적 차원에서나 사회적 차원에서나 불공정에 분노해야 한다. 하지만 우리가 볼 수 없는 것을 고칠 수는 없다. 우리가 어떠한 형태로든 불의를 끌어내 문제를 제기할 때, 치유의 계기가 마련될 뿐 아니라 우리가 그리스도의 온전한 몸임을 깨닫게 된다.

많은 경우 우리는 분노가 '나쁜' 감정이고, 신실한 그리스도인이라면 멀리해야 할 감정이라고 배운다. 예수님이 성전에서 돈 바꾸는 자들을 대적하시던 모습은 그분의 평화로운 성정과 거리가 먼 예외 사항이라고 여겨진다. 하지만 예수님이 사역하시면서 그런 식으로 거칠게 행동하신 경우들이 있었다. 예수님은 마태복음 10장에서 제자들에게 경고하셨다. "내가 세상에 화평을 주러 온 줄로 생각하지 말라 화평이 아니요 검을 주러 왔노라"(마 10 : 34). 그리고 마태복음 23장에서 '회칠한 무덤'과 '독사의 자식'이라고 일갈하신 것처럼, 예수님은 바리새인과 사두개인을 향해 늘 점잖게 말씀하시지는 않았다.

의로운 분노는 거룩하고 아름답다. 우리가 어떤 것이 불공정한지 깨달을 수 있다는 것은 무엇이 공정한지 깨달을 수도 있다는 뜻이다. 그보다 더 나은 길이 있다는 사실, 우리의 이상과 현실 사이에 거리가 있다는 사실 말이다. 우리가 증오와 고통을 목격하고 좌절한다면, 뭔가 잘못되었다는 사실을 인지한 것이다. 우리는 하나님께서 그분의 모든 백성을 향해 품으신 뜻과 그렇지 않은 것의 차이를 인지할 수 있다. 그리스도의 몸 된 교회는 그 둘을 연결할 방법을 찾아야 한다. "오직 정의를 행하며 인자를 사랑하며 겸손하게 네 하나님과 함께 행하는 것"(미 6 : 8)을 위해서 말이다. 그리스도를 따르라는 부르심은 율법의 사소한 부분을 따르라거나 종교적 사고방식을 철저히 따르라는 것이 아니다. 예수님은 그런 문제에 관심을 보이지 않으셨다. 오히려 하나님과 상처 입은 세상 사이에서 그 둘을 연결하는 일에 관심을 보이셨다. 공평하고 사랑이 많으신 하나님께서 허락하실 것 같지 않은 상황을 보면, 예수님이 하셨던 대로 행동해야 한다. 은혜든 자비든, 힘이든 영향력이든, 연대든 연합이든, 무엇이든 필요한 것을 제공하기 위해 개입해야 한다. 야고보서 4 : 17은 행동해야 할 때를 놓치는 것이 의도적으로 폭력을 행사하는 것만큼 죄악이라고 말한다. "그러므로 사람이 선을 행할 줄 알고도 행하지 아니하면 죄니라" 불공정의 문제로 발생한 일이 자신과 상관없다는 이유로 그 문제를 겪는 사람들의 경험을 부정한다면, 그런 사건을 못 본 척하고 넘어간다면, 가스라이팅에 동참하는 꼴이 된다. 불행하게도 권력의 자리에 편안하게 앉아 있는 지도자들은 억압당하는 자들과 함께해야 한다는 기독교의 명령을 '지나치게 정치적'이라거나 '쓸데없이 분파를 일으킨다'는 이유로 기각시킨다. 그 대신 교파 내의 화합을 유지하거나 신자들의 공동체를 유지하는 것이 중요하다고 주장한다. 프리랜서 작가이자 두 아이의 엄마인 코트니는 그런 사고방식 때문에 좌절했던 경험을 이렇게 묘사했다.

"사람들은 '연합'에 대해 말하기는 좋아하죠. 그들이 말하는 '연합'이란 도전하지 않는 것, 분란을 일으키지 않는 것, 교회 의자에 앉아 있는 사람들을 불편하게 하지 않는 거예요. 하지만 예수님의 목적은 사람들을 편안하게 해 주려는 것이 아니었어요. 그분은 최선을 다하지 않는 사람들을 몰아세웠죠. 그분은 위계질서를 뒤집으려고 오신 것이 아니라 그 자체를 없애려고 하셨어요. 제 친구는 얼마 전 소셜미디어에 그리스도인들이 사회운

동에 더 많이 참여해야 한다는 글을 올렸다가 교회 지도자들에게 꾸중을 들었어요. 그 친구의 댓글이 대단했어요. '〈교회가 좀 더 노력할 수는 없는가?〉라는 문구는 논쟁거리가 될 수 없다고 생각합니다.'"

세상에서 정의를 무너뜨리는 어떤 대상을 보게 될 때, 하나님께서 왜 그런 고통이 일어나도록 내버려두시는지에 대해 따질 때, 그런 일을 있는 그대로 받아들일 필요가 없다는 사실을 기억해야 한다. 버밍엄에서 사망한 네 명의 소녀들을 위해 시위를 벌였던 주민들처럼, 우리도 물러서기를 거부할 수 있다. 우리도 나오미처럼 주변 상황을 변화시키기 위해 행동할 수 있다. 상황을 바꾸기 위해 할 수 있는 일이 아무것도 없다 하더라도, 조용히 침묵하기보다는 예레미야처럼 소리 높여 울 수 있다.

"내가 말할 때마다 외치며 파멸과 멸망을 선포하므로 여호와의 말씀으로 말미암아 내가 종일토록 치욕과 모욕 거리가 됨이니이다 내가 다시는 여호와를 선포하지 아니하며 그의 이름으로 말하지 아니하리라 하면 나의 마음이 불붙는 것 같아서 골수에 사무치니 답답하여 견딜 수 없나이다"(렘 20 : 8-9).

우리가 모두 저렇게 폭력과 파괴에 맞서는 마음이 불붙는 것 같다면, 우리가 모두 불의에 저항하기 위해 목소리를 높이는 것이 신자의 의무라고 생각한다면, "교회가 좀 더 노력할 수는 없는가?" 이 구호를 외칠 것이다. 그런 고난은 하나님께서 계시지 않는다거나 어딘가에서 주무신다는 증거가 아니다. 하나님께서는 우리에게 평화를 이루라고, 공의를 이루라고, 죄 없는 사람들을 지켜 내라고, 억압받는 자들의 친구가 되어 주라고 도전하고 계신다. 그렇게 우리는 더욱 하나님을 닮아 간다. 바울이 에베소서 4장에서 쓴 것처럼 말이다. "오직 사랑 안에서 참된 것을 하여 범사에 그에게까지 자랄지라 그는 머리니 곧 그리스도라"(엡 4 : 15). 방구석으로 밀어 넣거나 못 본 척하지 말고 사랑 안에서 참된 것을 하라. 그럼으로써 우리는 더욱 예수님을 닮은 모습으로 자라 가게 된다.

나오미와 예레미야 그리고 예수님처럼, 우리도 동정심을 발휘할 수 있다. 우리의 능력을 활용할 수 있다. 맞서 싸울 수 있다. 계획을 세울 수 있다. 창조할 수도 있고, 목소리를 높일 수도 있고, 외칠 수도 있다. 우리는 겁을 내거나, 도망치거나, 언젠가는 상황이 좋아질 것이라며 기다리려고 부르심을 받은 것이 아니다. 너무 심하게 고장 나 수리 불가능한 상태에 놓인 세상을 지금 이대로 내버려두고 포기하라고 부르심을 받은 것이 아니다. 우리는 기대치를 뛰어넘기 위해 부르심을 받았다. 물러서지 않는 우리를 가격하려는 사람들을 놀라게 하기 위해, 그들이 생각하는 것보다 우리가 강하다는 사실을 입증하기 위해, 우리는 부르심을 받았다.

세상에서 본능적인 악을 대할 때 우리는 반드시 그것에 이름을 붙일 수 있는 용기, 그것에 주목할 수 있는 용기, 모든 사람이 그것을 볼 수 있게 드러내는 용기를 가져야 한다. 직접 그 악에 맞서든지, 아니면 만들다 만 인형 옷과 피 묻은 교회학교 공과책을 전시해 아무도 악의 결과를 무시할 수 없게 만들든지 말이다.

증오와 부정에는 실낱같은 희망도 없다. "그래, 그렇지만 결국 거기서 선한 것이 나올 거야."라고 말하는 것으로는 충분하지 않다. "예수님이라면 어떻게 하셨을까?"라는 질문을 우리 삶에서 약간 불편한 정도의 선으로 제한한다면, 핵심을 완전히 빗나가게 된다. 우리는 예수님이 어떻게 하셨을지 잘 알고 있다. 그분은 사람들을 불러내어 상을 뒤집어엎고, 권력자들에게 진실을 말씀하셨을 것이다. 그 문제가 그분의 삶에 직접적으로 영향을 끼치지 않더라도 말이다. 예수님이 십자가에 달리신 일은 자신을 위해서가 아니라 오로지 타인의 유익만을 위한 행동이었다. 예수님은 부활하실 때도 악이 다시는 힘을 얻지 못하리라는 사실을 분명히 하셨다. 그분이 허락하지 않으실 것이다.

우리도 그래야 한다.

12장
불안과 학대

우리를 조종하시는 하나님

누가복음 18 : 9~14

마태복음 22 : 34~40

"나는 어릴 때부터 교회가 밀어내기 게임을 한다고 생각했어."
줌 화상회의에 연결된 스탠의 모습 뒤로 소파에 앉아 있는 아내와 유치원생 아이, 강아지가 행복하게 뛰어노는 모습이 스쳤다.

"나는 착한 교회 학생 역할을 잘 해낼 수 있었어. 어떤 질문을 해도 되는지, 하면 안 되는지 알았으니까. 그렇게 하니 선생님들께 인기 만점인 학생이 되더라고.

하지만 6학년 때 친구들이 나를 괴롭히기 시작하면서 모든 게 바뀌었어. 나는 어쩔 줄 몰랐어. 그 아이들이 나를 발로 찰 때 몸을 수그리면서 부모님께 들키지 않을 만한 자리에 멍이 들기를 바랐어. 나는 성경에서 말하는 대로 다 하고 있었으니까, 무슨 일이 벌어질지 다 안다고 생각했지. 고난의 시기가 있지만, 결국에는 다윗이 이기고 골리앗은 쓰러지는 것처럼 나쁜 놈들은 벌을 받게 될 거라고 믿었어. 그래서 결국 하나님께서 개입하실 때면 이런 경험도 간증 거리가 될 거라고, 나 자신에게 계속 말해 주었어.

그런데 기도하고, 기도하고, 계속 기도했는데도 하나님께서 나타나시지 않는 거야. 결국 하나님께서는 하나님이 아니거나, 사람들이 말한 것만큼 힘이 세지 않으신 거라고, 그래서 나를 도와줄 수 없으신 거라고 결론 내렸어. 하나님께서 그곳에 계시다는 것은 알고 있었어. 그런데 나를 사랑하지 않으시는 건지, 아니면 아무것도 하지 않겠다고 마음먹으신 건지 모르겠더라고. 하나님은 사랑이라고 하셨으니 나를 사랑할 의무가 있으신 게 아닐까? 그런데 나보다 더 사랑하는 사람이 있어서 나에게는 아무것도 해 주실 수 없었나 봐.

그 일은 내가 세상을 바라보는 시선과 나 자신을 바라보는 시선을 바꿔 버렸어. 내 믿음은 보상받지 못한 짝사랑이었지. 하나님께 사랑받고 싶은 마음으로 가득했고, 모든 행동을 올바르게 하면 사랑받을 수 있을 거라고 생각했어. 그런데 그때 문득 궁금해졌지. '올바른' 행실이 그렇게 중요하다면, 하나님께서 정말 사랑하시는 것은 내가 아니라 규율이 아닐까?"

성경에서 하나님의 신실하심과 끊임없는 사랑을 반복해서 이야기하는데도, 우리 중 다수는 자신이 하나님께 관심과 돌봄을 받을 자격이 있는지, 아니면 그분의 관심 밖에 있는 것은 아닌지 고민하며 괴로워한다. 특히 어려운 상황에 처했을 때 명확하게 도움의 손길이 보이지 않으면 더 그렇다. 그런 문제로 불안해하는 사람들에게 목회자들이 주는 답변은 보통 두 가지로 나뉜다. 하나님의 자비는 변함없으니 고난에 처했다고 두려워하지 말라거나, '의심의 죄'를 운운하며 정죄하는 것이다. 전자는 마음의 진실한 근심을 부정하는 답변이고, 후자는 사람들을 더 불안하게 만든다. 둘 다 사람들의 감정을 정당하다고 인정하지 않으므로, 결국 가스라이팅으로 이어진다. 우리가 사람들이 경험하는 현실을 부정할 때, 우리는 영적 트라우마의 길로 향하게 된다.

우리는 해답을 찾기에 바쁜 나머지 사람들이 근심하는 것이 정당하다고, 충분히 그럴 수 있는 일이라고 인정하는 여유를 잃어버린다. 마치 전지전능하신 하나님께서 모든 것을 완벽하게 이해하셔야 한다고 생각하는 것처럼, 그렇지 않으면 우리의 영적 권위나 근거가 무너진다고 여기는 것처럼, 우리도 그들에게 즉시 대답하지 않으면 나약하다는 증거라고 여기며 두려워하는 것만 같다. 그런 태도는 하나님을 어떤 명제 안에 가둘 뿐 아니라 복잡한 감정과 불확실함의 문제를 바보 같은 생각이나 죄로 만들어 버린다. 또한 의심을 없애 버리기 위해 하나님을 '길들이는' 위험을 감행한다. C. S. 루이스(C. S. Lewis)식으로 표현하자면, 우리의 편의를 위해 하나님을 주무르기 쉬운, 단순하고 부드러운 상태로 만드는 것이다.

이런 식으로 방향을 정리하는 것은 아마도 선한 의도에서 기인한다. 순수한 동기를 가진 신자라면 다른 신자가 신앙 문제로 고민에 빠지는 모습을 보고 싶어 하지 않는다. 하지만 그런 식으로 불안한 마음을 내치면 사람들이 경험하는 하나님을 부정하게 되고, 하나님과 관계 맺는 방식이나 영적 실천을 정당하지 않다고 보는 것이다. 교회 지도자들에게는 사람들이 하나님을 잘 이해하도록 인도할 거룩한 책임이 있다. 하지만 그렇다고 고통받는 사람들의 경험을 부정하거나 갈등을 증폭시켜서는 안 된다. 누가복음 18장에서 예수님은 성전에서 기도하는 바리새인과 세리를 비유하며 흥미로운 이야기를 하셨다. 결국 하나님께서 인정하신 사람은 자신만만했던 바리새인이 아니라 자기가 그 자리에 설 자격도 없다고 생각했던 세리였다(눅 18:14). 때로 우리는 상황을 '해결'하려는 생각 때문에 동정심을 갖지 못한다.

영적 불안을 겪는 사람들은 이 책에서 논의된 주제들을 경험할 수 있다. 하나님께서 자신에게 화가 나셨거나 신경 쓰지 않거나 또는 자신을 버려두셨다는 느낌을 받는다. 결국 그들은 하나님께서 어떻게 행동하시는지(또는 행동하지 않으시는지)가 아니라, 그들의 생각과 행동이 하나님과 어떻게 연결되는지에 더 집중되어 있다. 그런 두려움은 일반적일 수도 있지만, 항상 그렇지는 않다. 그런 식의 영적 불안감은 종종 인간관계나 강단에서 사용되는 정죄, 비난, 모욕적인 언어에서 기인한다. 심지어 강대상에서 하나님께서 베풀어 주신 은혜를 선포하기보다 인간이 하나님의 은혜를 입을 '가치가 없다'는 것에 집중하기 때문에 불안감이 생기기도 한다. 용서의 아름다움보다 죄의 무게에 초점을 맞추는 것이다. 어떤 경우에는 집착이나 강박장애 같은 정신 건강 문제 때문에 영적으로 동요하기도 한다. 이런 이들은 스스로 불순한 동기나 불완전함에 집착한 나머지 끊임없이 죄책감을 느끼고,

특별한 노력을 더 해 죄를 속하려 한다. 가톨릭에서는 그런 상태를 '양심적 세밀'(scrupulosity)이라는 용어로 부르기까지 한다. 게다가 신자들이 신앙생활에서 빠지게 되는 그런 사고방식을 피할 수 있도록 특별한 훈련을 받은 신학자들을 후원하기도 한다.[10] 물론 타고난 천성 때문에 걱정이 많거나 말씀을 문자 그대로 따르려는 사람, 주변 사람들에게 자신의 노력을 인정받으려고 애쓰는 사람들도 있다.

원인이 무엇이든, 영적 불안은 하나님과 관계를 맺으려는 사람들에게 스트레스로 작용할 수 있다. 8장에 등장했던 아바는 자신의 불안감에 대해 성찰한 내용을 공유해 주었다.

"저희 아버지나 목사님은 제가 구원받았다는 사실을 확신시켜 주려고 애쓰셨지만, 그분들도 확신할 수는 없었죠. 그분들이 선한 의도에서 그렇게 말씀하셨다는 것을 알아요. 하지만 제 머릿속에서는 늘 마태복음의 이 구절이 맴돌았어요. '나더러 주여 주여 하는 자마다 다 천국에 들어갈 것이 아니요 다만 하늘에 계신 내 아버지의 뜻대로 행하는 자라야 들어가리라 …… 그때에 내가 그들에게 밝히 말하되 내가 너희를 도무지 알지 못하니 불법을 행하는 자들아 내게서 떠나가라 하리라'(마 7 : 21-23). 그럴 때마다 궁금했죠. '어떻게 하라는 거지? 놓쳐서는 안 되는 것을 빠뜨리면 어떻게 되는 거지?'"

우리 자신을 포함한 사람들이 영적 불안감에 시달릴 때면, 그 이유를 설명하려 애쓰지 말고 그들이 무엇을 걱정하는지 귀를 기울이고, 그들의 고통에 함께할 수 있어야 한다. 우리가 할 일은 주님과 씨름 중인 그들을 지지하고 격려하는 것이지, 하나님과 그들의 관계를 '해결'한다거나 그들의 감정이 잘못되었다고 말하는 것이 아니다.

안타깝게도, 많은 이들이 종교를 누군가의 상처를 덮어 흐르는 피를 멈추게 하는 반창고라고 여기며, 그것을 응급처치라고 생각한다. 마치 고난 중에 처한 인간의 영혼이 거룩한 종이에 베인 것처럼 말이다. 점점 더 크게 벌어지는 상처와 혼돈, 두려움이 어디에서 기인했는지 밝혀내지 않는 이상 마주한 문제에 성경 구절을 들이대는 것으로는 큰 영향을 미치지 못한다. 따라서 트라우마에 관한 목회는 매우 중요하지만, 대다수 교회에서는 여전히 이를 인정하지 않는다. 많은 지도자들은 그런 불안감이 고통스러운 과거의 경험에서 기인한다는 사실을 인정하기보다, 성경을 잘못 이해해서라고, '구원의 기쁨'을 의도적으로 거부하기 때문이라고 여긴다. 사람들의 걱정을 몇 가지의 성경 구절로 설명해 버린다면, 그들의 신앙을 진실이라고 인정하지 않거나 그들이 충분히 선하지 않기 때문에 두려워한다는 사실만 확증할 뿐이다.

용기와 기쁨, 근심, 자존감에 관한 고전으로 알려진 성경 구절을 인용하는 것이 매력적일 수 있다. 여호수아 1 : 9, 시편 94 : 19, 예레미야 17 : 7~8, 누가복음 12 : 22, 요한복음 14 : 1 등의 구절을 하나님의 명령이라기보다 일반적인 제안이라고 설명하는 것이 중요하다. 예를 들어 빌립보서 4 : 6~7은 영적 불안감이 없는 사람들에게 기운을 불어넣을 수 있지만, 자신이 하나님과 관계 맺을 만한 가치가 있는지 고민하는 사람은 그 약속을 보며 기운이 쭉 빠질 것이다. "아무것도 염려하지 말고 다만 모든 일에 기도와 간구로, 너희 구할 것을 감사함으로 하나님께 아뢰라 그리하면 모든 지각에 뛰어난 하나님의 평강이 그리스도 예수 안에서 너희 마음과 생각을 지키시리라" 이 말씀은 유용한 관점을 제공하지만, 오랜 시간 트라우마를 겪은 사람들이 근심을 한 번에 놓아 버린다는 것은 그리 쉬운 일이 아니다. 만약 그들의 영혼이 초월적 평화에 사로잡히지 않는다면, 두려움이 전부 사그라지지 않는다면, 스스로를 하나님을 실망시키는 사람으로 여길 것이고, 불안감은 커지고 실패했다는 기분만 더 쌓일 것이다. 두려움을 무기로 회개를 강요하는 사람들과 영원한 형벌에 관해 대화를 나누게 되면 그런 죄책감은 더 커진다. 그런 감정이 들면 자신을 깎아내리거나 결국에는 하나님 자체를 의심하게 될 수도 있다.

이 모든 근심거리들은 영적 학대의 문제로 이어진다. 종교적 트라우마 또는 폭력이라고 불리기도 하는 영혼의 가스라이팅은 사람들에게 큰 상처를 입힐 수 있다. 사람들이 하나님과의 관계를 인식하는 데 직접적으로 영향을 끼치기 때문이다. 영적 불안감이 영적 학대에서 기인한다는 말은 아니지만 이 둘은 연결되는 경우가 많다. 이런 유의 학대는 넓게 보면 이데올로기적 지배와 조종, 통제하기 위해 종교라는 이름으로 개인에게 가해지는 상처와 스트레스로 분류된다. 성적 방종과 권력 남용, 권위주의적 조직에서 사람들의 심리를 조종해 건강한 질문이나 대화를 막는 것 등이 있는데, 교회에만 국한되는 것은 아니다. 영적 학대가 교회에서 가장 빈번하게 발생하기는 하지만, '기독교 원칙'으로 운영되는 비영리단체나 사역 현장, 학교, 회사 등 다른 신앙단체에서도 발생할 수 있다. 개인적인 관계에서도 종교가 사람을 통제하는 수단이나 수치를 주는 방식으로 작용할 수 있다.

지난 30년간 많은 기독교 교단에서 소위 치유라는 행위로 사람들이 죽고 다치거나 많은 성폭력 스캔들이 일어나면서, 영적 학대라는 주제는 뜨거운 논쟁거리가 되었다. 게다가 영적 학대는 심리적, 감정적 영향을 끼치면서 더더욱 중요한 주제가 되었다. 권위주의적 교회 구성원들 사이에서 또는 일반 사회에도 신학이 영향을 끼치기 때문이다.

그런 행동의 위험성은 수십 년 동안 명백히 드러났지만, 오랫동안 사람들은 그것이 광신적 종교 집단에서만 발생하는 일이라고 치부해 왔다. 주류 교단이나 복음주의 교회에서는 그런 폭력이 발생하지 않는다고 여겼다. 온건한 교회는 개인의 삶을 심하게 통제하지 않는다고 생각하기 때문이다. 특히 1960~1970년대에 각종 범죄를 저지르며 사람들을 세뇌하고 뉴스 헤드라인을 장식한 광신도 집단과 비교하면 상대적으로 동네 교회의 실수나 문제가 있는 행동이 아무것도 아닌 것처럼 보인다. 우리 교회 목사가 통제를 많이 하기는 하지만, 적어도 추종자들에게 단체로

불안과 학대

자살하라고 명령하지는 않으니 말이다.

하지만 1980년대 말에 이르러 연구자들은 두려움에 기반한 신앙과 종교적 통제가 신자들의 심리에 어떤 영향을 미치는지 구체적으로 조사하기 시작했다. 이때 그들은 독립 교단이 아닌 주류 교단의 신자들을 연구 대상으로 했다. 전문가들이 조사한 결과,[11] 주류 교단에서 자행하는 통제가 "부자연스럽고 건강하지 못하며 위험하다."라는 사실이 밝혀졌고, 대부분의 교단에서 — 근본주의 교단뿐 아니라 정통 교단에서도 — 그런 일이 발생하고 있다는 사실이 드러났다. 심리학자들과 정신 건강 전문가들은 교단들의 그런 행동을 학대로 규정했고, 1991~1993년에 이 주제를 다룬 책이 6권 이상 출판되었다. 영적 학대가 가해자나 피해자의 정신 건강과 안녕에 끼친 영향이 적지 않았기에, 그때부터 그 주제에 대한 관심은 더욱 확대되었다. 물론 그런 식으로 문제를 제기하는 사람들을 두고 반기독교 정서를 동기로 종교 박해를 한다고 반박하는 사람들도 있었다.

하지만 교단의 교리에 어긋나는 행동을 비난하고 문화적 규범에 따르지 않는 행동을 규탄하는 권위주의적 신학을 따르면, 분명 치명적인 영향을 받게 된다. 우리는 행위로 구원을 얻는다는 이념과 맞서 싸우느라 실천이 중요하다는 점을 간과했다. 우리가 세상의 필요를 채우거나 주변 사람들을 대하는 방식이 아니라, 설교자가 요구하는 내용을 믿는지 믿지 않는지의 여부로 하나님과의 관계를 판단한다면, 리더십에 대한 신뢰가 사라진다. 그렇게 축소된 신앙은 우리 행위에서 책임을 없애 버린다. 사람들이 무리 지어 제도권 교회를 떠나는 것도 무리는 아니다. 그들은 비난과 거절의 메시지보다는 사랑과 포용의 행위에서 예수님을 더 분명히 볼 수 있다는 사실을 깨닫기 시작한 것이다. 영적으로 불안해하면서, 나 자신이나 다른 사람을 향한 학대를 견디면서까지 하나님의 사람이 될 필요는 없다고 생각하는 사람들이 많다.

학대가 발생하는 종교 환경에서 벗어나거나 관계를 끊는다 하더라도, 그 영향력이 저절로 사라지는 것은 아니다. 오히려 심리적 트라우마가 더 심해질 수도 있다. 근본주의 교단의 영적 학대에 관한 첫 번째 논문에서는 바로 이 현상에 주목했다. 그런 집단을 떠난 사람들이 종종 '불안과 우울감…… 죄책감, 낮은 자존감, 성욕 억제, 하나님께 벌받을 것에 대한 두려움'을 호소한다는 것이었다. 그들은 가족과 친구들에게 거부당하고 소외감을 느끼며 고통스러워하는 중에 그런 감정까지 겪는 것이다. 해당 연구논문에 의하면 "근본주의 교단에 출석하던 신자들은 죄책감을 느낄 수 있다. 머리로는 근본주의 신학을 버렸다고 생각해도, 지옥에 대한 생생한 두려움이나 하나님께서 어떻게든 벌주실 거라는 두려움을 가지기도 한다. 마지막으로, 근본주의 신학과 교리는 신자들의 낮은 자존감을 야기할 수 있다. 예를 들어, 근본주의 집단에서는 그들과 다른 길을 선택하는 사람들을 공개적으로 비판하고 창피를 주며, 하나님과 교회 없이는 '타락하게 될 것'이라

강조한다. 그러면서 신자들에게 일이 잘 풀릴 때는 '하나님을 찬양'하고, 일이 잘못되면 스스로를 비판하게 한다."[12]

11장에서 만났던 코트니와 그녀의 남편 마이크가 바로 이런 일을 겪었다. 마이크는 거의 십 년을 근무했던 대형 기독교 회사를 떠났다. 그 회사는 신앙에 기반한 단체를 브랜드의 핵심으로 삼았고, 카리스마적인 대표 한 사람을 중심으로 운영되었다. 마이크와 코트니는 그 회사에서 일하는 동안 기독교의 이름으로 포장된 문제 행동들을 깨닫게 되었다. 마이크는 그 회사와 전혀 관련 없는 신생 기업에서 이직 제의를 받고 나서부터 영적 학대를 경험했다. "우리는 마이크가 관계를 잘 마무리하고 떠났다고 생각했어요." 남편이 진로를 바꾼 뒤 일 년쯤 지난 시기에 코트니가 줌 회의 창으로 이야기를 전했다. "떠날 때 했던 인터뷰에서 몇 가지 우려되는 사항을 이야기했지만, 나쁜 감정은 없었어요. 적어도 우리는 그렇게 생각했죠."

그로부터 몇 달 뒤, 마이크의 이전 직장 고용주는 현 직장에 연락해서 마이크의 인격을 모독하고, 그를 고용하지 않는 편이 나을 거라고 말했다. 직원들에게 위협적인 편지를 보낸 뒤 회의를 소집해서 마이크의 인격을 깎아내리고, 그가 악의적인 행동을 했다고 거짓으로 혐의를 제기했다. 그러자 마이크가 친구로 여겼던 몇몇 사람들마저 그와 관계를 끊어 버렸다. 코트니와 마이크는 도대체 무슨 상황인지 이해하려 애썼다. 그리고 이전에 그 회사에서 일했던 직원들로부터 비슷한 일을 겪었다는 이야기를 들었다. "마이크는 자신을 변호할 수도 없었어요." 코트니가 설명했다. "그들은 마이크가 남을 욕하는 사람이라고, 알아서는 안 될 일을 파헤치는 사람이라고 꾸며댔어요. 이전 직장 동료들에게 연락해서 그건 거짓말이라고 해명할 수도 없었어요. 마이크는 그런 회의가 소집되었다는 사실조차 몰랐거든요. 결국 우리가 생각한 최선의 평계는 마이크가 치명적인 어떤 정보를 알고 있을까 봐 두려워한 나머지 그가 입을 열기 전에 미리 손을 썼다는 거였죠."

과장해서 표현하자면, 그 회사는 평판에서 이길 수 있는 자리를 완벽하게 선점했다. 그 회사는 토론을 엄격하게 금지했기 때문에 운영 방식에 반대하거나 우려를 표하는 사람들은 가차 없이 해고되었다. 코트니는 바로 그 점 때문에 영적 학대가 걷잡을 수 없이 확대되었다고 주장한다.

"이런 기관들은 학대를 조장하게 되어 있어요. 교리를 갖다 붙이니까요. 조직 제도가 전부 다 그래요. 갈등을 해소하는 방식이나 반대 의견에 대응하는 방식도 마찬가지예요. 반대할 방법이 없어요. 반대 의견은 무시당하니까요. 지도자나 팀에 우려를 표하면 영적으로 문제가 있는 사람으로 취급하죠. 믿음이 부족한 거라고, 두려움에 지는 거라고, 예수님을 제대로 믿지 않는 거라고 하죠. 왜 선한 사람들을 비난하는지 스스로를 들여다볼 필요가 있다고 말이에요. 문제는 당신한테 있다는 거예요.

조직 외부 사람이 문제를 제기하면, '우리는 공격받고 있다.

불안과 학대

이것은 사탄이 우리에게 영적 전쟁을 벌이는 것이다. 그러므로 우리가 잘해야 한다. 그들은 우리가 지기를 바라지만, 하나님께서는 우리 편이다. 하나님의 편이 되고 싶지 않은가?'라고들 하지요.

그렇게 해야 실패하지 않으니까 그러는 거예요. '우리가 잘되면 하나님께서 복을 주시기 때문이다. 우리를 향한 하나님의 은혜다. 우리가 일을 잘하기 때문에 하나님께서 풍성하게 복을 주시는 것이다. 하지만 공격당한다면, 그것도 하나님의 은혜다. 사탄이 우리를 쓰러뜨리려는 것이기 때문이다.'라고 말하더라고요.

그곳에서는 늘 '~는 하나님의 계획이다.'라고 하지, '내 생각에 ~는 하나님의 계획인 것 같아.'라고 말하지 않아요. 그러니 그 말에 동의하지 않으면 하나님께 반대하는 게 되는 거예요."

신앙이라는 이름의 학대도 마찬가지다. 사실 이것은 종교적 열심이라는 가면 아래에서 행해지기에 문제가 더 심각하다. 가해자들이 반박당할 때면 정의를 위한다는 진부한 문구 뒤로 숨어 버리거나 '이건 내 생각이 아니라 하나님의 말씀'이라고 주장하기 때문이다. 따라서 자기 잘못뿐만 아니라 다른 사람에게 신앙이란 명목으로 상처를 입히고도 책임지지 않고 빠져나간다. 그들이 한 것에 보상을 청구할 수도 없다. 의심하기라도 하면 하나님의 사람을 대적한다며 적으로 몰아붙이기 때문이다. 따라서 그들은 스스로 부여한 하나님의 권위로 무장하고서는 자신만의 제국을 건설한다. 하나님께서 자신을 특별히 기름 부어 세우셨다면서 검증되지 않은 권력을 마음껏 휘두른다. '권력은 부패하기 마련이다.', '절대 권력은 절대 부패한다.'는 옛말이 진리라면, 그런 환경에서 학대가 발생하는 것이 당연하다.

영적 학대가 만연한 기관에서는 '무지에 호소'한다는 논리적 오류에서 기인한 수사를 활용한다. 권위자가 증명할 수 없는 내용에 기반해 주장을 펼친다는 말이다. 종교적 조작은 하나님의 은혜라고 주장하거나 거룩함이라는 틀 안에서 '의로움'을 앞세우는 형식으로 종교를 조작한다. 코트니가 지적했듯이, '하나님의 은혜'라는 말의 의미는 현재 상황이나 권력자의 계획에 따라 그때그때 다르게 해석된다. 그들은 절대로 지지 않는다. 권력을 쥔 사람들이 논리적 오류에 빠지면 스스로를 하나님께서 손수 선택하신 사람이라고 여기며, 구원이라는 신비를 이해한 소수의 엘리트 중 하나라고 여기게 된다. 코트니는 말했다.

"남편(마이크)의 예전 회사는 '승리'라는 이념에 기반을 두었어요. 살면서 무엇이든지 '이기는' 것과 주변 사람들과 구별되는 것, 그게 전부였죠." 코트니가 설명했다. "하지만 남을 이기려면 누군가는 져야 하잖아요. 그들은 늘 선택받은 소수가 되는 것만 이야기했어요. 그들이 전하는 메시지의 핵심이 그거예요. 지는 사람보다 이기는 사람이 많으면, 이기더라도 특별하지 않잖아요. 그들은 말로는 세상을 바꾸고 싶다고 하지만 실제로는 그런 정책을 지지하지 않을 거예요. 그들의 모든 사역이 배타적이니까요. 하나님의 나라가 제가 생각하는 것보다 크다면, 그들이 해

불안과 학대

석한 성경 내용이나 행동보다 크다면, 저는 더 이상 특별하지 않아요."

그런 사례는 우리도 얼마든지 들 수 있다. 수년간 여성을 성추행한 사역자, "하나님께서 용서하셨는데, 당신은 왜 용서하지 못합니까?"라고 되려 따지면서 거주지 귀환을 허락받은 소아성애자들, 후원금으로 사치스럽게 생활하는 TV 설교자들, 강대상에서 증오심을 분출하는 설교자들, 극심한 편견을 신념으로 삼는 기관들, 종교적 죄책감을 이용해 가족을 통제하는 사람들. 그들 모두가 하나님을 무기로 사용하고, 은혜를 싸구려로 만드는 죄를 지었다. 그들은 거룩함이라는 가면 뒤에 숨어서 다른 영혼에게 해를 끼쳤다.

학대와 불공정, 억압에 희생당한 사람들의 목소리가 높아지는 지금, 믿음의 사람들도 그와 마찬가지로 행동할 때가 되었다. 사회에서는 그런 희생자들을 지나치게 예민한 불평분자라고, 동정심과 특혜에 굶주린 사람들이라고, 행동에 대한 책임을 면제받으려는 사람들이라고 비난한다. 그런 태도는 사람들이 피해의식을 회피하는 데 몰두하여 자신이 희생당한다는 사실을 인지하지 못하게 만드는 것이 문제다. 그것이 바로 가스라이팅의 전형이다.

이제는 영적 학대에서 살아남은 사람들이 반드시 목소리를 낼 수 있게 해 주어야 한다. 물리적 학대를 당했든, 심리적 또는 감정적 학대를 당했든 말이다. 기독교의 평판을 지켜야 한다며 그들의 이야기를 억압하고 숨길 것이 아니라, 기꺼이 가해자를 불러내 어떤 죄를 범했는지 밝히고 학대의 증거를 공유해야 한다. 기독교에 대한 평판은 이미 나빠졌다. 영적 학대뿐만 아니라 그런 사건을 없던 일로 무마하려 하고, 합리화하고, 내부 고발자를 깎아내리려 했기 때문이다. 영적 학대를 무시하거나 정당화하거나 없던 일로 여긴다면, 우리도 공범이 된다. 교회가 "모든 사람은 실수를 한다."라는 공허한 말에 기댄다면, "책임을 묻거나 불편하게 만드는 일은 하고 싶지 않다."라는 의미다. 잠시 판단력이 흐려졌다는 말로 영적 학대를 해명할 수는 없다. 그것은 권력을 유지하기 위한 고의적인 수단이다. '무심코' 아이를 때리는 사람이 없는 것처럼, '어쩌다 사고로' 배우자를 욕하는 사람이 없는 것처럼, 고약한 제도가 존재하지 않는다면 영적 학대 역시 발생할 일이 없다. 영적으로 학대하는 가해자들은 신앙을 무기로 활용한다. 그런 학대를 그냥 무시하고 넘어간다면, 희생자들에게 "우리가 당신 문제에 신경 써야 할 만큼 당신이 가치 있는 것은 아니다."라고 말하는 셈이다. 교회 신자들 중에서 불안해하거나 거절당하는 기분을 경험하는 사람, 자신이 무가치하다고 느끼는 사람이 많다는 점을 고려하면, 우리는 이미 그런 메시지를 확실하게 전달한 듯하다.

 문제는 영적으로 불안감을 겪는 사람들과 영적 학대에서 살아남은 자들이 자신의 가치를 깨달을 수 있도록 어떻게 돕느냐 하는 것이다. 치유의 길에 선 사람들을 어떻게 도울 수 있을까?

불안과 학대

하나님의 귀한 자녀로서 누리는 권리가 박탈되었을 때, 그것을 되찾기 위한 첫 단추를 어떻게 끼워야 할까? 먼저 우리는 가해자들에게서 최대한 분리해야 한다. 그리고 전문적으로 검증된 상담가에게 도움을 받아야 한다. 이때 그 상담가들은 신학으로 2차 가해를 하지 말아야 한다. 낡은 사고방식이나 관행이 스멀스멀 떠오를 때는 은혜를 베풀어야 한다. 하지만 무엇보다도 우리 자신이 사랑받을 만한 가치가 있다는 사실을 인식해야 한다. 이 말이 지나치게 단순하게 들릴 수도 있다. 하지만 사실이다. 영적 불안이나 학대는 완전히 해결될 수 없다. 두려움이 평화로 완벽하게 바뀔 수 없고, 감정에 남은 흉터는 아마 절대 사라지지 않을 것이다. 그러나 어떤 변화로 나아가든 우리 자신의 가치를 깨닫는 것부터 시작해야 한다.

이 장의 앞부분에서 이야기했던 스탠은 영적 불안감을 받아들이며 이렇게 말했다. 그의 눈에는 눈물이 가득했다.

"몸, 영혼, 마음은 하나님과 연결되려고 받은 것들입니다. 사랑으로 가득 채운다고 해서 문제 될 일은 없어요. 나 자신을 사랑하는 것이 하나님을 사랑하는 법이라고 배울 줄은 꿈에도 생각하지 못했어요. 자라면서 그렇게 배운 적도 없었지요. 적을 사랑하는 것은 어렵지 않아요. 그들도 하나님의 형상이라는 사실을 애써 인식하는 것만으로도 가능하지요. 이웃도 그런 식으로 사랑할 수 있죠. 하지만 거울을 보면서 내가 하나님의 형상이라고 인식하기가 어려워요. 나는 사랑받을 만한 가치가 있어요. 완벽하지는 않지만, 나에게 있는 모든 것이 잘못되었다고 하더라도, 내가 하나님의 사랑에 의지하고 있다는 사실을 깨달을 만큼 제 믿음과 경험, 상실은 충분해요. 모든 것이 잘못된다고 하더라도, 적어도 내가 사랑을 실천했다는 것은 알아요. 예수님도 제자들을 알아보는 방법이 사랑이라고 말씀하셨어요."

우리는 사랑을 실천한다. 고통과 불안을 겪으면서도 사랑을 실천한다. 영적 학대자들은 우리가 사랑받을 자격이 없다고 하지만, 그럼에도 불구하고 우리는 스스로를 사랑한다. 바깥으로는 세상을 향해, 안으로는 우리 자신을 향해 그 사랑을 비춘다. 우리 영혼은 다른 피조물과 마찬가지로 "주께서 지으심이 심히 기묘하시고 기이"하기 때문이다(시 139 : 14). 당신이 영적 불안을 경험하거나 영적 학대의 후유증에 시달리고 있다면, 두려움에 기반한 신앙 때문은 아닌지 잘 생각해 보라. 그런 신앙은 사랑하고 수용하기보다 억압과 처벌을 중시한다.

빌립보서 2 : 4에서 "각각 자기 일을 돌볼뿐더러 또한 각각 다른 사람들의 일을 돌보아 나의 기쁨을 충만하게 하라"고 했지만, 문장 뒷부분에서 등장하는 'kai'라는 단어를 어떻게 해석하는지에 따라 다양한 번역이 존재한다. kai는 '그리고', '또한'이라고 해석되는 접속사인데, 흥미로운 것은 이 단어가 신약성경에서 9,000회 이상 등장한다는 것이다. 게다가 어떨 때는 번역되지 않고 생략되기도 한다. 많은 번역자들이 빌립보서 2 : 4에서 이 단어를 '또한'으로 번역했다. 따라서 앞서 제시한 대로, "각각 자기 일을 돌볼뿐더러 또한 각각 다른 사람들의 일을 돌보아 나의 기쁨을 충만하게 하라"(개역개정)로 해석된다. 그 단어를 무시하고 번역한 경우, "자기 이익만 생각하지 말고 남의 이익도 생각하십시오."(현대인의 성경)라고 표현된다. 두 문장의 차이점을 발견했는가? 두 번째 번역문은 다른 이의 이익이 더 중요한 것처럼 들리지만, 첫 번째 번역문은 나 자신의 필요와 더불어 다른 이의 필요에도 신경 쓰라는 의미로 해석된다.

이처럼 확대된 의미가 존재할 수도 있다는 사실은 번역 시 문맥이 중요하다는 것을 보여준다. 둘 중 어떤 번역문이 해당 본문의 나머지 문장과 더 잘 어울리는가? 많은 번역자들은 첫 번째 문장이 다른 사람들의 이익만 앞세우기보다 우리 자신의 필요도 인정한다는 데 동의한다. 사실대로 말하자면, 바울은 해당 본문에서 "마음을 같이하여 같은 사랑을 가지고 뜻을 합하며 한마음을 품어"(빌 2 : 2)라고 말했다. 우리는 그리스도의 이름으로 다른 이들에게 은혜와 자비를 베풀 듯이, 건강한 신앙 공동체의 일부분인 나 자신에게도 그래야 한다. 그렇다고 영적 불안감이 전부 해소되지는 않겠지만, 그런 문제를 겪고 있는 다른 이들에게뿐 아니라 나 자신에게도 친절할 수 있게 해 준다.

하지만 성경에서 그렇게 확대해서 말하지 않았다고 하더라도, 우리 자신에게 사랑을 베풀고 온유하게 대하는 것에 대해 어떻게 생각하는가? 우리 자신을 무가치한 벌레나 창조주께서 후회하시는 악한 피조물이라고 여기는가? 아니면 사랑받을 만한 가치가 있는 귀한 피조물이라고 믿는가? 어떻게 해석하는 것이 그리스도의 모습과 더 일치하는가? 우리는 어떻게 하면 예수님의 가르침대로 우리의 삶을 해석할 수 있을까? 그분은 강대상 위의 설교자나, 편한 의자에 앉아 지식으로만 성경을 대하는 신학자가 아니었다. 말 그대로 성육신하신 하나님이었다.

마찬가지로, 우리는 예수님이 영적 학대에 대해 어떻게 반응하실지도 생각해 봐야 한다. 그분의 이름으로 자행되는 잘못된 교훈과 트라우마에 어떻게 반응하실까. 그분이 사두개인과 바리새인을 어떻게 대하셨는지는 이미 알고 있다. 그들은 율법의 정신을 지키기보다 문자 그대로를 지키는 것에 더 헌신했던 사람들이었다. 예수님은 그들에게 말씀하실 때 완곡하게 말을 돌리지 않으셨다. 겉과 속이 다르고, 남을 배척하고, 하나님의 생각을 자기 생각으로 더럽힌 그들을 이렇게 비난하셨다. "화 있을진저 외식하는 서기관들과 바리새인들이여 너희는 천국 문을 사람들 앞에서 닫고 너희도 들어가지 않고 들어가려 하는 자도 들어가지 못하게 하는도다 (없음) 화 있을진저 외식하는 서기관들과 바리새인들이여 너희는 교인 한 사람을 얻기 위하여 바다와 육지를 두루 다니다가 생기면 너희보다 배나 더 지옥 자식이 되게 하는도다"(마 23 : 13-15).

동시에 예수님은 상처 입은 영혼에게 자비를 보이셨다. 당시 종교 지도자들을 향해 비방을 날리기 전에, 예수님은 "율법 중에서 어느 계명이 크니이까?"라는 질문을 받고 솔직하게 대답하셨

불안과 학대

다. "네 마음을 다하고 목숨을 다하고 뜻을 다하여 주 너의 하나님을 사랑하라 하셨으니 이것이 크고 첫째 되는 계명이요 둘째도 그와 같으니 네 이웃을 네 자신같이 사랑하라 하셨으니 이 두 계명이 온 율법과 선지자의 강령이니라"(마 22 : 37-40). 이웃 사랑은 하나님 사랑에 뒤처지는 부차적인 문제가 아니다. 묵상과 성경 공부를 마치고 난 다음에 실천하는 것이 아니다. 예수님이 두 번째로 말씀하신 명령은 첫 번째 명령과 마찬가지로 중요하다. 이웃 사랑은 하나님 사랑과 동일한 기반에 있다. 둘이 하나이고, 대등하며, 둘 다 중요하다. 우리가 이웃을 사랑하는 모습에서 하나님을 어떻게 사랑하는지를 볼 수 있다. 이후 마태복음은 가난한 자를 먹이고 아픈 자를 돌보면 하나님을 그렇게 대하는 것과 마찬가지라고 하신 예수님의 대답을 기록한다. "내가 진실로 너희에게 이르노니 너희가 여기 내 형제 중에 지극히 작은 자 하나에게 한 것이 곧 내게 한 것이니라"(마 25 : 40). 예수님은 성경 어디에서도 이웃을 따돌리거나 트라우마를 주는 것이 하나님을 사랑하는 방법이라고 가르치지 않으셨다.

예수님은 더 나아가서 이렇게 가르치셨다. "네 이웃을 네 몸과 같이 사랑하라." 그러니 내 몸을 사랑하는 것도 그분이 주신 명령의 일부분이다. 나 자신을 충분히 사랑하면 내재된 가치를 인식하게 된다. 나를 충분히 사랑하면 학대에서 벗어나게 되고, 다른 이들에게 도움을 요청할 수 있으며, 선을 그을 수도 있다. 다른 이들의 죄 때문에 생긴 오래된 상처와 트라우마가 여전히 당신의 삶에 영향을 끼치려고 할 때, 당신 자신을 충분히 사랑하라. 또한 다른 사람을 충분히 사랑하라. 그러면 다른 이들이 정신적 학대자 때문에 트라우마를 겪지 않도록 목소리를 낼 수 있다. 아직 목소리를 낼 준비가 되지 않았다고 느낄 때, 자신을 충분히 사랑하면 정신 건강에 도움이 될 수 있다.

    예수님이 보여주신 모범의 핵심은 교리보다 사람을 우선하는 것이다. 지금도 그렇다. 하나님께서는 영적 책무보다 사람을 더 가치 있게 여기신다. 이것을 깨달을 때까지 그 진리를 묵상하라. 최대한 자주 그 진리를 기억하라. 그 진리를 충분히 믿으면 실천할 수 있고, 평안과 안전, 자유를 향해 첫발을 내딛게 될 것이다.

13장
비유

우리의 서사와 맞아떨어져야만 하는 하나님

마가복음 8 : 1~33

내가 펠리시티를 만난 것은 20년 전이었다. 내가 대학원 진학을 위해 이사 간 도시의 교회에서 사교 생활을 시작할 수 있었던 것은 펠리시티가 가장 먼저 날 초대해 준 덕분이었다. 알고 보니 펠리시티의 과거는 트라우마로 가득했다. 열세 살의 나이에 근친상간으로 임신하고 낙태까지 해야 했던 그녀는 계속해서 거절당한 기분을 느끼는 모습을 보였다. 가장 먼저 친부모에게 버림받은 그녀가 부모에게 자신이 당한 일을 알렸지만, 부모님은 사실을 받아들이지 않았다. 몇 년 뒤 어떤 교회는 과거의 트라우마를 '극복해야' 한다며 그녀를 거부했다.

어느 겨울날 오후, 줌 화면으로 보이는 펠리시티가 말했다.
"사람들은 '모든 일에는 이유가 있다.'고 말하길 좋아하지. 하지만 학대당한 사람에게는 그렇게 말할 수 없어. 학대를 당한 사람에게는 그렇게 말하는 것도 학대야. 그런 일이 일어났어도 괜찮은 거라고, 어쨌든 그런 일을 통해 이루어질 더 큰 목표가 있다고 말하는 거니까. …… 내가 성인이 됐는데도 여전히 그 일로 괴로워하는 이유는, 아직도 죄를 탓하는 사람이 있기 때문이야. 내가 우리 엄마와 양아버지를 용서하지 못하는 것이 죄라는 거야. 양아버지는 세 살 때부터 나를 강간하기 시작했는데, 커서 그 사실을 엄마에게 말하자 나보고 '창녀'라고 했어. 그렇게 말하는 사람을 존중할 수는 없잖아. 그 일이 내 삶에 얼마나 큰 영향을 끼쳤는데, 그것 때문에 지금까지 화를 내는 것이 죄라는 말을 난 믿지 않아. 우리가 무시하고 넘어가지 말아야 하는 일들이 분명히 있어. 내 부모가 했던 짓에서 어떤 희망도 찾지 않을 거야."

●

작가들 사이에 "결말은 필연적이지만 예측할 수 없어야 한다."라는 말이 있다. 다시 말해 결말로 독자들을 놀라게 해야 하지만, 독자들이 서사를 되돌아볼 때 그러한 결말로 이어지는 요소들을 인지할 수 있어야 가장 만족스러운, 최고의 결말일 수 있다는 것이다. 그러니 서사의 모든 부분은 최종 결말에 영향을 끼칠 만한 요소를 지니고 있어야 한다.

모든 훌륭한 이야기는 결말로 인해 완성되거나 망한다. 우리 삶도 마찬가지다. 앞에서 이야기했던 것처럼, 거의 모든 이야기의 기본은 '혼란 가운데 질서 세우기'부터 시작한다. 창세기도 그렇다. 빛과 어둠이 나뉘고, 땅의 경계가 나누어진다. 십자가 이야기도 마찬가지다. 구원은 죄로 인해 발생하는 혼란을 물리친다. 일상 이야기도 마찬가지다. 고통과 고난에서 의미를 찾는 것이다. 의미를 부여하는 것은 인간의 특징이다. 동물들은 비유

———— 비유

를 사용해 말하지 않고, 새들은 철학을 이야기하지 않는다. 창세기 2 : 19~20에서는 아담이 피조물 중 가장 뛰어난 자로서 지위를 확고히 하기 위해 동물들에게 이름을 붙인다. 창세기는 그 시작부터 사람이 동물과 구별되는 이유는 질서를 창조하고 세상에 적용하는 능력에 있다고 강조하는 듯하다.

사실 인간의 뇌는 질서를 강렬하게 원하기 때문에 서로 관련 없는 현상 사이에서 연관성과 의미를 찾으려 하는데, 철학에서는 이를 아포페니아(apophenia)라고 한다. 또는 구름에서 어떤 형상을 찾으려 하거나 백색 소음을 듣는 등 다양한 자극에서 의미를 찾으려 하는데, 철학에서는 이를 파레이돌리아(pareidolia)라고 하며 아포페니아의 일종이라 한다. 그런 현상은 확증 편향(confirmation bias), 즉 우리가 이해할 수 있는 사실만 신뢰하거나 원하는 결과만 지지하고 나머지는 무시하는 경향과 관련이 있다.

그런 식의 사고방식은 뇌가 만들어 내는 무의식적인 속임수나 편견이지만, 우리는 혼란의 시기를 지나면서 의미를 부여하기 위해 이 아포페니아의 원칙을 의도적으로 적용하기도 한다. 죽을 때까지 이해할 수 없을 것 같은 비극 또는 파괴적인 사건들이 일어날 때 특히, 사랑의 구원자라는 분에게 전혀 어울리지 않는 행동과 불공정, 불합리 등의 상황이 발생하면 하나님을 찾기 위해 달려든다. 우리는 그럴 때 느끼는 당황스러움에 의미를 부여하기 위해 하나님의 뜻을 찾아내겠다고 단단히 마음먹고서, 그 사소한 모든 것에 상징성을 부여하거나 심지어는 결말을 내다보기도 한다. "나중에 벌어질 그 일을 위해 지금 이 일이 생기는 거야."라며 그 이야기가 결국 어떤 방향으로 흘러갈지 추측하는 것이다. 스스로 빌레몬서 15~16절을 읊을 수도 있다. "아마 그가 잠시 떠나게 된 것은 너로 하여금 그를 영원히 두게 함이리니 이후로는 종과 같이 대하지 아니하고 종 이상으로 곧 사랑받는 형제로 둘 자라 내게 특별히 그러하거든 하물며 육신과 주 안에서 상관된 네게랴" 또 로마서 8 : 28을 반복해 외우며 구명줄인 양 붙잡을 수도 있다. "우리가 알거니와 하나님을 사랑하는 자 곧 그의 뜻대로 부르심을 입은 자들에게는 모든 것이 합력하여 선을 이루느니라" 어떤 의심이나 실망의 감정이 사라질 때까지 이러한 구절을 거룩한 찬양이나 심지어 주문처럼 암송할 수도 있다. 우리는 의미를 알아내기 위해 지나치게 노력한 나머지 하나님께서 의도하신 것일 수도, 아닐 수도 있는 모든 일에 중요성을 부여하기 시작한다. 간단히 말해, 삶의 현실을 기독교식 비유로 전환하는 것이다. 그리고 이야기의 핵심 교훈을 위해 모든 등장인물과 장소, 사건을 상징으로 전환시킨다.

『천로역정』(The Pilgrim's Progress)은 영미권에서 가장 잘 알려진 비유 문학 중 하나다. 멸망의 도시에 살던 주인공 '크리스천'이 천국의 도시를 찾아 '절망의 성', '허망 시장' 같은 곳을 지나며 시행착오와 유혹을 겪는 이야기다. 크리스천이 어깨에 짊어졌던 무거운 짐은 '구원의 장소'에 이르러 마침내 벗어지지만, 크리스천은 '죽음의 그림자 골짜기', '고난의 언덕' 같은 장애물을 넘어야 한다. 그 와중에 그는 '나태', '주제넘음', '믿음', '소망' 등 다양한 인물들을 만나게 된다. 청교도 작가 존 번연이 감옥에 갇혔을 때 저술했다는 이 책은 지금까지 200여 개의 언어로 번역되었으며, 18~19세기에 성경 다음으로 많이 인쇄된 책이기도 하다.

이 책은 현대 기독교 신학에서 믿음을 '상징으로 가득한 여정'이라고 이해하는 데 영향을 주었다. 또한 『천로역정』에서 사용된 비유법은 이후 여러 세대의 신학자들이 기독교인의 삶을 이해하는 방식에 영향을 끼쳤다. 심지어 루이자 메이 알코트의 『작은 아씨들』(Little Women)과 같은 비종교 고전소설에도 영향을 끼쳤다. 찰스 디킨스의 『올리버 트위스트 : 교구 소년의 여정』(Oliver Twist: The Parish Boy's Progress)도 『천로역정』에서 소제목을 따왔다. 존 번연의 책이 끼친 영향은 너무나 광범위하다. 비유법 덕분에 상징주의가 상승작용하고, 서사의 의미가 명쾌하게 드러나기 때문이다. 즉, 우리가 인간의 갈등 속에서 자연스럽게 찾고자 하는 의미와 표지 말이다.

물론 상징주의는 애초부터 신앙생활에서 일부분을 차지해 왔다. 예수님이 가르치실 때 사용하신 비유부터 성찬식의 빵과 포도주에 이르기까지, 로마 제국 시대에 박해받던 초대 교회의 비밀스러운 상징에서부터 글을 모르는 평민들을 위해 중세 성인들의 초상화에 사용된 상징 코드에 이르기까지, 신자들은 늘 은유적 상징을 통해 종교를 이해하곤 했다. 상징은 소수만이 이해할 수 있는 어려운 개념을 받아들이기 쉽게 만들어 주는 매우 효율적인 도구다. 문제는 우리가 신앙을 상징으로 이해하는 데 너무 빠져서 '모든 것'에서 깊은 의미를 찾으려 한다는 것이다. '하나님께서 우리에게 무엇을 말씀하시려는지'에 과도하게 집착하면 우리의 신앙을 하나님 안에 두는 대신, 비유나 상징 그 자체를 믿는 데 빠질 수 있다.

그 결과, 어떤 사건이나 결말을 멋대로 해석하고는 우리가 상상한 결과에 끼워 맞추려 하게 된다. 우리의 인식과 반응을 여러 사건이 자연스럽게 진행된 결과로서의 결론이 아니라, 인위적으로 만들어진 결론으로 몰아가는 것이다. 비유는 허구다. 작가가 모든 등장인물과 사건을 통제해서 미리 정해진 결말로 이끌어 가는, 만들어 낸 이야기다. 현실은 그런 식으로 이루어지지 않는다. 그럼에도 불구하고, 연속되는 특정 사건에 의미를 부여하려는 충동을 억제하기는 어렵다. 만족스러운 결말이 기다린다고 예상하면 고난도 잘 견뎌 낼 수 있다.

흥미롭게도, 결과에 집착하는 우리의 성향을 추적하려면 예수님 당대에 벌어지던 문화 충돌까지 거슬러 올라간다. 기원전 4세기 말, 차례로 고대 이스라엘의 영토를 차지한 그리스와 로마 군대는 전통과 신념을 강요했다. '그리스화'(hellenization)라고 불리는 이 과정을 통해 그리스의 문화가 현지 관습에 스며들었다. 이때 이스라엘 사람들의 세계관과 그리스 식민자들의 세계관이 여러모로 상충했는데, 그중에는 시간의 흐름에 대한 견해도 있었다.

———— 비유

이때 그리스 정치 지도자들의 견해가 오늘날 서구에서 시간을 바라보는 시각을 형성했다. 바로 인류가 미래를 향해 앞으로 나아간다고 보는 시각이다. 이때 우리는 앞쪽에 놓인 미지의 세계를 바라보며 하나의 궁극적인 결말을 향해 나아간다. 이는 유대인들이 시간을 이해하는 방식과 무척 다르다. 방향이 거꾸로이기 때문이다.

물 위의 배를 상상해 보면, 그리스인들은 배가 나아가는 방향을 바라보며 뱃머리에 서 있다. 반면 이스라엘 사람들은 그 반대쪽을 바라보고 노 젓는 사람과 비슷하다. 미래를 향해 등을 돌린 채 과거를 바라보며 앞으로 나아가는 것이다. 왜냐하면 과거에 있었던 일을 관찰하고 분석해야만 미래를 이해할 수 있기 때문이다. 때로 한 아이디어에 또 다른 아이디어가 쌓이면서 한 바퀴를 빙 돌기도 한다.[13] 사실 성경에 사용된 히브리어 중에 '어제'와 '내일'을 의미하는 단어는 각각 '앞에'와 '뒤에/뒤편에'라는 뜻과 연결된다. 우리가 이미 경험했던 일을 바라보면서 시간 사이를 이동한다는 개념이다. 미래는 알 수 없으므로 우리 뒤쪽에 있다. 미래가 우리에게 다가오기 전까지는 볼 수 없기 때문이다. 게다가 미래가 다가오는 방식은 직선이라기보다 원형이다. 따라서 역사의 궤도는 나선형에 가깝다. 그러나 그리스인의 시각이 서구에서 주류가 되면서 서구 기독교에서 삶과 신앙을 논의하는 방식에도 영향을 끼치게 되었다.

신앙의 발전을 가벼운 산책이나 반드시 도달해야 할 목적지가 있는 여정, 혹은 실패를 각오해야 할 여정으로 보는 것은 전혀 다르다. 과거의 경험을 깊이 고찰하는 대신 미지의 세계로 나가야 신앙이 발전하는 것이라면, 그 결과를 예측하는 데 그치게 된다. 그런 방식은 결과에 대해 확증 편향을 보이거나 추측에 따라 사실을 해석하게 되므로 문제가 있다. 따라서 하나님의 마음을 알아맞히려고 절실하게 노력하면서도 그분의 뜻을 우리 마음대로 해석하게 된다.

그리스도의 의무란 어려움을 당하는 중에도 하나님의 뜻을 구하는 것이라고 느낄 수 있다. 하지만 어려움을 그 결과로만 축소시킨다면 우리나 타인의 고통을 지나치게 단순화한다. 그보다 더 끔찍한 것은 결과가 과정보다 더 중요하다는 메시지를 의도치 않게 전할 수 있다는 것이다. 또는 하나님께서 (우리가 생각한) 어떤 결과를 이루기 위해 끔찍한 사건이 일어나게 만드셨다는 메시지를 전할 수도 있다.

샘은 동맥경화증과 합병증 때문에 사랑하는 아내 캐럴을 잃었다. 그때 온 가족과 친척들은 엄청난 충격을 받았다. 그 영향으로, 샘의 조카 중 한 명은 다니기 싫어하던 직장에 매여 있기에는 삶이 너무 짧다는 것을 깨닫고, 회사를 그만두고 비영리 단체로 이직했다. 십 년이 지난 어느 날, 가족 모임에서 만난 조카는 샘에게 이렇게 말했다. "생각해 보세요! 캐럴 이모의 죽음이 아니었다면 제 소명을 찾지 못했을 거예요. 하나님께서는 정말 신비로운 방법으로 일하시는 것 같아요."

"그 말에 내가 뭐라고 대답해야 하지?" 몇 년이 지났어도 그 말은 여전히 샘의 마음을 아프게 했다. 어깨를 으쓱하는 샘의 모습 뒤로 벽에 걸린 캐럴과 아이들의 빛바랜 사진이 보였다. "네가 직장을 옮겨야 했기 때문에 우리 애들이 엄마 없이 자라서 기쁘다고 말했어야 했나? 아내가 죽은 이유가 네가 꿈의 직장을 찾기 위한 하나님의 계획이었다고? 그 애가 일부러 그렇게 말한 게 아니라는 건 알아. 그렇지만 어떤 것이 '하나님의 뜻'이라고 속단하는 것은 정말 조심해야 해. 그 말이 어떤 의미로 해석될지 고려하지도 않고서 말이야."

마가복음 8장에서는 예수님이 제자들의 기대가 틀렸다는 것을 여러 차례 입증하시면서 벌어지는 촌극을 볼 수 있다. 먼저 예수님은 사천 명이나 되는 무리를 먹이기 위해 제자들이 가져온 떡 일곱 개와 작은 생선 두어 마리로 음식을 준비하신다(막 8 : 5-8). 그 후에 바리새인들이 예수님에게 '하늘의 표적'을 구하며 압박한다. 예수님은 그 때문에 '마음속으로 깊이 탄식'하셔야 했다(막 8 : 12). 예수님은 제자들에게 "삼가 바리새인들의 누룩과 헤롯의 누룩을 주의하라"고 경고하셨지만, 제자들은 그 말씀을 문자 그대로 해석하고는 우리가 떡을 챙겨오지 않아서 그러신다며 서로 수군거렸다(막 8 : 14-16). 8장 뒷부분에서는 예수님이 제자들에게 "사람들이 나를 누구라고 하느냐"라고 물으시고는, 또 "너희는 나를 누구라 하느냐"라고 물으셨다(막 8 : 27-29). 마지막으로, 예수님이 죽임당한 뒤 다시 살아나시기 전에 '많은 고난'을 당해야 한다고 말씀하시자, 베드로는 그런 말 마시라며 예수님에게 화를 냈다. 이때 예수님은 그 유명한 말씀을 하시면서 도무지 이해하지 못하는 베드로를 꾸짖으셨다. "사탄아 내 뒤로 물러가라 네가 하나님의 일을 생각하지 아니하고 도리어 사람의 일을 생각하는도다"(막 8 : 33). 여기서 우리는 제자들이 추측했던 것과 다른 모습으로 행동하시는 예수님을 연달아 보게 된다. 어떤 때는 사천 명이나 되는 사람을 먹이시며 우리의 기대 이상으로 행동하시고, 어떤 때는 표적 보이기를 거절하시며 우리의 기대 이하로 행동하신다. 예수님을 가까이에서 따르던 제자들은 그분을 오해하기도 하고 가르침을 고치려 들기도 한다. 이 책을 기록한 마가가 독자에게 주는 영향을 극대화하기 위해 이런 일화를 따로 모아 놓은 것은 아닌가 싶을 정도다.

이 부분에서 가장 눈에 띄는 예화는 떡과 누룩, 메시야로서 계획했던 일들 사이에 등장하는 특이하고도 작은 사건이다. 8장에서 진행되는 여러 대화 사이에서 예수님은 시각장애인 한 사람을 고치기 위해 벳새다에 이르러 멈추셨다. 하지만 이때 보이신 기적은 그 시각장애인의 시력이 한 번에 회복되지 않았다는 점에서 다른 기적과 차이를 보인다. 예수님은 시각장애인의 눈에 침을 바르신 뒤 "무엇이 보이느냐?"고 물으셨다. 그러자 그 남자가 예수님을 쳐다보면서 "사람들이 보이나이다 나무 같은 것들이 걸어가는 것을 보나이다."라고 대답했다. 그러자 예수님은 그 사람의 눈에 다시 손을 얹으셨다. 그가 다시 주목하여 보니 시력이 회복되어서 모든 것을 분명하게 볼 수 있었다(막 8 : 22-26).

예수님의 사역이 전부 오해받는 상황 가운데서 눈앞의 현실을 보지 못하는 시각장애인과 대화를 나누신 것은 우연이 아니다. 이 시각장애인이 치유받은 사건은 당시 예수님이 제자들과 대적들 사이에서 직면해야 했던 상황을 수사적으로 표현한다. 애초에 주변에서 벌어지는 일에 집중하지 못하고 정확하게 이해하지 못하는 그런 사람들 말이다. 제자들이나 바리새인들(그리고 벳새다의 시각장애인을 포함해서) 모두가 제한된 시력으로 본 것을 해석했다. 예수님은 그들의 오해를 바로잡으실 때도 있었고, 그냥 내버려두실 때도 있었다. 하지만 예수님의 사역이 그들이 예상한 결과와 다를 때 매번 적잖은 실망과 혼란이 발생했다.

결과가 어떠해야 한다는 우리의 견해는 하나님의 생각만큼 정확하지도, 완전하지도 않다. 우리는 생각하는 방향대로 이야기가 흘러가야 한다는 편견을 가지고 그에 따라 결정을 내린다. 마치 잘 짜인 소설처럼, 모든 고난과 아픔이 결국 아름답고 만족스러운 결과의 한 부분일 것이라고 상상하기를 좋아한다. 하나님께서 그 소설의 저자이시고, 그분을 신뢰하기만 하면 모든 일이 잘 들어맞아 결국 끝이 좋을 것이라고 기대하면서 말이다. 히브리서 12 : 2의 번역대로, 예수님은 '믿음의 주요 또 온전하게 하시는 이'시기 때문이다.

하지만 안타깝게도, 이 문장은 그리스 원전을 잘못 해석한 것이다. '작가'라고 번역되는 그리스어는 '첫째' 또는 '으뜸'을 뜻하는 '아르케'(archē)라는 어근에서 파생되었다. 문자적으로는 일련의 연속되는 것 중 가장 앞머리의 '시발점'이나 어떤 운동의 '창시자'를 의미한다. NIV나 NRSV 같은 현대 영어성경에서는 이 단어를 '작가'(author) 대신 '개척자'(pioneer)로 번역한다("예수님은 우리 믿음의 개척자이자 온전하게 하시는 분"〈Jesus the pioneer and perfecter of our faith〉). 언어학에서 다룰 만한 사소한 차이처럼 보이겠지만, 그 의미가 중요하다. 'pioneer'라 번역함은 예수님을 신앙의 설립자로 여기는 것이다. 또한 히브리서 12 : 2에서 '온전하게 하시는 이'로 번역된 부분은 우리 삶에서 발생하는 사건이 아니라 예수님이 신앙 안에서 어떤 일을 행하시는지를 짚어 준다. 다시 말해, 온전하게 한다는 대상이 우리 삶이 아니라 우리 삶 속에서 작용하는 하나님의 은혜를 가리킨다. 그리고 우리는 여기서 다시 신약성경에 그리스식 시간관념이 적용된 것을 볼 수 있다. 맨 처음에 시작의 순간이 존재할 뿐만 아니라 그 행동이 완성되어 온전하게 되는 마지막 순간이 존재한다. 하지만 우리의 신앙이 언제나 결승점을 향해 일직선으로 달려가는 것은 아니다.

 우리는 최선을 다해 노력하지만 문제가 늘 보기 좋게 해결되지는 않는다. 각종 책을 읽고, 상담을 받고, 용서와 소통을 위해 애쓰며 책임을 다했는데도 결혼생활이 실패로 돌아온다. 카페인 섭취를 금하고, 뜨거운 탕목욕이나 파라벤 제품 사용을 자제하며 완벽하게 관리해도 아기를 유산한다. 정기적으로 운동하고, 유기농 식품을 먹으며, 각종 치료를 받으면서 의사의 지시를 따랐음에도 암이 재발한다. 사건을 발설하지 않고 가해자가 시키는 대로 복종했는데도 여전히 학대가 지속된다. 깨진 가족관계와 죽은 아기, 쉽게 사라지지 않는 종양, 학대당한 아이를 통해 결국 어떤 아름다운 결말이 나타난다는 것인지 궁금해진다. 애초에 하나님께서 왜 그런 이야기를 쓰기 시작하신 것인지도 궁금하다.

욥기 42장은 "여호와께서 욥의 말년에 욥에게 처음보다 더 복을 주시니 그가 양 만 사천과 낙타 육천과 소 천 겨리와 암나귀 천을 두었고 또 아들 일곱과 딸 셋을 두었으며"(욥 42 : 12-13)라고 한다. 고통과 상실로 가득했던 이야기를 끝맺는 행복한 결말이다. 하지만 그 마지막 장이 없었다면, 결말에 구원이 이루어지지 않았다면, 우리가 욥기를 지금과 같은 식으로 읽을 수 있을까? 욥은 회복될 것이라는 사실을 전혀 몰랐다. 결국 하나님께서 보상해 주실 것이라고 생각하지도 않았다. 욥의 재산이 회복되지 않았더라면 욥기는 영향력을 갖지 못했을 것이다. 그런 보상이 없었더라면 그가 당한 고난은 얼마나 실망스러울까? 혼돈에서 질서가 잡히지 않았더라면 욥이 당한 고난은 얼마나 공허하고 의미가 없을까? 그럼에도 불구하고, 구원의 방주가 우리 눈앞에 나타나지 않는다는 이유로 그런 식의 공허한 기분이 우리 삶을 채우는 경우가 얼마나 많은가?

우리는 요엘 2 : 25의 이스라엘을 위한 하나님의 약속을 나에게 적용하며 위안을 얻기도 한다. "내가 전에 너희에게 보낸 큰 군대 곧 메뚜기와 느치와 황충과 팥중이가 먹은 햇수대로 너희에게 갚아 주리니" 그렇게 몇 년이고 회복을 기다리지만, 마치 연체료가 쌓인 것처럼 보상은 더디다. 우리는 계속해서 트라우마에 영향을 받고, 고통은 계속된다. 몇십 년이나 계속해서 우리가 입은 상처에 값을 지불하고, 우리를 대상으로 한 범죄에 값을 치른다. 그 결과는 삶의 모든 영역에서 반향을 일으킨다. 우리의 신앙이 조건부이거나 주고받기 식이기 때문에 하나님께서 우리가 생각한 대로 결말을 아름답게 만들어 주시지 않으면 좌절하게 된다는 말이 아니다. 우리가 타고난 안전과 건강이라는 권리를 누리지 못하고 있다는 사실을 인식하는 것이다. 결말이 우리가 예상했던 대로가 아니라서 실망했다는 단순한 이야기가 아니다. 그것은 인간의 기본적 욕구를 부인하는 것이다. 영혼을 파괴하는 상처, 삶을 송두리째 바꾸어 놓는 상처에는 어떤 가치가 있다고 주장하는 사람들, 언젠가는 지나간 일을 보며 기뻐할 수 있을 거라고 주장하는 사람들은 하나님보다 결과를 더 신뢰하는 사람들이다(4장에서 논의했던 것처럼).

C. S. 루이스는 마태복음 24 : 34이 '성경에서 가장 당혹스러운 구절'이었다고 했다.[14] 해당 본문에서 예수님은 재림의 때가 가까웠다며 다음과 같이 약속하신다. "내가 진실로 너희에게 말하노니 이 세대가 지나가기 전에 이 일이 다 일어나리라" 물론 우리는 모든 일이 예수님의 예상대로 이루어지지 않았다는 것을 안다. 그로부터 이천여 년이 지난 지금, 우리는 여전히 여기

에 있고 예수님은 아직도 돌아오시지 않았다. 이렇게 보면 예수님조차 가정과 결과에 따라 사역하신 것처럼 보인다. 하나님께서는 부모로서 결과에 책임질 마음이 없으신 듯하다. 하지만 루이스가 지적한 대로, 정확히 한 문장 뒤에 예수님이 이렇게 말씀하신다. "그러나 그날과 그때는 아무도 모르나니 하늘의 천사들도, 아들도 모르고 오직 아버지만 아시느니라"(마 24 : 36). 분명 예수님이 예상한 대로 이야기가 흘러가지는 않았다. 초대 기독교인 대부분도 재림 때의 구원이 임박했다고 자부했다. 그러나 당시 신자들이 바라던 소망이 이루어지는 걸 보지 못한 채 한 사람씩 죽음을 맞이했을 때 어떤 기분이 들었을까? 주님의 재림이 이루어지지 않자, 어느 순간 그들은 각자 결정을 내려야 했다. 그들이 오해했거나 영영 보지 못할 수도 있는 결과를 계속해서 믿어야 할지, 아니면 최선을 다해 현재의 삶에 의미를 부여하면서 하나님을 믿어야 할지 말이다.

우리는 어떤가? 알아보기도 힘든 어떤 형태에 가치와 이름을 부여하겠다고 마음먹고 미래를 향해 앞으로 나아가고 있는가? 스스로를 선지자로 여기면서 미래를 추측하고, 우리가 말한 대로 이루어지지 않을 때 하나님을 탓하거나, 우리의 추측이 잘못되었을 경우 하나님의 계획에서 벗어났다며 두려워하는가? 아니면 눈앞에 펼쳐지는 대로 삶을 살아 내면서 자세히 들여다보고, 이미 지나간 과거와 연관시키며 그 의미를 찾기 위해 계속해서 노를 저을 의향이 있는가? 간단히 말해, 미래나 과거를 우리의 지식에 의존하는가, 아니면 하나님의 지식에 의존하는가?

다니엘 3장에는 사드락, 메삭, 아벳느고가 바벨론 왕을 향해 그들의 하나님께서 풀무불에서 그들을 구원하시리라고 말하는 유명한 장면이 있다. "그렇게 하지 아니하실지라도 왕이여 우리가 왕의 신들을 섬기지도 아니하고 왕이 세우신 금 신상에게 절하지도 아니할 줄을 아옵소서"(단 3 : 18). '믿음장'으로 유명한 히브리서 11장은 예상했던 것과 매우 다른 결말을 감내해야 했던 신자들의 삶을 묘사한다.

"또 어떤 이들은 조롱과 채찍질뿐 아니라 결박과 옥에 갇히는 시련도 받았으며 돌로 치는 것과 톱으로 켜는 것과 시험과 칼로 죽임을 당하고 양과 염소의 가죽을 입고 유리하여 궁핍과 환난과 학대를 받았으니 (이런 사람은 세상이 감당하지 못하느니라) 그들이 광야와 산과 동굴과 토굴에 유리하였느니라 이 사람들은 다 믿음으로 말미암아 증거를 받았으나 약속된 것을 받지 못하였으니 이는 하나님이 우리를 위하여 더 좋은 것을 예비하셨은즉 우리가 아니면 그들로 온전함을 이루지 못하게 하려 하심이라"(히 11 : 36-40).

우리는 현세의 결말이 만족스러우리라고 보장할 수 없는 것은 물론이요, 답이 주어지지 않았다는 사실을 깜박 잊곤 한다. 질서가 혼돈을 이긴다는, 고난을 통해 성화를 이루게 된다는 하나님의 약속만 덩그러니 남겨질 때도 있다. 우리는 결과가 모든 것보다 중요하다고 생각하기 때문에 우리를 불편하게 만드는 부분이나 답을 찾을 수 없는 부분은 건너뛴다. 평생 "예수님이 답이다."라고 배웠기 때문이다. 완전히 다르게 질문하더라도 답은 같다. 우리는 누구에게든 '왜?'라는 질문의 답이 가장 어렵다는 것을 인정하지 않으면서 왜 그런지 답하라고 요구한다.

아이들이 어릴 때는 "하나님께서 그렇게 만드셔서 그런 거야."라는 단순하고도 솔직한 대답에 만족하곤 한다. 하지만 그들이 자라면서 던지는 '왜?'라는 질문은 세상과 사물에 대한 호기심에 뿌리를 두기보다 저항의 방편이다. "왜 그런 법을 따라야 하는 거야?", "세상은 왜 그런 식으로 돌아가는 거야?" 등. 그때부터는 "하나님께서 그렇게 만드셔서 그런 거야."라는 대답으로는 충분하지 않다. 진정한 영적 씨름을 해 본 사람이라면, 현실 속 세상과 우리가 바라는 세상이 다르다는 것을 깨달은 상처 입은 영혼에게 "하나님께서 그렇게 만드셔서 그런 거야."라는 대답이 충분하지 않다는 사실을 안다. 우리는 고난을 겪게 된 이유를 알고 싶어 한다. 하나님께서 무슨 생각을 하시는지, 어떤 계획이 있으신지도 알고 싶어 한다. 그리고 그럴 때 답을 찾지 못하면 속았다고 생각한다.

고통의 이유도 모르고, 그 의미가 충분히 설명되지도 않는데 어떻게 그 고통을 견뎌 낼 수 있을까? 하나님의 계획 속에서 우리가 어떤 역할을 담당하는지 알 방법이 없는데 어떻게 계속 나아갈 수 있을까? 고난당하더라도 우리가 하나님의 뜻 안에 있는지 아닌지조차 확실하지 않으며, 하나님의 뜻이 있기는 한 건지도 알 수 없다. 그런데 거룩한 고난은 신자로서 죄와 유혹에 맞선다는 것을 보여주는 표지이므로, 고난당하는 것을 이상적이라고 여기는 경우가 많다. 더 괴로울수록 더 많이 성화된다는 것이다. 하지만 원인 모를 고난은 허무하거나 심지어 잔인하게 느껴진다.

확실하게 구원을 약속하는 결말이 없는 상태에서 우리가 어려운 시험을 감내할 때면, 사람들은 '연단하시는 불'로 우리 성품이 단단해질 거라며 격려의 말을 건네곤 한다. 그러나 용광로에서 꺼낸 쇠는 너무나 뜨거워서 식혀 줄 필요가 있다. 이때 '담금질'이라는 과정을 거쳐 강제로 식히면, 쇠는 단단해질 수도 있지만 잘 부러지게 된다. 반면 '정련'은 열이 자연스러운 속도로 천천히 쇠에서 빠져나가도록 하는 것이다. 이 과정을 거친 쇠는 단단할 뿐 아니라 내구성도 좋다. 두 가지 모두 야금술의 방법이지만, 교회에서는 담금질만이 온전해지는 유일한 방법이라고 여길 때가 많다. 연단의 불에서 막 빠져나온 사람들이 재빨리 치유되어 다시 사역하기를 기대하는 것이다. 그들이 자신만의 속도로 트라우마를 극복하도록 내버려둔다면 더 강해질 수도 있을 텐데 말이다. 우리는 얼마나 오랜 시간이 걸리든 기꺼이 슬퍼하며 애도하고, 그 감정을 충분히 느끼고 해소하는 과정을 거쳐 결국 회복에 이르는 시간을 가져야 한다. 상처 입은 개인이 '의미를 찾아내면 그동안 일어났던 모든 안 좋은 일이 없던 일이라도 되는 것처럼 서두르지 말아야 한다.

연단의 불이라는 비유는 고난이 자기 계발의 방법으로 강조될 수 있다는 점에서도 문제다. 고난당하는 이에게 고쳐야 할 점이 있다는 뜻이다. 그럼으로써 희생자에게 잘못이 전가되고, 우리의 시야도 좁아진다. 왜 나에게, 또는 우리에게 이런 일이 일어나는지 따져 묻는 데 빠진다면 초점을 잘못 맞춘 것이다. 우리가 강조되어서는 안 된다. 진정 우리가 물어야 할 질문은 "왜 이런 일이 이 세상에 일어나는가?"이다. 은혜 또는 치유, 개선을 위한 나의 선택은 무엇일까? 어떻게 하면 이 세상을 온전하게 만들 수 있을까?

고난이 어떻게 우리를 '개선'하거나 '연단'하는지 강조하는 대신 우리가 각각의 상황에서 어떻게 하면 질서나 은혜 또는 회복을 세상에 가져올 수 있는지에 초점을 둔다면, 영원히 구할 수 없는 답을 찾아 헤매는 데서 벗어나 이 땅에서 하나님께서 주신 청지기의 삶을 살아 낼 기회를 찾게 된다. 하나님께서 결국 무엇을 의도하셨는지 추측하기를 그만두면 지금, 이 순간의 의미를 찾을 수 있다. 비유의 의미가 무엇이든 거기에 갇혀 있기보다 현재의 삶에 충실하도록, 고난에서 벗어나 은혜를 전달하고, 사랑을 전파하도록 우리 자신을 자유롭게 하는 것이다. 미리 결정된 서사 속에서 결말을 잘못 예측할 수 있다는 부담에서 벗어나 늘 구원을 향해 나선형으로 서사를 써 내려가시는 그분의 이야기의 일부분이 되는 것이다.

왜 이런 끔찍한 일이 나에게 벌어지는 걸까? 그 질문에 답이 없을 수도, 이유를 설명하기 힘들 수도 있다. 어떤 고통은 적당한 이유를 찾기 어렵고, 신학적으로 설명하기도 힘들다. 그러나 우리 주변에 악이 존재함에도 불구하고, 여전히 우리에게는 덜 상처받는 세상을 만들기 위해 노력할 수 있는 선택권이 있다. 선택이라는 아름다운 선물에 어떻게 반응할 것인지는 당신에게 달려 있다. 우리는 자비, 공감, 지혜, 감사라는 성품을 개발한다. 우리가 창조 질서를 회복하기 위해 하나님과 함께 동역할 때 이 성품들이 밖으로 드러나 사회에 영향을 끼친다(고전 3 : 9). 또다시 상처 입기보다 온전해지기를 선택하는 것이다.

펠리시티는 자신에게 책임을 돌리기보다 시선을 전환해 서로를 돌아보기만 해도 세상에 은혜와 평화를 증진하기 위해 각자 핵심적인 역할을 하게 된다고 설명한다.

"우리는 교회 사람들이 하나님의 이름으로 가스라이팅한다고 말하지만, 우리도 하나님을 가스라이팅하고 있어. 이렇게 저렇게 살아가겠다고 약속했지만, 막상 세상에 나가서는 그렇게 살아가지 않아. 교회가 사랑으로 가득한 곳이라면서 사람들을 초대하지만, 수치심을 갖게 하는 설교를 듣게 되기도 해. 상처 입은 사람들에게 '기도할게요.'라는 말로만 그칠 때가 많지. 차라리 감당할 수 있는 범위에서 식사를 대접하는 것이 나아. 혹시 피난처가 필요한지 물어봐. 어떤 일이든 지금 겪는 일에는 이유가 있을 거라고 말하지 마. 그들이 그 일로 감사하지 않으면 잘못이라도 저지르는 것처럼 생각하지 마. 그런 말이나 태도는 도움이 안 될

뿐더러 수치심만 키울 뿐이야. 그냥 그들에게 진정으로 필요한 것을 채워 줘."

의미를 찾아 헤매는 대신 의미를 창조할 수 있는 기회가 우리에게 주어진 것이다. 5장에서 성추행당했던 경험을 나누어 준 앨리슨도 비슷하게 말했다. "그 일 이후 저는 조금 더 남들에게 공감하고, 마음을 열되, 판단하지 않기로 마음먹었어요. 세상에 상처받고 고통당하는 사람들이 있다는 사실을 깨달았기 때문이에요."

트라우마를 겪은 사람이 신앙 제도 속에서 2차 가해를 당하지 않도록 인간애에서 우러나온 사소한 행동으로 도울 수 있다. 러시아 소설가 안톤 체호프는 이렇게 말했다. "(소설의 한 장면에서) 벽에 권총을 걸어 두었다면 그 총을 쏴야 한다. 그게 아니라면 애초에 거기 두지 말라."[15] 다시 말해 어떤 서사의 세부 사항은 문자적으로든, 상징적으로든 모두 어떤 의미를 지녀야 한다는 뜻이다. 하지만 우리의 삶은 문학적 상상의 결과물이 아니다. 그러니 고통에서 꼭 의미를 찾아야 할 이유는 없다. 다른 사람이 그렇게 하도록 요구할 필요도 없다. 우리 삶은 연속된 어떤 상징적 행동이나 비유에 매이지 않는다. 5장에서 소개한 커트는 말했다. "우리는 매일의 일상에서 의미를 만들어 내는 대신 인생이라는 서사 전반에 잘못된 의미를 부여합니다. 우리는 이웃을 사랑하라는 명령을 받았습니다. 그건 매일 수행해야 할 임무이지 서사가 아닙니다."

히브리서 11 : 39~40을 다시 한번 읽어 보자. "이 사람들은 다 믿음으로 말미암아 증거를 받았으나 약속된 것을 받지 못하였으니 이는 하나님이 우리를 위하여 더 좋은 것을 예비하셨은즉 우리가 아니면 그들로 온전함을 이루지 못하게 하려 하심이라" 고대 순교자들은 만족스러운 결말을 보지 못했다. 그들의 이야기가 끝나지 않았고, 그들의 사역이 아직 완성되지 않았기 때문이다. 우리가 각자의 시간과 장소에서 영광을 향해 조금씩 나아가면 하나님께서 창조하신 세상의 일부분을 회복시키는 데 필요한 도구를 들고 전진하는 것이다. 우리는 망가진 세상의 희생자이기도 하지만, 그 세상을 회복시키는 희망이기도 하다.

  우리의 임무는 삶에서 다른 이들의 죄악을 보고 얼굴을 붉히는 것이 아니다. 우리가 잘못된 추측으로 큰 계획이 망가지는 것을 감수해 가면서까지 하나님의 의도를 추측하고 그에 맞춰 결과를 조작하는 것도 아니다. 우리의 임무는 상황을 의미 있게 만드는 것이다. 우리는 정의를 수호하기 위해, 평화를 회복시키기 위해 질서를 창조해 낼 거룩한 책임을 부여받았다. 결국 의미는 눈앞에 벌어지는 어떤 사건에 있지 않고 우리가 만들어 가기 때문이다.

14장
진실성

무한한 얼굴을 가지신 하나님

에스겔 3 : 1~21

사도행전 2 : 1~21

에스겔 선지자가 하나님의 두루마리를 먹고 배를 채웠던 일화에 대한 설교를 한 번쯤 들어 본 적 있을 것이다. "그것이 내 입에서 달기가 꿀 같더라"(겔 3 : 3). 하지만 그 이후의 일에 초점을 두는 설교는 몇이나 될까? 하나님께서 백성들을 악한 길에서 되돌리라는 불가능해 보이는 임무를 선지자에게 맡기신 뒤에 벌어진 일 말이다. 에스겔의 기록이다. "주의 영이 나를 들어 올려 데리고 가시는데 내가 근심하고 분한 마음으로 가니 여호와의 권능이 힘 있게 나를 감동시키시더라 이에 내가 델아빕에 이르러 그 사로잡힌 백성 곧 그발 강가에 거주하는 자들에게 나아가 그 중에서 두려워 떨며 칠 일을 지내니라"(겔 3 : 14-15). 다른 성경에서는 이 구절을 조금 다르게 번역했다. "주의 영이 나를 들어 올려 데리고 가시므로 내가 근심하고 불안해하자 여호와의 손이 나를 강하게 붙들어 주셨다. 그렇게 해서 나는 그발 강가의 델-아빕으로 갔다. 그곳은 포로들이 살고 있는 곳이었다. 나는 거기서 정신이 얼떨떨한 채 7일 동안 머물러 있었다"(현대인의 성경, 겔 3 : 14-15).

어떻게 번역했든 이 구절이 전달하고자 하는 사실은 비슷하다. 에스겔이 자신의 임무를 기꺼이 받아들이거나 즐거워하며 가지는 않았다는 것이다. 에스겔은 화가 났고, 놀라고 당황했다. 이것은 기쁨으로 가득한 열정적인 종의 모습이 아니다. 어깨에 짊어진 임무 때문에 심히 괴로워하며 부정적인 감정에 휩싸인 모습이다. 그 외에 또 다른 사실이 있는지 살펴보자. 이때 '여호와의 권능이 힘 있게' 에스겔 위에 머물러 계셨다. 그 손이 에스겔을 무겁게 짓눌렀을 수도 있지만 그를 떠나지는 않았다. 이것은 에스겔이 비통해하는 순간에도 하나님이 임재하셨다는 사실을 의미한다.

에스겔의 결말을 바라보면서 하나님께서 어떤 위대한 일을 성취하셨는지만 알려고 한다면 결말이 불확실한 중반부 이야기에서 얻을 수 있는 교훈을 놓치게 된다. 우리는 역사상 가장 위대한 선지자 중 하나로 꼽히는 에스겔이 하나님께서 그의 요구를 들어주지 않는 것처럼 보이자 좌절하고 분노하는 모습을 볼 수 있다. 하나님께서는 에스겔이 '두려워 떨며' 칠 일 동안 그 자리에 앉아 있도록, 자기가 받은 임무에 근심하고 분한 마음을 갖도록 내버려두셨다. 그럼으로써 선지자인 자신의 임무가 얼마나 무거운지 깨달을 뿐만 아니라 백성들에게 나아가 하나님을 대적하지 말라고 경고할 때 그들에게 더 공감할 수 있게 하셨다. 백성

진실성

들도 선지자를 통해 전달된 소식을 듣고 근심했을 것이다. 하지만 가장 중요한 것은 에스겔이 임무를 계속해서 수행했다는 사실이다. 하나님께서는 에스겔에게 맡긴 임무의 무게가 그 일의 결과와는 전혀 상관없다는 사실을 상기시키셨다. 가서 임무를 실행하기만 하면 됐다. "사로잡힌 네 민족에게로 가서 그들이 듣든지 아니 듣든지 그들에게 고하여 이르기를 주 여호와의 말씀이 이러하시다 하라"(겔 3:11). 우리는 만족스러운 결말이 가장 중요한 것처럼 여기거나 실패할 경우 맡겨진 임무가 더 무거워지기라도 하는 것처럼 고난의 결과에만 감정을 쏟아붓기 쉽다. 하나님께서는 에스겔이 임무에 성공하거나 실패하는 것과 관계없이 그가 사역을 실행하는 것 자체로 기뻐하셨다. 에스겔에게 "일어나라." 혹은 "아들아, 태도 좀 주의해라."라고 말씀하지 않으셨다. 그저 가서 최선을 다해 임무를 실행하라고만 하셨다.

우리도 마찬가지다. 고통을 대하는 모범 사례가 되어 다른 사람들을 그리스도께 이끌든, 아니면 얻어맞아 망가진 모습으로 너덜너덜해진 믿음의 끝자락을 붙들고 절뚝이며 걸어가든, 어느 쪽이든 눈앞에서 벌어지는 경주에 참여하는 중이다. 살면서 전도해야 하는 때가 있고, 그저 견뎌야 할 때가 있다. 하나님께서는 우리의 겉모습을 기준으로 포상하시는 경우가 거의 없다. 겉으로는 좋게 보이지 않았어도, 에스겔은 임무를 수행하기 위해 마음을 다잡는 일에 놀라운 힘을 보여주었다. 그 점에서 에스겔은 이 책의 서문에서 이야기했던 침팬지 이노스와 닮았다. 배신당하는 기분이 들고 상처를 입었어도, 학대를 당했어도 여전히 맡은 임무를 수행했던 이노스. 하지만 그렇다고 미소 띤 얼굴로 임무를 수행하거나 입에 발린 거짓말을 하지는 않았다. 에스겔은 성경을 읽는 독자들과 하나님께 정직하고 진실한 목소리로 말했다. 에스겔은 경건한 말로 항복과 복종을 이야기하는 겉모습 뒤로 속상한 감정을 숨기기보다 모든 것을 다 드러냈다. 하지만 수많은 설교가들은 에스겔의 이야기에서 '받아들일 만한' 부분에만 집중하느라 이것을 건너뛰고 말았다. 에스겔이 죄를 신랄하게 비판하는 부분이나 전적으로 순종하는 모습만 조명한 것이다. 수많은 현대 교회에서 이상적으로 여기는 모습과 일치하는 부분이다.

하나님을 진실한 방식으로 경험한다는 것은 하나님께서 주신 감정에 맞서 싸우기보다 그런 감정을 받아들이는 것을 의미한다. 찬송가의 가사처럼 '내 모습 이대로' 하나님께 나아가면서 말이다. 신앙을 고백하기 위해 강대상 앞으로 신자들을 부르는 설교가는 구원받지 못한 사람들이 하나님의 보좌 앞에 나아가기 전에 굳이 자신을 바꿀 필요가 없다고 선언하기를 좋아한다. 그렇다면 믿는 사람들에게도 똑같은 기준을 적용해야 하지 않을까? 믿으려고 노력하는 사람이나 예전에는 믿었지만 지금은 확신하지 못하는 사람들도 마찬가지여야 하지 않을까?

당신이 경험하고 있는 부정적인 기분, 불공정, 절박감, 공허함, 후회, 가슴 아픈 일, 상처 등 무엇이든 인정하라. 의심된다고,

실망했다고, 불안하다고, 화가 난다고 단순하게 말하라. 애초에 당신이 기대한 방식으로 하나님께서 등장하지 않을 수도 있다는 사실을 알고 있었는지, 스스로에게 자문하는 것도 좋다. "전혀 몰랐다." 혹은 "이럴 줄 알았다면 그렇게 하지 않았을 것이다."라고 답할 수도 있다. 아니면 그 중간 어디쯤 자리할 수도 있다. 아무도 당신의 대답을 대신할 수 없다. 핵심은 그런 질문을 해도 괜찮다는 것이다. 당신이 영적 정체성의 뿌리가 된 모든 것들을 여전히 믿고 있는지 확인하기 위해 믿음의 구조 전체를 수정할 필요가 있다고 인정해도 괜찮은 것처럼 말이다. 당신이 지금 처한 상황이 요한복음 10 : 10이나 이사야 26 : 3에서 약속한 완전한 평화로 나아가는 길이 아닐 수도 있다고 인정해도 괜찮다.

당신의 고난이 정당하다고 인정해도 괜찮다. 당신보다 더 심하게 고난당하는 사람이 있다고 해서 당신의 고통이 줄어들지는 않는다. 남들이 당신에게 "받은 복을 기억하며 기운 내라."라고 말하지 못하게 하라. "오십보백보"라는 옛말처럼, 당신의 고난이 다른 사람들보다 덜 고통스럽다고 해서 가볍게 여길 필요는 없다. 고난을 잘 받아들이는 것처럼 보이는 사람들과 당신의 신앙을 비교하며 그들을 부러워하거나, 어떻게 저렇게 우아한 모습으로 고난을 견뎌 낼 수 있는가를 생각하며 화가 날 수도 있다. 하지만 그들과 하나님의 관계는 당신과 하나님의 관계와는 별개이며, 그들이 짊어진 짐은 당신의 짐과 다르다. 에스겔이 보여준 것처럼, 불만족스러워하며 고뇌하는 반응 역시 은혜롭고 차분하게 반응하는 것만큼 '성경적'이라는 사실을 기억하자.

"악을 선하다 하며 선을 악하다 하며 흑암으로 광명을 삼으며 광명으로 흑암을 삼으며 쓴 것으로 단 것을 삼으며 단 것으로 쓴 것을 삼는 자들은 화 있을진저"(사 5 : 20).

위 구절은 주로 자기 욕심을 정당화하기 위해 비도덕적인 방법을 취하는 사람들을 비난하기 위해 사용된다. 하지만 그 반대로 생각해 볼 필요도 있다. 여기서 '악'이라고 번역된 단어는 히브리어 성경(역자주 : 구약)에서 흔히 사용되며, '나쁜, 해로운, 비극을 유도하는, 못생긴' 등의 부정적인 의미로 사용된다. 심지어 슬프다는 의미도 있다. 마찬가지로 '선'이라고 번역된 단어는 '도덕적으로 올바른'이란 뜻을 지닐 뿐 아니라 즐거운, 동의할 만한, 심지어 아름답다는 뜻도 있다. 이사야의 이 구절은 단순히 이기적인 동기에서 죄를 정당화하는 것을 비난하기만 하지 않는다. 어떤 어려움이나 즐겁지 못한 일, 상처를 기쁘고 즐거운 것으로 포장하는 행위를 경계하는 것이기도 하다. 우리가 내면에서는 혼란스러워하면서도 겉으로는 하나님과 좋은 관계를 유지하는 것처럼 가장할 때가 바로 그런 행위에 해당된다. 당신이 고난을 기뻐하지 않는다고 수치를 주는 사람들을 경계하라. 행복한 척할 필요는 없다. '좋은 그리스도인'이 되려고 거짓말을 해서는 안 된다.

어두운 곳에서 억지로 희망의 빛을 보려고 애쓰지 마라. 교회 바깥 사람들에게 하나님의 '이미지'를 손상시킬까 두려워서, 아니면 당신을 바라보는 사람들에게 영향을 끼칠까 염려하며 해

피엔딩이 당연한 것처럼 여기고 꾸며 내지도 마라. 실제로는 그렇지 않으면서 당신의 상황을 기쁘게, 차분하게, 평온하게 받아들이는 척하지 마라. 그렇게 하면 당신이 지금 느끼는 감정을 속이게 된다. 교회를 위해 그들이 수용할 만한 상황으로 변질시키지 말고, 있는 그대로 내버려두라. 실제 모든 상황이 당신이 느끼는 대로 속속들이 나쁠 때도 있다. 잠시 고통 가운데 주저앉도록 자신을 내버려두라. 행복한 결말이라는 가상의 미래를 위해 당신이 이렇게 해야 한다고, 이렇게 고쳐야 한다고, 이렇게 정당화해야 한다고 하는 대신, 있는 그대로의 상황을 경험하도록 자신을 내버려두라. 괜찮지 않을 때는 괜찮은 척하지 마라. 그리스도인으로서 간증하려면 이래야 한다며, 억지로 웃지 마라. 비그리스도인에게 하나님의 이미지를 손상시키지 않으려고 꾸며 내라는 명령은 성경 어디에서도 찾아볼 수 없다. 하나님께서는 우리가 거짓말하는 것을 원하지 않으시며, 전능자께서는 그런 식으로 복음을 전하는 홍보대사를 필요로 하지 않으신다. 하나님께서 우리에게 원하시는 것은 솔직함과 관계다.

당신의 서사는 당신 것이다. 그 서사를 살아 내고, 그곳에 거하라. 당신이 성장해서 되고 싶은, 성장해 가고 있는 그 사람의 일부분이 되게 하라. 당신의 삶에서 벌어지는 사건은 다른 사람들이 부담을 주거나 수치를 주거나 주도하는 일 없이 당신이 원하는 대로 이해될 수 있어야 한다. 다른 누군가의 평판 때문에 침묵해야 한다고 생각하지 마라. 구겐하임 문학상을 수상한 작가

앤 라모트(Anne Lamott)는 말했다. "당신에게 일어난 모든 일은 당신의 것입니다. 당신의 이야기를 전하세요. 어떤 사람이 당신의 글에서 우호적으로 묘사되길 원한다면, 그 사람은 진작에 당신에게 잘해 주었어야 합니다."[16]

당신의 서사가 온전히 당신의 것이 아닐 때 — 그런 경우가 많다 — 마주하게 되는 또 다른 문제가 있다. 당신이 우울증과 씨름하는 이유가 배우자의 정신 건강 문제 때문이라면 어떻게 할 것인가? 친구의 중독 증세 때문에 당신이 상처를 입었을 때, 공식 석상에서 어디까지 이야기할 것인가? 당신이 겪는 고통에 관한 이야기가 죄 없는 누군가를 다치게 할 수도 있다면 어디까지 밝혀야 하는가? 당신의 이야기 전부를 말할 수 없을 때, 어떻게 백 퍼센트 진실할 수 있는가? 우리에게는 다른 사람의 고통을 이야기할 권한이 없으므로, 때로는 완전한 진실과 한 발짝 뒤로 물러서는 것 사이에서 선택해야만 한다. 그럴 때는 사생활 보호와 기밀 유지가 서로 다르다는 것을 기억하는 것이 중요하다. 기밀 유지란 수치스러운 일 등이 드러나지 않도록 의도적으로 숨기는 것이다. 반면 사생활 보호란 개인의 안녕을 위한다는 목적의식을 가지고 선을 긋는 것을 의미한다.

신앙 공동체에서 진실한 교제를 나눌 때, 다른 사람의 사생활을 보호하거나 나 자신을 위해 선을 긋고 싶을 수 있다. 어떤 사람들은 고통을 영광스러운 훈장처럼 여기면서 사람들에게 이야기한다. 하지만 그렇다고 해서 그들이 하나님께만 털어놓는 사람보다 더 진실한 것은 아니다. 어떤 사람들은 고통의 경험을 나누면서 해방감을 느낀다. 그러나 고통의 경험을 드러내지 않고 속으로만 간직해야 거룩하다고, 자기 주체성이 보호된다고 느끼는 사람도 있다. 진실성이란 개인 신상을 낱낱이 드러내거나 험담을 기도 제목으로 가장해서 공유하는 것을 의미하지 않는다. 그것은 전능자이신 하나님께 연결되어 관계 맺는 데 최선을 다하는 것을 의미한다.

그렇게 하면 자기중심적 신학을 조장하는 거라며 비판하는 사람들도 있을 것이다. 신앙의 중심에 하나님 대신 우리 자신과 우리의 욕구가 자리한다는 것이다. 하지만 그것은 피할 수 없는 일이다. 우리 삶의 주인공은 우리 자신이다. 이것은 교만이 아니라 현실이다. 우리는 "하나님께서는 크시고, 나는 아무것도 아니다."라는 오래된 격언에 조심스럽게 접근해야 한다. 누가 해석하는 하나님이란 말인가? 복음은 이러해야 한다는 누군가의 해석에 우리 자신을 끼워 맞추기 위해, 하나님께서 창조하신 거룩한 우리 자신의 일부를 억압해야 하는가? 우리가 스스로 억압하려는 자아는 하나님께서 창조하시고 복을 주신 것인데, 어째서 자아를 죽여야 한다고 하는가? "하나님께서는 크시고, 나는 아무것도 아니다."라는 말은 성령님께서 이끌어 가시는 대로 소멸될 때까지 천천히 스스로를 억압하라는 뜻이 아니다.

생물학에서 후생유전학(epigenetics)이란, 어떤 종이 물려받은 유전인자가 변이를 일으키기 위해 어떻게 발현하는가를 연구하는 학문이다. DNA 염기서열은 그대로지만, 각개 조직이 드러내는 특징은 매우 다를 수 있다. 더 단순화해서 말하자면, 사람마다 알레르기 유발 물질이나 환경적 요인, 심지어 스트레스에 각각 다르게 반응할 수 있다는 것이다. 화학 작용 때문에 사람의 몸이 다르게 반응할 수 있다는 사실을 인정한다면, 그리고 뇌에 입력되는 내용과 경험을 사람마다 다르게 처리한다면, 성령님께서도 우리에게 각각 다른 방식으로 임하신다는 사실이 왜 과장된 것처럼 보이겠는가?

사도행전 2장의 오순절 사건을 생각해 보자. 예수님의 제자들이 한자리에 모였을 때 있었던 일이다.

"홀연히 하늘로부터 급하고 강한 바람 같은 소리가 있어 그들이 앉은 온 집에 가득하며 마치 불의 혀처럼 갈라지는 것들이 그들에게 보여 각 사람 위에 하나씩 임하여 있더니 그들이 다 성령의 충만함을 받고 성령이 말하게 하심을 따라 다른 언어들로 말하기를 시작하니라 그때에 경건한 유대인들이 천하 각국으로부터 와서 예루살렘에 머물러 있더니 이 소리가 나매 큰 무리가 모여 각각 자기의 방언으로 제자들이 말하는 것을 듣고 소동하여 다 놀라 신기하게 여겨 이르되 보라 이 말하는 사람들이 다 갈릴리 사람이 아니냐 우리가 우리 각 사람이 난 곳 방언으로 듣게 되는 것이 어찌 됨이냐 우리는 바대인과 메대인과 엘람인과 또 메소보다미아, 유대와 갑바도기아, 본도와 아시아, 브루기아와 밤빌리아, 애굽과 및 구레네에 가까운 리비야 여러 지방에 사는 사람들과 로마로부터 온 나그네 곧 유대인과 유대교에 들어온 사람들과 그레데인과 아라비아인들이라 우리가 다 우리의 각 언어로 하나님의 큰일을 말함을 듣는도다 하고 다 놀라며 당황하여 서로 이르되 이 어찌 된 일이냐 하며 또 어떤 이들은 조롱하여 이르되 그들이 새 술에 취하였다 하더라"(행 2 : 2-13).

우리도 오순절 사건을 경험한 예수님의 제자들처럼 하나님의 율법과 복음을 각 언어로 듣는다. 하지만 우리가 어떻게 듣는지, 어떻게 하나님을 경험하는지 그 방법은 다르다. 각 사람에게 가장 알맞은 방식으로 번역되기 때문이다. 하나님께서 다른 사람에게 말씀하시는 것을 이해하려고 애쓰지 않아도 된다. 남들과 다른 방식으로 하나님을 만나는 사람을 두고 폄하하고 비웃는 사람들은 늘 있다. 하지만 그것은 그들의 문제지, 당신의 문제가 아니다.

진실성이란 말씀과 경험을 통해 우리에게 자신을 드러내신 하나님을 전능자로 인식하는 것을 의미한다. 우리의 진실성을 가지고 우리에게 무안 주려는 사람들을 더 이상 용납하지 않는 것을 뜻한다. 히브리서 4 : 12을 문자 그대로 해석하기라도 하듯, 하나님의 말씀을 자신의 뜻에 맞춰 '좌우에 날 선 검'처럼 휘두르며 정의라는 이름으로 사람들을 피 흘리게 하는 사람들 말이다. 그들은 기꺼이 휘두르는 그 검이 '마음의 생각과 뜻을 판단'한다는 사실을 깜박한 듯하다. 하나님께서는 당신의 마음을 아신다. 당신의 뜻과 동기도 아신다. 왜 당신이 상처 입었는지, 어떤 문제로 힘들어하는지 아신다. 당신이 어떻게 만들어졌고, 어떻게 당신에게 하나님 자신을 드러내실지도 아신다. 권력과 율법주의, 배제, 편협한 마음을 가진 사람들이 하나님의 말씀을 비꼬는 것도 아신다.

그럼에도 불구하고 "진실하라."는 말이 지나치게 단순하게 느껴질 수 있다. 물론 하나님께서는 우리의 마음을 아시지만, 그렇다고 상황이 바뀌지는 않는다. 트라우마가 없어지지도, 가슴 아픈 일이 사라지지도, 불확실한 것이 없어지지도 않는다. 화가 가라앉지도 않고, 학대를 없던 일로 할 수도 없으며, 질문에 답을 주지도 않는다. 당신이 하나님 발아래 엎드려 흘리는 눈물을 멈추게 하지도 못하고, 당신이 간구하는 대로 안심시키지도 못한다. 세상에서 곤욕을 당할 때 마땅히 믿음의 공동체가 당신과 함께해야 하지만, 당신의 진실성이 너무 과하다는 이유로 오히려 당신을 거부하고 배제하는 현실을 바꾸지도 못한다.

어디쯤에서야 반전이 등장할까? 모든 희망이 사라진 것처럼 보일 때, 하나님께서 완벽한 해결책을 가지고 등장하실 자리는 어디일까? 솔직히 말해 쉽게 대답할 수 없는 문제이다. 그렇지 않다고 말하는 사람이 있다면 주의해야 한다. 실상은 반전이나 서사의 재구성이 아예 없을 때도 있고, 친숙하고 오래된 성경 구절을 재해석하지 못할 때도 있다. 막판의 기적 같은 것은 없을 수도 있다. 하나님께서 망원경으로 우리 삶을 바라보는 것과 달리 현미경으로 보듯 가까이에서 삶을 들여다보며 진부한 비유나 새

진실성

로운 관점을 내놓지 못할 수도 있다. 어떤 사건의 이면을 바라보는 시도가 소용없을 수도 있다. 고통과 고난에 관해 공부하는 어느 기독교 모임에서 이런저런 시도를 해 볼 수는 있겠지만, 이 책에서 새롭게 제시할 수 있는 것은 없다. 이 책에서 의도하는 것은 지금까지 이야기하지 않았던 것들을 이야기하고, 그동안 무시하거나 부정하라고 배웠던 감정들을 인정하는 것이다. 바울이 고린도전서에 기록했듯이 "내 말과 내 전도함이 설득력 있는 지혜의 말로 하지 아니하고 다만 성령의 나타나심과 능력으로 하여 너희 믿음이 사람의 지혜에 있지 아니하고 다만 하나님의 능력에 있게 하려"는 것이다(고전 2 : 4-5). 우리는 권력을 가진 사람들이 시키는 대로 해석하는 대신 하나님께서 우리 안에서, 우리를 통해 일하시는 방법을 이해해야 한다.

아이러니하게도, 우리가 하나님을 더 잘 알아 갈수록 의도적으로 하나님을 덜 의식할 수도 있다. 신앙이 무뎌지거나 게을러진다는 말이 아니다. 일상에서 하나님과 일치하는 삶을 살게 되면 애써 하나님의 임재를 의식하려고 노력할 필요가 없게 된다는 뜻이다. 모든 선택을 내리기 전, "예수님이라면 어떻게 하셨을까?"라는 질문에 더 이상 매일 필요가 없다. 예수님의 영이 알아서 선별해 주시기 때문이다. 내 친구가 말한 대로 이것은 춤추는 것과 비슷할지도 모르겠다. 수업 시간에 배운 동작을 일일이 기억해 낼 필요 없이 어느 순간 동작이 음악과 자연스럽게 맞춰져 적절하게 연결되는 것과 마찬가지다.

말씀과 삶을 조화시키려는 모든 신자들이 직면하게 되는 진짜 어려움이 바로 그것이다. 우리는 "성경은 이것에 대해 무엇이라고 하는가?"를 묻도록 훈련받았고, 그 의도는 선했다. 하지만 하나님께서 오직 성경을 통해서만 우리에게 말씀하신다고 여기고, 모든 일이 정확히 어떻게 일어나게 될지 성경이 확실하게 보장한다고 여기며 거기서 멈추는 것이 문제다. 성경 구절의 배경과 맥락을 고려하지 않은 채 어떤 상황에 그 말씀을 적용하려 들거나 한 개인의 배경, 트라우마 등을 고려하지 않고 성경으로 누군가의 경험을 평가하려 한다면, 이것은 우리가 하나님을 제한하게 된다. 말씀을 무시하라는 말이 아니다. 다른 사람을 폄훼하고, 무너뜨리거나 다른 사람의 생각이 틀렸다는 것을 입증하기 위해 말씀을 이용하는 사람들에게서 말씀을 되찾으려는 것이다.

성경은 우리가 하나님을 이해하도록 알려 주는 책이기 때문에 거룩하다는 사실을 반드시 기억해야 한다. 성경은 하나님에 대한 우리의 이해를 종결짓는 책이 아니며, 하나님을 제한하려는 목적으로 쓰이지 않았다. 우주의 창조주를 성경 안에 제한하지 마라. 광대하신 하나님을 성경 66권으로 모두 담아낼 수 있다고 여긴다면, 하나님과 우리 자신 모두를 속이는 것이다.

무한하신 하나님께서는 인간의 제한된 능력으로는 이해할 수 없는 면모를 보여주실 것이다. 우리는 그 모두를 설명하려고 애쓰거나 그런 면이 존재하지 않는 것처럼 가장하기보다, 하나님께서 우리가 기대했던 것과 어떻게 다르게 일하시는지, 또 그것

진실성

이 우리에게 어떤 의미를 주는지 성경을 통해 알아볼 수 있다.

요한계시록 4장에서 우리는 네 생물이 하나님을 우러러보며 "거룩, 거룩, 거룩"하다고 외치는 하나님의 보좌 앞을 엿볼 수 있다. '앞뒤에 눈들이 가득한 생물'이 수많은 각도에서 하나님을 바라보면서 그분의 신성을 선포한다. 우리가 어떻게 성경 각 장에서 볼 수 있는 하나님의 얼굴이 하나라고 말할 수 있겠는가? '그리스도와 함께한 상속자'(롬 8 : 17)인 우리가 도저히 이해할 수 없는 하나님을 어떻게 이해하고 받아들이는지, 그리고 그분과 동역하는지 재평가해야 한다.

'믿음의 사람들'로 남기 위해 배워야 했던, 하나님을 제한하는 그 관점에서 자유로워지기 위해 첫발을 떼는 것이 겁이 날 수도 있다. 하나님께서는 우리를 가스라이팅하지 않으신다. 사람들이 그렇게 하는 것이다. 그들은 권력을 지향하기 위해, 근시안적이고, 불완전하며 선택적인 방식으로 하나님의 이름을 도용하곤 한다. 성경과 권위주의가 진실한 마음으로 진리를 추구하는 사람들을 통제하거나 해치는 데 사용된다면, 우리는 그런 학대를 멈추기 위해, 희생자들에게 건강하고 안전한 길을 제시하기 위해 가능한 모든 방법을 취해야 한다. 야고보가 "영혼 없는 몸이 죽은 것같이 행함이 없는 믿음은 죽은 것이니라"(약 2 : 26)라고 말했듯이, 우리는 거룩한 임무를 실천해야 한다. 우리에게는 자신이 선 자리에서 하나님을 만날 권리가 있다. 진실하게 하나님을 경험해야 할 거룩한 책임이 있다.

GASLIGHTED BY GOD:
Reconstructing a Disillusioned Faith

토론을 위한 질문

서문 : 이 책은 그런 책이 아니다

- 이 책은 우주선에 탑승한 침팬지 이노스 이야기로 시작된다. 이노스의 이야기가 당신의 신앙과 어떻게 관련되는가? 하나님께 분노해서 어쩔 줄 몰랐던 때가 있었다면 나누어 보자.
- 이 책을 읽으면서 무엇을 얻고자 하는가? 어떤 동기로 이 책을 읽기 시작했는가?

1장 후유증 : 말씀과 삶을 화해시키다

- 예수님은 제자들에게 예수님이 누구신지 그들의 경험으로 설명해 보라고 요구하신다. 예수님이 진리를 가르치기 위해 종교적 교리 대신 경험을 활용하신 또 다른 사례가 있는지 나누어 보자.
- 성경이 우리가 하나님을 이해하는 첫 단추지만 마지막은 아니라면, 하나님을 경험할 수 있는 다른 방법은 무엇이 있을까?
- 1장에서는 1차세계대전에 참전했던 군인들과 고난에 처한 그리스도인을 비교하면서 성경이나 하나님에 대한 그들의 견해가 현실의 경험과 맞지 않는 사례를 이야기한다. 어떻게 하면 영적 전쟁 후유증에 시달리는 사람들을 잘 도울 수 있을까? 당신은 영적 전쟁의 후

유증을 경험해 본 적이 있는가?

2장 요구 : 너무 많은 것을 요구하시는 하나님

- 욥기 13장 전체를 다 읽고 욥이 하나님과 친구들을 향해 느끼는 감정을 표현한 단어에 대해 생각해 보자.
- 2장에서 저자는 구약성경과 유대인들이 성경을 가지고 씨름하며 토론하는 모습을 이야기한다. 당신은 왜 현대 신학이 하나님의 뜻이나 성경에 대해 질문하기를 강조하지 않거나 막는다고 생각하는가?
- 슬픔을 표현하는 방식 중 좀 더 대중적이고 많은 사람들이 수용할 만한 방법은 무엇일까? 우리 사회에서 경시하는 방식이 있는가? 왜 그런다고 생각하는가?
- 왜 특정 교회나 교단에서는 슬픔 같은 특정한 감정을 긍정 같은 다른 감정들과 다르게 여길까?

3장 무관심 : 내게 관심이 없으신 하나님

- 마르다가 집안일이 아닌 일종의 사역을 하고 있었다고 가정하면서 누가복음 10 : 38~42을 읽어 보자. 마르다가 예수님에게 한 질문과 예수님의 대답이 어떤 배경에서 오갔는가? 이전과 다르게 해석된다면 무엇이 다른가?
- 하나님의 부재를 느껴 본 적이 있는가? 경험해 본 적이 없다면, 어떻게 일상에서 하나님께 응답하는가? 하나님께서 당신에게 무관심하시다고 느껴 본 적이 있다면, 그때 어떻게 했는가?

토론을 위한 질문

- 우리가 고통당할 때 하나님께서 잠잠하신 이유가 그분이 고통의 원인이 아니라는 사실을 우리에게 상기시키려 하기 때문이라고 생각해 본 적이 있는가? 이런 관점에 대해 어떻게 생각하는가?
- 하나님과의 소통에 대해서 감정을 통해 깨달은 점이 있는가? 무엇을 깨닫게 되었는가?

4장 위축 : 능력이 없어 보이는 하나님

- 하나님께서 행동하지 않으시는 것처럼 보일 때가 있는가? 그럴 때 어떤 기분이었고, 무슨 생각이 들었는지 설명해 보자.
- 예수님이 벳새다 연못가에서 왜 아픈 사람들을 모두 치유하지 않으셨는지 궁금해한 적이 있는가? 하나님께서 치유를 위해 어떤 역할을 하신다고 생각하는가?
- 4장을 읽고 나서 고통과 열심, 보상에 대한 당신의 견해가 바뀔 거라고 생각하는가? 그렇다면 어떻게 바뀔 것인가?

5장 분노 : 징계하시는 하나님

- 5장은 여리고 성 함락 이후 돌에 맞아 죽은 아간과 그의 가족 이야기를 다룬다. 성경에서 이처럼 이해하기 어렵거나 수용하기 어려운 부분이 있는가? 특히 하나님을 바라보는 우리의 시각과 관련해서 그런 부분이 있는지 이야기해 보자.
- 5장은 다른 사람이 고통당할 때 '하지 말아야 할 일'을 이야기한다. 그렇다면 질병이나 상실감, 기타 어려움으로 힘들어하는 신자들에

게 해 줄 수 있는 말은 무엇이 있을까?
- 로마서 14장 전체를 읽어 보자. 당신의 단점을 다른 사람에게 투사하거나 비난하거나 다른 사람의 죄에 대해 분노해 본 적이 있는가? 앞으로는 달라질 것이라고 생각하는가? 어떤 점에서 다를까?

6장 모호함 : 이해할 수 없는 하나님
- 당신의 삶에서 율법주의의 사례가 있다면 무엇인가?
- 완벽주의는 어떤 식으로 하나님과 나 사이의 관계를 방해할까?
- 성경에서 볼 수 있는 요나, 웃사, 야엘, 아비가일, 아브라함과 사라 이야기는 예측 불가능하고 혼란스러운 하나님의 모습을 보여준다. 이 이야기들을 다른 방식으로 읽는 방법이 있을까?

7장 방치 : 더 이상 곁에 계시지 않는 것 같은 하나님
- 하나님에 대한 첫인상이 살면서 어떻게 바뀌었는가?
- 기독교 신자들은 왜 하나님의 임재를 의심하는 사람들을 억압할까?
- 우리의 질문이 응답되지 않는 것처럼 보일 때, 원점으로 돌아갈 수 있게 해 주는 방법에는 무엇이 있을까?

8장 부재 : 우리가 알던 것과 다른 하나님
- 기독교 공동체에서는 왜 하나님을 의심하는 사람들을 멀리할까?
- 지인 중에 무신론자 또는 불가지론자가 있는가? 만약 있다면, 신앙

토론을 위한 질문

을 대하는 그들의 태도에는 어떤 특징이 있는가?
- 은혜와 사랑이라는 개념은 믿음과 의심이라는 개념에 어떻게 맞춰지는가?

9장 독단 : 결승점을 옮겨 버리는 하나님
- "하나님께서는 당신이 행복하기보다 거룩하기를 바라십니다."라는 문구를 본 적 있는가? '생명 구원'이라는 개념이 위 문구를 어떻게 무효화시킨다고 생각하는가?
- 당신의 삶에서 거룩 또는 행복보다 건강을 우선해야 하는 부분이 있는가?
- 그동안 미루었던 결정을 내리기 위해 제인 에어의 의사결정 원리를 활용해 보자.
- 창세기 22장 이하 아브라함과 사라 이야기를 읽어 보자. 사라는 말년에 아브라함과 떨어져 살았다. 그 이유가 무엇일까? 그들의 이야기는 9장의 건강, 거룩, 행복이라는 주제와 어떻게 어울리는가?

10장 적대감 : 혼돈의 하나님
- 우리가 살아가면서 실수하거나 불행한 상황을 만나 겪는 혼돈에서 질서를 찾도록 도울 만한 공동체를 어떻게 찾을 수 있을까?
- 가인이나 에서가 죄책감의 짐을 벗어 버린 것처럼, 우리의 과거에서 용서가 필요한 혼란스러운 상황이 있는가?
- 10장에서는 하나님께서 (악인이었던) 가인과 에서에게 아벨, 야곱과

마찬가지로 은혜를 베푸셨음을 보여준다. 가인과 에서를 새로운 관점으로 보는 것이 하나님과 당신의 관계를 어떻게 달리 보게 하는가?

11장 책임 : 우리가 행동하기를 기다리시는 하나님

- 어떻게 불복종이 복음의 일부가 될 수 있는가?
- 때린 사람에게 다른 쪽 뺨도 돌려대는 것이 어떻게 불복종의 행동이 되는가?
- 예수님처럼 당신도 은혜와 자비, 지지와 영향력, 연대를 보여야 할 불공정한 자리가 있는가? 신자들이 그런 식으로 행동하는 데 방해 될 만한 것이 있다면 어떻게 하겠는가?

12장 불안과 학대 : 우리를 조종하시는 하나님

- 만약 당신이 영적 불안감을 겪고 있다면, 그런 기분이 하나님을 보는 시각에 어떤 식으로 영향을 끼친다고 생각하는가? 당신에게 해당하지 않는 일이라면, 주변에 그런 식으로 불안해하는 사람이 있는지 생각해 보자. 불안감이 그 사람과 하나님의 관계, 그리고 일상생활에 어떤 영향을 끼칠까? 그런 사람에게 당신이 사랑과 지지를 보여줄 방법이 있을까?
- 자신을 사랑하기 어렵다고 느껴 본 적이 있는가? "이웃 사랑은 하나님 사랑과 동일한 기반에 있다."라는 예수님의 두 가지 명령과 그분에 관한 성경 구절을 읽고 어떤 생각이 드는가?

토론을 위한 질문

- 코트니와 마이크가 기독교 기관에서 영적으로 학대당했던 이야기에 기반해서, 영적 학대라고 인식할 만한 것에는 무엇이 있는가?
- 당신에게 내재된 가치가 있다고 여기면서 스스로를 사랑할 방법에는 어떤 것들이 있을까?

13장 비유 : 우리의 서사와 맞아떨어져야만 하는 하나님

- 고대 그리스와 유대 문화에서 시간을 서로 다르게 인식하는 모습이 당신의 삶을 돌아보는 데 어떤 식으로 도움이 되는가?
- 당신의 삶에서 재구성해야 할 서사가 있는가? 하나님께서 부여하지도 않은 의미를 부여하고 있지는 않는가? 과거에 경험했던 일이나 사건, 상실, 상처들 중 의미 없다고 생각되는 것이 있는가?
- 하나님의 뜻이라고 생각되는 결과를 성취하기 위해 어떤 상황을 조종하려 했던 적이 있는가? 당신의 행동을 정당화하기 위해 당신의 뜻을 하나님의 뜻으로 해석하려 한 적이 있는가?
- 과거에 입은 상처나 고난이 어떻게 당신 주변의 세상을 더 나은 모습으로 만들 수 있다고 생각하는가?

14장 진실성 : 무한한 얼굴을 가지신 하나님

- 이 책을 다 읽고 나서 당신의 신앙에서 진실성은 무엇이라고 생각하게 되었는가?
- 당신이 하나님을 이해하는 방식이나 관점이 변화되었는가?
- 하나님께서 당신의 은사와 과거를 통해 다른 사람들이 그분께 더

가까이 연결되도록 도우실 수 있을까? 어떻게 그럴 수 있을까?

책을 다 읽고 나서

- 이 책에서 가장 놀라운 부분은 무엇인가?
- 이 책을 읽고 나서 잊지 말아야겠다고 생각하는 부분은 무엇인가?
- 마음을 바꿔야겠다고 생각하게 만든 장이 있었다면, 몇 장인가? 어떤 장이 가장 큰 격려가 되었는가?

미주

1. James P. Henry, MD, PhD, and John D. Mosely, DMV, eds., *Results of the Project Mercury Basllistic and Orbital Chimpansee Flights* (prepared by Manned Spacecraft Center, Houston, TX, Office of Scientific and Technical Information, National Aeronautics and Space Administration, Washington, DC, 1963), 51, 54쪽.
2. 편집자주 : 영어 원문은 여섯 번으로 표기되어 있으나 한글성경에 따라 다섯 번으로 표기하였다.
3. 편집자주 : 따로 표기하지 않은 경우, 성경 인용문은 개역개정을 사용했다.
4. 이것은 최신 유행하는 포스트모던주의의 입장이 아니다. 6세기의 신학자 리처드 후커(Richard Hooker)는 성경, 전통, 영적 분별의 논리라는 세 가지를 제안한 바 있다. 이후 영국국교회에서 이 시스템을 '세 발 의자'(three-legged stool)로 명명한 뒤 다른 종교사상가들도 비슷한 방법을 취했다. 존 웨슬리는 성경, 전통, 논리, 경험을 이야기했고, 보다 최근에는 리처드 로어(Richard Rohr)가 전통, 성경, 경험의 삼각형 비유를 사용했다.
5. 본문에서 실제 사례를 공유해 준 인물들은 다 가명으로 처리했다.
6. 역자주 : 개역개정, 개역한글 성경은 정반대이다. "그가 나를 죽이시리니 내가 소망이 없노라" 현대인의 성경이 영어 원문과 제일 가깝다.
7. Jenni Frazer, "Wiesel: Yes, We Really Did Put God on Trial," *Jewish Chronicle*, September 19, 2008, https : //www.thejc.com/news/uk/wiesel-yes-we-really-did-put-god-on-trial-1.5056.
8. 이 주제에 대해 더 깊이 있게 알고자 한다면 Wilda C. Gafney 박사의 통찰력 있는 책들을 참고하라. *Womanist Midrash: A Reintroduction to the Women of the Torah and the Throne* (Louisville: Westminster John Knox, 2017).
9. Walter Wink와 Amy-Jill Levine이 가장 두드러진다. 이 구절들이 갖는 중요성에 대한 해석은 여러 가지이나, 대부분 그것이 하나님을 기쁘게 하려고 불공정이나 학대를 조장하는 가르침이 아니었다는 사실에는 동의한다.

10. 독자가 기독교의 어느 교단에 소속되어 있다 하더라도 이 주제에 대해서는 다음 책이 크게 유용할 것이다. Thomas A. Santa, CSsR, *Understanding Scrupulosity: Questions, Helps, and Encouragement* (Liguori, MO: Liguori Publications, 2007).
11. Flavil Yeakly, *The Discipling Dilemma*, 2nd ed. (Nashville: Gospel Advocate, 1988), 46-47쪽.
12. Gary W. Hartz and Henry C. Everett, "Fundamentalist Religion and Its Effect on Mental Health," *Journal of Religion and Health* 28, no. 3 (Fall 1989): 207, 210쪽.
13. 노 젓는 사람 비유를 제시하고 난해한 주제를 쉬운 말로 설명해 준 마스터스 국제신학교의 셰릴 더햄 박사(Dr. Cheryl Durham, Pauline scholar at Master's International University of Divinity)에게 특별히 감사드린다.
14. C. S. Lewis, "The World's Last Night," in *The World's Last Night and Other Essays* (New York: Harcourt Brace, 1960).
15. Ernest J. Simmons, *Chekhov: A Biography* (Chicago: University of Chicago Press, 1962), 190쪽.
16. TED Talk by Anne Lamott, 12 Truths I Learned from Life and Writing, April 28, 2017, www.ted.com/talks/anne_lamott_12_truths_i_learned_from_life_and_writing.

가스라이팅하시는 하나님

초판인쇄 2024년 5월 24일
초판발행 2024년 5월 29일

지 은 이 티파니 브룩스
옮 긴 이 조만준, 이고은
펴 낸 이 진호석
발 행 처 PCKBOOKS
주　　소 03128 / 서울시 종로구 대학로3길 29, 신관 4층(총회창립100주년기념관)
편 집 국 (02) 741-4381 / 팩스 741-7886
영 업 국 (031) 944-4340 / 팩스 944-2623
홈페이지 www.pckbook.co.kr
인스타그램 pckbook_insta　　　　**카카오채널** 한국장로교출판사
등　　록 No. 1-84(1951. 8. 3.)

책임편집 정현선　　　　　　　　　　**표지디자인** 김소영
편　　집 이슬기 김은희 이가현 강수지　**디자인** 남충우 김소영 남소현
경영지원 박호애 서영현　　　　　　　**마케팅** 박준기 이용성 성영훈 이현지

ISBN 978-89-398-8007-8
값 17,800원

PCK BOOKS 는 한국장로교출판사의 출판 브랜드입니다.

※ 이 출판물은 저작권법에 의해 보호를 받는 저작물이므로 무단전재와 무단복제를 할 수 없습니다.